本书由中共中央党校创新工程资助出版，为中共中央党校创新工程"中国共产党人的价值观与精神追求"项目科研成果之一。

# 文化与价值观研究
# 论文集

郭 莲 著

Anthology of

Culture and Values

中国社会科学出版社

图书在版编目（CIP）数据

文化与价值观研究论文集/郭莲著 . —北京：中国社会科学
出版社，2018.4
ISBN 978 - 7 - 5203 - 2075 - 7

Ⅰ.①文⋯　Ⅱ.①郭⋯　Ⅲ.①文化理论—关系—
价值论（哲学）—文集　Ⅳ.①G0 - 53②B018 - 53

中国版本图书馆 CIP 数据核字（2018）第 027399 号

| | |
|---|---|
| 出 版 人 | 赵剑英 |
| 选题策划 | 刘　艳 |
| 责任编辑 | 刘　艳 |
| 责任校对 | 陈　晨 |
| 责任印制 | 戴　宽 |

| | |
|---|---|
| 出　　版 | 中国社会科学出版社 |
| 社　　址 | 北京鼓楼西大街甲 158 号 |
| 邮　　编 | 100720 |
| 网　　址 | http://www.csspw.cn |
| 发 行 部 | 010 - 84083685 |
| 门 市 部 | 010 - 84029450 |
| 经　　销 | 新华书店及其他书店 |

| | |
|---|---|
| 印　　刷 | 北京明恒达印务有限公司 |
| 装　　订 | 廊坊市广阳区广增装订厂 |
| 版　　次 | 2018 年 4 月第 1 版 |
| 印　　次 | 2018 年 4 月第 1 次印刷 |

| | |
|---|---|
| 开　　本 | 710×1000　1/16 |
| 印　　张 | 21.25 |
| 插　　页 | 2 |
| 字　　数 | 251 千字 |
| 定　　价 | 89.00 元 |

凡购买中国社会科学出版社图书，如有质量问题请与本社营销中心联系调换
电话：010 - 84083683

# 目　录

# A COMPARATIVE STUDY OF TEACHER/ STUDENT ROLE RELATIONSHIPS IN CHINA AND SWEDEN

## LIAN GUO

Department of Education, Lund University

**Abstract:** This study investigates people's conceptions of an unequal role relationship in two different types of society: People's Republic of China and Sweden, the former, classified, according to Hofstede's (1980), as a typical collectivist society characterized by large power distance, strong uncertainty avoidance, and masculinity, and the latter, an individualist society characterized by small power distance, weak uncertainty avoidance, and strongly feminine within the frames of masculine dominance. The study focuses on the role relationship between teacher and student. 30 Chinese graduate students studying presently in a Swedish university and 9 Swedish students who have once visited China for academic studies were asked to complete the questionnaire ( with space for written comments at the end) that was designed to probe their conceptions of degrees of Hofstede's 4 – D model of cultural differences and Hall's (1976) high and low context communication theory in this role relationship. Some of the Chinese students were interviewed afterwards by phone on some supplementary questions related to the questionnaire. Both emic and etic approaches were adopted when the cultural dimensions were discussed. The statistical results from the questionnaire and the written comments supported the hypotheses generated in the literature review and verified the feasibility and validity of Hofstede's and Hall's theories on cultural dimensions in this limited context. The reason for the low feedback of the questionnaire has been tentatively explored in terms of cultural context.

# Introduction

There exist four fundamental institutions in all human societies. They are the family, the school, the job and the community. Each of the four has its pair of unequal but complementary basic roles. Teacher and student are an archetypal role pair in schools (Hofstede, 1986).

According to Bandura (1963, p. 90), "role behavior usually refers to the occurrence of complex adult responses that are guided by social norms or similar forms of symbolic models". Gudykunst et al. (1984, p. 67) indicate, "a role is a set of behavioral expectations associated with a particular position in a group". Dodd has more concrete explanations:

*Cultural attitudes also revolve around categories of people and their expected pattern of performance or activity. These predetermined pat-*

*terns, or at least prescribed and expected behaviors about categories people occupy, are called roles (Dodd, 1995, p. 42).*

To illustrate, the behaviors people expect teachers (or students, lawyers, fathers, clerks) to perform are considered their roles. Since there are various role areas, such as age roles, occupational roles, friendship roles, and gender roles, according to Dodd, each culture possesses different expectations on the people in this culture depending on their different roles. And also what are the appropriate performances that the people expect a certain role in a certain social position to operate may vary across cultures. For example, it is surely not considered to be a proper way to address teachers by their first names at Chinese schools whereas it is a quite acceptable behavior in most schools in countries like Sweden and U. S. . Role patterns, as a matter of fact, are the products of a society's culture. Hence culture has an important saying in role relationships, including teacher-student relationships.

In addition, the basic principle of human social organization is that of communication involving participation in the other as Mead argues:

*This participation is made possible through the type of communication which the human animal is able to carry out—a type of communication distinguished from that which takes place among other forms which have not this principle in their societies (Mead, 1934, p. 253).*

Therefore, when people from different cultural backgrounds encounter and communicate with each other, the ways of communication differ greatly because people's behaviors are, more or less, influenced by the culture they live in with its specific language, rules and norms. Hall (1959), in his well-known book *The Silent Language,* maintains that "culture is communication" and "communication is culture". Therefore when teachers and students from different cultures encounter and communicate with each other in schools perplexities and even problems may arise due to the differences in their respective cultural expectations of teacher-student role relationships, their recognition of proper behaviors for certain roles in their own cultures and their different ways of communication.

This research attempts to probe the similarities and differences in the teacher and student relationships between China and Sweden from an intercultural perspective.

## Literature Review

### Culture

Gross (1995) states, "All human beings are born into a particular cultural environment, and culture may be regarded as something which makes human beings different from other species". But what virtually is "culture"? The term culture has been defined in various ways as descriptive, historical, normative, psychological, structural, and genetic by anthropologists, sociologists, psychologists, psychiatrists, and even natural science scientists in human history, each with its own different emphasis (Kroeber et al. , 1952). Jenks (1993) summarizes the genesis of the concept "culture" in as many as four categories: a cognitive category; a more embodied and collective category; a descriptive and concrete category; and a social category. With more than two hundred definitions in the present social science literature as Williams (1976) describes it as one of the two or three most complicated words in the English language, the meaning of the word itself has changed along with the changes in our social, economic, and political life. Williams (1961, p. 285) argues that "the idea of culture describes our common inquiry, but our conclusions are diverse, as our starting points were diverse". Therefore the word "culture", in reality, means many different things to different people.

Some culture researchers define culture in relation to the learned behavior as Hofstede (1980, p. 21) puts it: "culture is the collective programming of the mind which distinguishes the members of one group from another". Other cultural theorists give broad definitions with emphasis on enumeration of content, such as Kroeber who states:

*The mass of learned and transmitted motor reactions, habits, techniques, ideas, and values—and the behavior they induce—is what constitutes culture. Culture is the special and exclusive product of men, and is their distinctive quality in the cosmos. . . . Culture. . . is at one and the same time the totality of products of social men, and a tremendous force affecting all human beings, socially and individually (Kroeber, 1952, p. 44).*

Still some researchers hold culture as the way of thinking and interpreting the world as one Swedish researcher, Engelbrektsson, states:

*Culture is the image and model of reality that a group of people, the bearers of a culture, have. Included are rules for reading and interpreting reality, and rules for accepted and non-accepted behavior within this reality ( cited in Lundberg, 1991: 13).*

Hall ( 1959), discusses culture in terms of communication as has been mentioned above ( Hall). Since this study focuses on the interactive behavior between teachers and students in China and Sweden the concepts of culture relating to the learned behavior and communication are adopted.

## Cultural Dimensions

There are basically two ways to approach culture: "emic" versus "etic" ( Berry, 1980; Brislin et al. , 1973; Gross, 1995; Gudykunst et al. , 1996). The emic approach, a more specific one, is often adopted by anthropological researchers to study one particular culture from inside, understanding cultures as the members of the cultures understand them, whereas the etic approach, a more general one, focuses on understanding cultures from outside by comparing cultures using predetermined characteristics. The present research is focused on the comparative study on the teacher-student relationship in China and Sweden both emic and etic approaches are applied to try to analyze two cultures from inside and, at the same time, try to compare them as well.

According to Gudykunst et al. ( 1996), etic aspects of culture are often examined in terms of cultural variability; that is, dimensions on which cultures differ or are similar. They can be used to explain differences or similarities in communication behavior across cultures. There are many theories concerning cultural dimensions when culture is studied. Among them Hofstede's dimension theory has been extensively employed in the domain. Hall's low-context and high-context dimension, the major ways that communication varies in individualist and collectivist cultures, has also been widely adopted. In this study both Hofstede's 4-D model and Hall's context model are focused because they have been linked most closely to communication behavior. In addition, Triandis's theory on individualism-collectivism, the major dimension of cultural variability, is also included when differences and similarities between Chinese and Swedish teachers and students' communication behavior are analyzed in the study.

Based on the data of the survey questionnaire from multinational corporate employees in over forty countries Hofstede published his *Culture's Consequences—International Differences in Work-Related Values* in 1980. By theoretical and statistical analysis Hofstede discovered the four main dimensions upon which national cultures differ. They were labeled Power Distance ( high or large vs. low or small), Uncertainty Avoidance ( strong vs. weak), Individualism ( vs. Collectivism), and Masculinity ( vs. Femininity). Hofstede's fifth dimension labeled as Confucian Dynamism was launched in his book *Cultures and Organizations* in 1991. His new dimension consisted of two contrasting sets of Confucian values: "long-term orientation" vs. "short-term orientation" values. But this dimension has not been received very enthusiastically by scholars ( Fang, 1999) .

According to Hofstede ( 1991, p. 28), power distance is "the extent to which the less powerful members of institutions and organizations within a country expect and accept that power is distributed unequally. " In high or large power distance cultures, inequalities in power are considered and accepted as the cultural norm. They are hierarchical cultures, and the authoritarian style of communication is more common. Much more oppressive behavior and more formalized rituals, such as respect, attentiveness, and agreement, are expected in these cultures. People in low or small power distance cultures, as contrast, are assumed to be equal and demand justification for power inequalities. Many of the Asian, African and Latin American countries exhibit a high power-distance index in Hofstede's survey. And the countries with the low power-distance scores are mostly European-style countries.

Hofstede ( 1991, p. 113) defined uncertainty avoidance as "the extent to which the members of a culture feel threatened by uncertain or unknown situations. " Some cultures cannot stand the unknown or the ambiguity. People in these high uncertainty avoidance cultures view uncertainty as dangerous and try to avoid it. Other cultures, however, seem more comfortable dealing with diversity and ambiguity and view uncertainty as a necessary part of life which they must deal with. Countries with strong uncertainty avoidance cultures are the Southern European countries, Latin American countries, and most Asian countries. Northern European countries, the United States, Great Britain, India, Singapore and Hong Kong belong to the weak uncertainty avoidance cultures.

The third dimension of Hofstede's 4-D model is designated as individualism and its antipode is collectivism. The dimension has encouraged most amount of research ( e. g. , The Chinese Culture Connection, 1987; Triandis, 1988, 1995). "The fundamental issue addressed by this dimension is the degree of interdependence a society maintains among individuals" ( Hofstede, 1984, p. 83). In individualistic cultures, "people are supposed to look after themselves and their immediate family only, " whereas in collectivist cultures, "people belong to in-groups or collectivities which are supposed to look after them in exchange for loyalty" ( Hofstede et al. , 1984, p. 419). In individualistic cultures the needs, values, and goals of the individual take precedence over the needs, values, and goals of the group. In collectivist cultures, the needs, values, and goals of the in-group take precedence over the needs, values, and goals of the individual ( Triandis, 1995). In the former cultures, competition, initiative, ambition, responsibility, and success are regarded as positive ideas. The significant communication expectations that people in the cultures emphasize are truth telling and clear, direct, and straight talk. People are more independent, and use more "I" than "we" kind of self-referent messages in their linear pattern of conversation. In contrast, a salient feature in the latter cultures is keeping the harmony and balance in the group. People in these cultures concern for other's feelings and avoid hurting others. Community, kinship, solidarity, harmony, and maintaining face are emphasized and more appreciated by the people in the cultures. Moreover, people are more group concerned and interdependent and use indirect way of communication. The individualistic cultures include most of European countries and North American countries, while the collectivist cultures tend to be Asian and Latin-American countries.

The last dimension of Hofstede's is masculinity with femininity as its antipode. The dimension concludes that "modern societies can be differentiated on the basis of the way they allocate their social sex role" (Hofstede, 1984, p. 84). Masculine cultures place a high value on material things, power, strength, ambition, assertiveness, competitiveness and independence. People in the cultures have stronger motivation for achievement and view work as more central to their lives. They tend to use more aggressive styles of communication. On the contrary, feminine cultures underscore the importance of fluid gender roles and embrace traits of affection, compassion, nurturing and interpersonal relationships. The highest masculinity-index scores come from Japan, Australia, Venezuela, Switzerland, Mexico, Great Britain, Germany, the United States, and Hong Kong. The North European countries with Sweden as the first one, and some Latin American countries, as well as Thailand rank among the highest in the femininity-index scores.

## Comparison between China and Sweden in Hofstede's 4-D Model

One thing that should be mentioned is that as China was not part of Hofstede's original survey we have decided to refer to the ranks of Hong Kong (98% of the people living in Hong Kong are Chinese, and though they have been influenced by British rule for over a hundred years, they still maintain Confucian values), Taiwan (people in Taiwan have preserved Chinese customs and speak the standard Chinese as well) in the survey, Hofstede's own estimates on three dimensions (power distance, uncertainty avoidance and individualism) and his cited figure on masculinity through a researcher in Beijing as an indicator to show China's position in these four dimensions.

Table 1 shows the culture dimension scores for China, Taiwan, Hong Kong, and Sweden in Hofstede's survey results in 1980, 1991, 1993, and his personal estimates for three of China's scores.

Table 1     The Culture Dimension Scores of China, Taiwan, Hong Kong, and Sweden

| Country | PD | ID | MA | UA |
|---|---|---|---|---|
| China | 80 * ( H) | 20 * ( L) | 66 ( H) | 60 * ( M) |
| Taiwan | 58 ( M) | 17 ( L) | 45 ( M) | 69 ( H) |
| Hong Kong | 68 ( H) | 25 ( L) | 57 ( H) | 29 ( L) |
| Sweden | 31 ( L) | 71 ( H) | 5( L) | 29 ( L) |

PD = Power Distance; ID = Individualism; MA = Masculinity; UA = Uncertainty Avoidance.

H = top third; M = medium third; L = bottom third.

* = the estimated figures by Hofstede ( Mainland China was also assessed after the Hofstede survey in 1983 by L. E. Chong et el. , who found it to be high in Power Distance and low in Individualism)

The table shows that a great difference exists in Power Distance between China and Sweden. China scores fairly high and Sweden is one of the most equal countries in the survey. As an illustration, the Swedish tax legislation is probably one of the most equalizing legislations in the world ( Phillips-Martinsson, 1991). The generous admission to universities and adult education is another typical example of Swedish equality. Chinese, having been influenced by Confucianism for over 2000 years, on the other hand, show a strong tendency to value seniority and hierarchy. The Confucian system centers on the five "cardinal relationships" (the relationships between ruler and subject, father and son, husband and wife, elder and younger brothers, and senior and junior friends) in which power differentials and responsibilities are prescribed (Gabrenya et al., 1996). The juniors must be respectful, filial, and loyal to the seniors, whereas the seniors must love, protect, and be benevolent to the juniors. To illustrate, there is no one word for "brother" or "sister" in the Chinese language but only "elder brother" and "younger brother" or "elder sister" and "younger sister". The Confucian conception of "filial piety" (juniors to seniors) overcasts other relationships in Chinese society, e. g., the relationships between teacher and student and employer and employee. Worm (1994) even claims that almost all of human relations in China have become hierarchical.

In Hofstede's survey, Chinese countries rank at the bottom of the individualistic dimension while Sweden is one of the top-ranked individualistic countries. Swedes, in general, have a desire to be independent. For instance, some sayings and proverbs in the Swedish language exalt individual responsibility and solitary struggle, e. g., "One is strong on one's own"; "A good man helps himself"; and "If you want something done well, do it yourself" (Herlitz, 1995). In China, in contrast, a person is not primarily considered as an individual, but rather a member of a family or a group. Even the English word "individualism" has a negative sense in the Chinese language and it means "selfishness" or "egoist" as well. Intragroup harmony and balance are of uttermost importance to Chinese people. Self-promoting is seen as a threat to this harmony ( Hu et al. , 1991). "Union is strength" is a very well-known saying in China.

Sweden gains the lowest score in Hofstede's masculinity, which indicates it is the most feminine culture among the 53 countries surveyed. Therefore many foreign businessmen are surprised when Swedes expect the business negotiations to end at 5 p. m. so that they can go home to spend some quality time with their families ( Phillips-Martinsson, 1991). Not many Swedes would like to work overtime for money in sacrifice for their holidays. On the other hand, China ranks at the high level in the dimension, which shows it is a rather masculine country. Worm ( 1994, p. 7) argues that "two key expressions of masculinity in Chinese culture are an anti-social attitude ( towards people outside their own in-groups) and a propensity for competition. " Competitive behavior can be observed among Chinese students as well ( Hu et al. , 1991).

In regard to the dimension of uncertainty avoidance in Hofstede's survey, there is some uncertainty about China's position and a big disparity between China, Taiwan and Hong Kong. Since Hong Kong has been a colony to Britain for a hundred years without an agricultural economic basis like China and Taiwan, it has more impacts from the outside world, which makes its figure in the dimension rather westernized. There is a strong holistic tradition in Chinese philosophy and an intense xenophobic attitude toward foreigners among Chinese after the Opium War ( Worm, 1994), which expounds China's point in the direction of high uncertainty avoidance. However, both China and Sweden share a common sign of weak uncertainty avoidance—not to show emotions in public. Swedes avoid topics of conversation that are highly emotional and where opinions differ, thus avoiding open conflicts (Daun, 1996). They keep their feelings to themselves (Daun, 1984). They like the expression "lagom är bäst" (not too much, not too little—just right), which is similar to the Chinese expression "zhong yong zhi dao" (moderation; following the middle way), one of the fundamental and basic values for Chinese people (the Chinese Culture Connection, 1987). "Never too much", the doctrine of the golden mean, has been the maxim of Confucianist and Taoist alike (Fung, 1948).

In short, China and Sweden antipodally belong to the high and low power distance; strong and weak uncertainty avoidance; collectivist and individualist; and masculine and feminine cultures, respectively, in Hofstede's survey.

Another scholar, who has made further and profound research in the aspect of individualism-collectivism, is Triandis. He (1995) argues that individualistic and collectivist cultures can differ in whether relations among people in the culture are horizontal or vertical. People tend to see themselves as the same as others and are not expected to stand out from others in horizontal cultures where there is a strong emphasis on valuing equality. In contrast, people in vertical cultures tend to see themselves as different from others and are expected to stand out from others. Equality is not valued highly in these cultures. To be more concrete, in the horizontal, collectivist cultures (e. g., China, Japan), high value is placed on equality, but little value placed on freedom. In vertical, collectivist cultures (e. g., India), individuals are expected to fit into the group and, at the same time, they are allowed or expected to stand out in the group. In vertical, individualistic cultures (e. g., United Stated, Britain, Germany, France), people are expected to act as individuals and try to stand out from others. People in these cultures place low value on equality and high value on freedom. In horizontal, individualistic cultures (e. g. , Sweden, Norway), people are expected to act as individuals but, at the same time, not to stand out from others. People in these cultures place high value on both equality and freedom.

Another dimension, low-context and high-context communication, was initiated by Hall.

*A high-context ( HC ) communication or messages is one in which most of the information is either in the physical context or internalized in the person, while very little is in the coded, explicit, transmitted part of the message. A low-context ( LC ) communication is just the opposite; i. e. , the mass of the information is vested in the explicit code ( Hall, 1976, p. 91).*

Members of high-context cultures tend to use more implicit, ambiguous, and indirect ways to communicate while members of low-context cultures tend to use explicit, unambiguous, and direct ways to communicate. Moreover, members of individualistic cultures predominately use low-context communication, whereas members of collectivist cultures predominately use high-context messages. To illustrate, it is impossible to look up a Chinese character in a dictionary if one doesn't know the context in which a particular character is used because the context influences what it means. People must know the 214 radicals ( there are no counterparts for radicals in the Indo-European languages) before they can look characters up in a Chinese dictionary ( Hall, 1976). For instance, to find the words for river or sea or lake, one must know that they appear under the "water" radical. In addition, people must know the spoken pronunciation system in Chinese language because there are four tones in the system and a change of tone means a change of meaning. In general, northern and western Europeans and North Americans tend toward the low-context condition; Asians tend toward the high-context condition; and Middle Easterners, Africans, and Latin Americans tend toward a blend of low and high context culture. China and Sweden belong to, respectively, high-context and low-context cultures. Gao et al. ( 1996) have proposed an emic framework to understand Chinese communication processes. The first basic characteristic of Chinese communication they identify is hanxu ( implicit communication), which refers to a mode of communication in China as a contained, reserved, implicit, and indirect one.

On the basis of the previous literature, the following hypotheses are generated:

Hypothesis 1: There will be no great disparity between China and Sweden in regard to the degree of collectivist and individualistic orientations.

Hypothesis 2: The power distance of unequal relationships—teacher-student will be regarded as greater in China than in Sweden.

Hypothesis 3: Face-consciousness and sense of keeping up the harmony in teacher-student relationship will be stronger in China than in Sweden.

Hypothesis 4: More structured learning situations will be preferred by Chinese students than by Swedish students.

Hypothesis 5: More competitive atmosphere will exist in class in China than in Sweden.

Hypothesis 6: Not great communication disparity will exist between Chinese teachers and students and Swedish teachers and students.

This study reports an empirical investigation of these hypotheses in relation to one type of unequal or asymmetric role relationship—teacher and student—in China and Sweden.

# Methodology

This study explores Chinese and Swedish cultural values in one type of role relationships, teacher-student. Therefore it uses a quantitative method as a main technique with a qualitative one as a supplement since in the area of culture, some variables can be put into statements to be evaluated on a multiple-choice basis and the previous related studies can be used as a platform to design the study. The questionnaire is designed and employed to verify Hofstede and Hall's theories on the culture dimensions in relation to the teacher-student relationship. In addition, two types of qualitative data, written comments in the questionnaire and semistructured interviews, are used as a supplementary data when analyzing the results.

# Population

Subject of this study is a sample of Chinese students and Swedish students. The Chinese graduate students chosen to complete the questionnaire are those who are either studying for their M. A. or Ph. D. degrees or have finished theirs and are presently working as post-doctors or as researchers in a Swedish university. The Swedish students chosen to complete the questionnaire are those who have once been to China for academic studies and are presently studying at the same university. Some of the Chinese students who showed an interest in the study were informally interviewed by phone before and after the questionnaire.

# Procedure

The questionnaire consists of three parts: an introductory section asking the subjects to provide a certain amount of background information, such as nationality, field of specialization, approximate age, and period of living abroad; 30 statements mainly borrowed from Hofstede (1986) in which the respondents are asked to indicate how well the statements apply to teacher-student relationships in China and Sweden, respectively, by using a five-graded scale, where a score 1 means "applies very badly" and a score 5 means "applies very well"; and the comments, one on the questionnaire items and another on teacher-student relationships in China and Sweden in general.

The English versions of the questionnaire with an introductory letter in Chinese in front were distributed to the Chinese students and the same versions with an introductory letter both in English and Chinese were distributed to the Swedish students so as to put the two sides on the equal footing since English is a foreign language to both sides.

# Data

There were 60 copies of the questionnaire distributed to the Chinese graduates according to the directory of the Chinese Student Association by interpost in the university and 13 copies were delivered to the Swedish students with at least one year of Chinese language studies at the Department of East and Southeast Asian Languages and the Center for East and Southeast Asian Studies in the same university by the author.

On the Chinese side, unfortunately, the mistakes in the directory, e. g. , some students have left the school but their names are still in the directory, caused a smaller range of the investigation than expected. Of the all distributed copies, 30 were completed and returned by the target students from the Chinese side whereas 9 copies were completed and returned by the target students from the Swedish side.

Therefore, the response rate from the Chinese side is 50% and that from the Swedish side is 70%.

# Results

*Individualism vs. Collectivism*

The quantitative questions on individualism clearly state that Sweden is an individualist country meanwhile the questions on collectivism conclude that the Chinese are more collectivist apart from one question showing that the Swedes are more collectivist from the Chinese side and no difference between the two cultures from the Swedish side. The disparity might be due to the respondents' different understanding of the statements caused by the language itself. The question, which obtains the biggest disparity in the means among six questions on this dimension from the Chinese side, states that Chinese students do not like to speak up in class unless a teacher addresses a particular student, while the biggest disparity in the means from the Swedish side states that in Sweden confrontation in learning situations can be salutary and conflicts can be brought into the open. Concerning the reasons for Chinese students' unwillingness to speak up in the class, besides the one that Chinese educational tradition places little value on self-expression there are other practical ones, such as, being afraid of losing face, of being looked upon as showoffs by classmates, and no point in speaking if nothing valuable to contribute, to name a few. In addition, Chinese education tends to be teacher-centered with little two-way communication (Hofstede, 1991). The results from the Swedish side show that confrontations and open discussion of conflicts are often considered salutary in Swedish schools, which gives the Swedes more inclinations toward individualism. The answers from both sides agree that face-consciousness is weaker in Swedish schools than in Chinese schools though the difference between the two is slight.

Further qualitative data on the dimension were obtained from the author's intermittent participation in an international master program class with 3 Northern American students, 4 Swedish students, 3 Chinese students, 1 Vietnamese student and 1 African student in it. The interactive behavior between the teachers and students has been observed through attending the lectures and seminars for a semester. The finding came to that the American students were the most active speakers in the classroom activities, followed by the Swedish students. Chinese students were among those who seldom expressed their views and opinions in class.

One Swedish student gives his comments on the dimension, which shows Chinese's orientations toward collectivism:

*It is much more difficult to become isolated outside or inside class in China. In Sweden, your problems ( from studies to health) remain yours, while in China they become a concern not only for the teacher but also for the whole community, i. e. , the class.*

In regard to the unconformable result on one question four respondents were asked about the reasons of their choices of the opposite answers after the results came out. The different understanding and interpretations on the question and some other questions in the questionnaire given by them reveal that the language interferes in persons' choices when a questionnaire is not designed in respondents' native language. Therefore the deviance from the expected answers on some questions might find its reason in the language ( English) used in the questionnaire.

The mean of the difference rating between China and Sweden in total questions on individualism vs. collectivism ( 0. 81 from the Chinese side and 0. 82 from the Swedish side, see the appendix) , which is the lowest score among Hofstede's four dimensions tested, indicates that there is not a great distinction between Chinese' collectivist and Swedes' individualist orientations. The results provide clear support for Hypothesis 1 in terms of the degree of individualistic or collectivist orientations since both China and Sweden belong to the horizontal countries, according to Triandis (1995), though they were ranked, respectively, as a collectivist country and an individualist one in Hofstede's (1980) survey.

## Power Distance

The questions asked on this dimension, with an average highest score in the mean of the difference ratings (1.76 from the Chinese side and 1.16 from the Swedish side) and the lowest and second lowest scores in the standard deviations (0.81 for China and 0.84 for Sweden), thus the highest design reliability, point unanimously and distinctively to one result: the power distance in teacher-student relationship in China is quite high, whereas the one in Sweden is rather low. The results strongly support Hypothesis 2 in terms of the extent of the power differential: both Chinese and Swedish respondents conceive Chinese teachers to be significantly more superordinate to their students. As a proof, the question 13, which gains the biggest difference rating (2.70) from Chinese side, clearly shows that in China, a large power distance country, students seldom speak up spontaneously with a teacher in class, whereas in Sweden, a small power distance country, students are quite likely to speak up spontaneously with a teacher in class. The question 14, which obtains the biggest difference rating (1.78) from Swedish side, distinctly shows that Chinese students seldom contradict nor publicly criticize teachers while Swedish students are more likely to contradict and criticize teachers publicly. In China, teacher-student role pair bears a strong resemblance to parent-child role pair, which is characterized as one of the most hierarchical relations in the society. Teachers are looked upon as authority, experts, and parents and hence should be treated with great respect. The Chinese educational process tends to be teacher-centered and normally it is teachers who outline the intellectual paths for students to follow. Students, on the other hand, usually present themselves in classroom as an attentive, respectful, and above all, passive audience. They neither contradict nor criticize teachers publicly.

Further information about superordination in the Chinese teacher-student role relationship was obtained from the qualitative data. In terms of the questionnaire comments, eleven Chinese respondents add some general comments on teacher-student relationship. Nine of these comments draw an explicit distinction between the teacher-student relationships in China and Sweden concerning the power differential. They state that in China the teacher-student relationship is unequal and students should respect teachers, while in Sweden the teacher-student relationship is equal and students have more freedom to study and do their research. Three of them ( one is from Taiwan) are as follows:

*In China, teacher-student relationship is like an older-younger relationship. You cannot cross the line and you must obey the rule. In Sweden, they ( teacher and student) are friends or, at least, equal. The way of communication in class in China is one-directional, i. e. , from teacher to student. A classroom discussion is not on an e-qual basis, but asking and answering on unequal status.*

*In Sweden, the interaction between teachers and students is more active than Taiwan. Teachers encourage students to state their opinions and make suggestions.*

*In Taiwan, the class is dominated by teachers. Students just follow teachers' ideas.*

Three of the Swedish respondents also add comments in relation to power distance in their questionnaire. Among them two state as follows:

*Chinese teacher-student relation seems overall stricter.*

*I think that teaching in China is much stricter than in Sweden.*

Only one Swedish respondent expresses his ideas which are different from others:

*I have had more rewarding outside class from the discussions with Chinese teachers and professors than with Swedish equivalents. In China it happened more than once that lecturers called me and expressed their opinions on my essays.*

This comment consists with Pye's ( 1985 ) argument which emphasizes the contrast between Asian and Western concepts of power. Power is often associated negatively with domination or authoritarianism in the West, whereas power is positively associated with benevolence, kindness, nurturance, and supportiveness in Asia. Spencer-Oatey (1997) did a comparative study of tutor-student relations in Britain and China and found that the distance/closeness of unequal relationships was regarded as closer in high power distance societies than in low power distance societies.

The results from the questions on the above two dimensions also provide clear support for Hypothesis 3 that Chinese teachers and students are more face conscious and have stronger sense of keeping up the harmony in the relations. One Chinese respondent states in his comment:

*In China, (teacher-student relationships) tend to be based more on social orientation; in Sweden, (they) tend to be based more on research or study.*

In regard to question 13, which states that students may speak up spontaneously with a teacher in class in China, it is interesting to find that Chinese respondents give a rather low score (1.90), whereas Swedish respondents give a rather high score (3.22). The difference between the two might find its reason in the following comments made by two Swedish respondents:

*It is important to see that when we foreigners study in China, we are placed in special classes with teachers that are experienced to teach foreigners. We do not necessarily see the true, traditional way of Chinese teaching.*

*Since my experience from studies in China is taken from the courses with only foreigners in them, the answers ( to Chinese teacher and student reactions) are not based on my own experience.*

Since all of Swedish respondents went to China to study the language and were placed in special classes with other foreign students, they might still conduct the behavior which is appropriate for Swedish students in Swedish classes—to speak up spontaneously with a teacher.

All in all, the survey on this dimension completely supports the hypotheses. It is also reasonable to conclude that Hofstede's work on this dimension is reliable as far as this study is concerned.

### Uncertainty Avoidance

The second biggest mean rating of the difference scores between China and Sweden was found on the questions on this dimension from both Chinese and Swedish sides, which unequivocally shows that the Chinese are more prone to avoid uncertainty than the Swedes. Chinese students, in a strong uncertainty avoidance country, expect their teachers to be the experts who should have all the answers to whatever questions, while in Sweden, a weak uncertainty avoidance country, students accept a teacher's "I don't know". In addition, teachers in China are more likely to interpret their students' academic disagreement as personal disloyalty. The question which is most correspondent with Hofstede's survey on the dimension from Chinese respondents ( the mean rating of the difference: 1. 40) in the study is that Chinese students prefer more structured learning situations with precise objectives, detailed assignments, and strict timetables, which clear supports Hypothesis 4. The Swedish respondents give their biggest mean difference to question 4, which shows that teachers in China are more expected to have all answers than those in Sweden.

However, the scores from both sides in one question do not concur with the expected answer, i. e. , Chinese teachers are more expected to suppress emotions. The reason for the opposite direction from the Hofstede's might be that teachers, in China, are considered to be the models for students in every respect. Therefore they should not show and express their emotions before students. The point is, in a way, connected to the interpersonal relationship on the collectivist dimension. But there is one Swedish respondent who voices his different opinions on this question:

> *Concerning openness, Chinese teachers are often much opener about their private life and emotions than Swedish equivalents. In Sweden the role of the teacher is clearer than in China. In Sweden, private is holy, and you try to keep that separate from your work.*

### Masculinity vs. Femininity

All the answers to the questions, except one from Chinese side and two from Swedish side, on this dimension meet the expectations, which verifies the theory that China is a masculine country, whereas Sweden is a feminine one. The mean rating of the difference scores between China and Sweden on the dimension provides support for Hypothesis 5 in terms of the degree of competitive atmosphere among students. In China, a masculine country, teachers use the best students as the norm and openly praise or criticize students. Every year "the three good" ( morality, intelligence and physical education) students are selected at schools ( primary, secondary schools and universities) to set examples for other students to follow. Some schools even proclaim students' ranks of the results in mid-term and final exams to encourage students to compete with each other. In regard to job choices, the question, which obtained the biggest disparity in the mean of the difference scores on masculinity vs. femininity from both Chinese and Swedish sides, shows that the Chinese students take less intrinsic interests into consideration than the Swedish students do when they choose their academic subjects. It stands to reason that the competition for entering universities in China is so high that students have to give first priority to other factors for raising the chances of entrance than to their personal interests. Moreover, the results also reveal that Chinese male students are more likely to avoid traditionally feminine academic subjects than Swedish male students though the disparity between them is not big.

One question that does not identify with the expected result on the dimension from both Chinese and Swedish respondents is that Chinese students behave more modestly in class than Swedish students, which contradicts the features of a masculine culture. According to Hofstede ( 1986, 1991), students in a masculine country try to make themselves visible in class. However, the result points in an opposite direction. The reason why it should be so lies possibly in that Chinese traditional values emphasize modesty as one of human's virtues as a number of Chinese social scientists rank "humbleness" fourth in forty fundamental and basic values for Chinese people ( the Chinese Culture Connection, 1987). Moreover, Mao's theories have had a great effect on the people's values since 1949. "Modesty helps one to go forward, whereas conceit makes one lag behind" is one of Mao's best-known instructions. Therefore it is considered an inappropriate behavior in China for a person to make a display of his abilities, or knowledge, or achievements before other people though he may possess all these merits and advantages. The above reasons might have a notable impact on the Chinese students' choices of the question.

Another contradicting result from only Swedish respondents is on question 28, which states that system rewards students' academic performance ( not social adaptation). The Swedish respondents give a slightly higher score to the Swedish educational system, which puts Sweden a bit on a masculine side. The reasons for Swedish respondents' choice of the question are worthy of further inquiry.

To sum up, the expectations on this dimension are primarily confirmed.

### Communication

The only question on this dimension shows that there exists no great disparity ( the mean rating of the difference scores is 0. 73 from Chinese side and 0. 11 from Swedish side) in the ways of communication between Chinese teachers and students and Swedish teachers and students, which quite supports Hypothesis 6. Instead of vague, restricted, implicit and indirect ways to communicate with students teachers in China use, comparatively, more explicit and direct ways to communicate because teachers are supposed to be in a superior position than students, hence a more straightforward way of addressing students.

# Discussion

Based upon a statistic analysis of data, 90% questions from Chinese respondents and 87% from Swedish respondents in the questionnaire concurrent with Hofstede's 4-D model of cultural differences, and a qualitative analysis of the comments it is reasonable to interpret the present study as providing support for Hofstede's findings in 1980 and Hall's work on the dimension of context-concerned communication processes of different cultures. It also leads to a conclusion that Hofstede's work on four dimensions of cultural differences and Hall's are reliable and valid as far as this empirical study is concerned.

It is a surprise to find that there is such a coincidence in the Chinese and Swedish respondents' choices of questions 5, 10, 20, which are all identically contradictory to Hofstede's survey results.

Meanwhile, readers' attention should be paid to the limitation of the research since all the Chinese students who attended the investigation had received their undergraduate education in China and are, at present, pursuing or finished their graduate studies in Sweden, and therefore their choices on the questions were decided by their experiences of undergraduate studies in China and graduate ones in Sweden, which might affect the findings. Therefore similar studies need to be carried out in the students with the same level of education to make a fairer comparison. The difference between the Chinese and Swedish students' English level and the Chinese students' less exposure to investigations than the Swedish students' should also be taken into consideration.

Moreover, the reasons for the low feedback (50%) of the survey from Chinese respondents needs a further inquiry. The telephone interviews by the author after the deadline of the submission of the questionnaire reveal that Chinese people are more person-oriented than task-oriented. Several reasons for not replying the questionnaire in time were brought up and disclosed with a strong tendency toward the interpersonal relationships rather than the questionnaire itself. To illustrate, two respondents said that the author should have introduced herself to them at a party held by the Chinese Student Association, thus giving them more chance to know her and then distributed the questionnaire. Other two respondents showed more concerns for other people's attitude to the questionnaire by asking the questions on the number of questionnaire replies and opinions of others. Still another one showed a strong interest in the purpose, background, and formality of the investigation though an explanation letter in Chinese had been attached to each questionnaire. Most of the questionnaire receivers contributed their reasons for a delay of the questionnaire, when interviewed by telephone, to the busyness of their study and work, which is considered as a most acceptable excuse in Chinese people's eyes. Among thirty unanswered subjects, fifteen have moved to other places; four are guest researchers and have returned the questionnaire with the argument that they have no experience in Swedish class therefore can not answer the questions; and five of them cannot be reached due to the incorrect mail addresses given. Finally six of them do not submit their questionnaire for the unknown reasons.

Lastly, it would be also interesting to extend the studies to other teacher-student relationships ( Spencer-Oatey, 1997 ), including research supervisor-research student; undergraduate lecturer-undergraduate student; high school teacher-high school student, and primary school teacher-primary school student etc. , to check on the generalizability of the current findings.

# References

Bandura, A. & Walters, R. H. (1963). *Social learning and personality development.* New York: Holt, Rinehart & Winston, Inc.

Berry, J. W. (1980). Introduction to Methodology. In H. C. Triandis & J. W. Berry( Eds. ), *Handbook of cross-cultural psychology* ( Vol. 2): 1 – 28. Boston: Allyn and Bacon.

Brislin, R. W. , Lonner, W. J. , & Thorndike, R. M. (1973). *Cross-cultural research methods.* New York: John Wiley & Sons.

Daun, Å. (1984). Swedishness as an obstacle in cross-cultural interaction. *Ethologia Europaea*, XIV/2: 95 – 109.

Daun, Å. (1996). *Swedish Mentality.* University Park, PA: The Pennsylvania State University Press.

Dodd, C. H. (1995). *Dynamics of intercultural communication.* Madison, WS: Wm. C. Brown Communications, Inc.

Fang, T. (1999). *Chinese Culture and Chinese Business Negotiating Style.* Linköping, Sweden: Linköpings Universitet.

Fung, Y. L. (1948). *A short history of Chinese philosophy*. New York: The Free Press.

Gabrenya, W. K. , & Hwang K. K. (1996). Chinese social interaction: harmony and hierarchy on the good earth. In M. H. Bond (Eds.), *The handbook of Chinese psychology* (pp. 309 – 321). Hong Kong: Oxford University Press.

Gao, G. , Ting-Toomey, S. & Gudykunst, W. B. (1996). Chinese communication processes. In M. H. Bond (Eds.), *The handbook of Chinese psychology* (pp. 280 – 293). Hong Kong: Oxford University Press.

Gross, R. (1995). *Themes, issues and debates in psychology*. London: Hodder & Stoughton Educational.

Gudykunst, W. B. , & Kim Y. Y. (1984). *Communicating with strangers: An approach to intercultural communication*. New York: Newbery Award Records, Inc.

Gudykunst, W. B. , & Ting-Tommey, S. (1996). Communication in personal relationships across cultures: An introduction. In W. B. Gudykunst, S. Ting-Toomey & T. Nishida (Eds.), *Communication in personal relationships across cultures* (pp. 3 – 16). Thousand Oaks, CA: Sage Publications, Inc.

Hall, E. T. (1959). *The silent language*. New York: Doubleday & Company, Inc.

Hall, E. T. (1976). *Beyond culture*. Garden City, New York: Anchor Press.

Herlitz, G. (1995). *Swedes: What we are like and why we are as we are*. Uppsala, Sweden: Konsultförlaget.

Hofstede, G. (1980). *Culture's consequences: International differences in work-related values.* Beverly Hills, CA: Sage.

Hofstede, G. (1984). Cultural dimensions in management and planning. *Asia Pacific Journal of Management,* January, 81 – 99.

Hofstede, G. , & Bond, M. (1984). Hofstede's culture dimensions. *Journal of Cross-Cultural Psychology,* 15, 417 – 433.

Hofstede, G. (1986). Cultural differences in teaching and learning. *International Journal of Intercultural Relations,* 10, 301 – 320.

Hofstede, G. (1991). *Cultures and organizations: software of the mind.* London: McGraw-Hill International Limited.

Hu, W. Zh. , & Grove, C. L. (1991). *Encountering the Chinese: A guide for Americans.* Yarmouth, Maine: Intercultural Press, Inc.

Jenks, C. (1993). *Culture.* London: Routledge.

Kroeber, A. L. , & Kluckhohn, D. (1952). *Culture: a critical review of concepts and definitions.* Cambridge, MS: the Peabody Museum.

Lundberg, P. (1991). *Education and training for intercultural communicative competence.* Lund, Sweden: Studentlitteratur.

Mead, G. H. (1934). *Mind, self, & society: from the standpoint of a social behaviorist.* Chicago: the University of Chicago Press.

Phillips-Martinsson, J. (1991). *Swedes as others see them.* Lund: Studentlitteratur.

Spencer-Oatey, H. (1997). Unequal relationships in high and low power distance societies: a comparative study of tutor-student role relations in Britain and China. *Journal of Cross-Cultural Psychology,* 28, 284 – 302.

Pye, L. W. (1985). *Asian power and politics: The cultural dimen-*

*sions of authority.* Cambridge, MA: Harvard University Press.

The Chinese Culture Connection (1987). Chinese values and the search for culture-free dimensions of culture. *Journal of Cross-Cultural Psychology*, 18(2), 143 – 164.

Triandis, H. C. (1988). Collectivism vs. individualism: a re-conceptualization of a basic concept in cross-cultural psychology. In G. Verma & C. Bagley (Eds.), *Cross-cultural studies of personality, attitudes, and cognition*(pp. 60 – 95). London: Macmillan.

Triandis, H. C. (1995). *Individualism and collectivism.* Boulder, CO: Westview.

Williams, R. (1961). *Culture and society: 1780 – 1950* . Middlesex: Penguin Books Ltd.

William, R. (1976). *Keywords: a vocabulary of culture and society.* London: Fontana.

Worm, V. (1994). Nordic business men's perception of the Chinese as business partners-reasons, consequences and remedies. *Working paper Institute of International Economics and Management, Copenhagen School of Economics and Business Administration* 0901 – 5248 94: 6 94 6.

From:

PEDAGOGICAL BULLETIN (2000)

ISSN 0349 – 0009

Department of Education

Lund University

Box 199, S – 221 00 Lund, Sweden

# Appendices

Frequencies（from Chinese students)

| Q / S | Chin | | | | | | Swe | | | | |
|---|---|---|---|---|---|---|---|---|---|---|---|
|  | 1 | 2 | 3 | 4 | 5 | | 1 | 2 | 3 | 4 | 5 |
| I-C |  |  |  |  |  | |  |  |  |  |  |
| 1 |  | 3 | 10 | 11 | 6 | | 2 | 8 | 12 | 5 | 3 |
| 10 |  | 2 | 8 | 12 | 8 | | 1 | 2 | 5 | 12 | 10 |
| 11 | 1 | 6 | 9 | 12 | 2 | | 1 | 2 | 6 | 12 | 9 |
| 12 | 1 |  | 7 | 10 | 12 | | 7 | 12 | 5 | 4 | 2 |
| 24 | 1 | 3 | 7 | 7 | 12 | | 2 | 4 | 9 | 11 | 4 |
| 25 | 5 | 12 | 11 | 2 |  | |  | 3 | 8 | 12 | 7 |
|  |  |  |  |  |  | |  |  |  |  |  |
| PD |  |  |  |  |  | |  |  |  |  |  |
| 2 | 3 | 16 | 10 | 1 |  | |  |  | 2 | 14 | 14 |
| 3 | 1 | 7 | 19 | 3 |  | |  |  | 8 | 8 | 14 |
| 13 | 12 | 9 | 8 | 1 |  | |  |  |  | 11 | 19 |
| 14 | 1 | 2 | 6 | 10 | 11 | | 3 | 12 | 10 | 5 |  |
| 15 |  |  | 3 | 11 | 16 | | 1 | 6 | 16 | 5 | 2 |
| 23 |  |  |  | 12 | 18 | | 1 | 8 | 15 | 4 | 2 |
| 26 | 3 | 15 | 10 | 2 |  | |  |  | 5 | 12 | 13 |
| 27 |  | 2 | 2 | 11 | 15 | | 3 | 7 | 14 | 5 | 1 |
|  |  |  |  |  |  | |  |  |  |  |  |
| UA |  |  |  |  |  | |  |  |  |  |  |
| 4 |  |  | 4 | 9 | 17 | |  | 5 | 20 | 4 | 1 |
| 5 |  | 1 | 16 | 7 | 6 | | 4 | 8 | 13 | 4 | 1 |
| 6 |  | 5 | 9 | 12 | 4 | | 8 | 9 | 9 | 3 | 1 |
| 16 |  |  | 4 | 11 | 15 | | 1 | 8 | 13 | 7 | 1 |

(contd.)

| | | | Chin | | | | | | Swe | | |
|---|---|---|---|---|---|---|---|---|---|---|---|
| M-F | | | | | | | | | | | |
| 7 | 7 | 10 | 7 | 2 | 4 | | | 4 | 10 | 11 | 5 |
| 8 | | 2 | 8 | 11 | 9 | | 5 | 10 | 15 | | |
| 17 | | 1 | 4 | 11 | 14 | | | 6 | 8 | 5 | 11 |
| 18 | | 2 | 9 | 9 | 10 | | | | 5 | 14 | 11 |
| 19 | | 1 | | 7 | 22 | | 1 | 6 | 13 | 8 | 2 |
| 20 | 1 | 3 | 3 | 11 | 12 | | 2 | 12 | 13 | 3 | |
| 21 | 1 | 4 | 7 | 6 | 12 | | 1 | 5 | 7 | 7 | 10 |
| 22 | 4 | 7 | 18 | 1 | | | | | 2 | 11 | 17 |
| 28 | 1 | 3 | 4 | 12 | 10 | | | 3 | 9 | 14 | 4 |
| 29 | 2 | | 2 | 9 | 17 | | 3 | 8 | 18 | 1 | |
| 30 | | | 11 | 14 | 5 | | 2 | 6 | 16 | 3 | 3 |
| | | | | | | | | | | | |
| CT | | | | | | | | | | | |
| 9 | 2 | 5 | 13 | 8 | 2 | | 1 | 3 | 4 | 14 | 8 |

### Frequencies (from Swedish students)

| | | | Chin | | | | | | Swe | | |
|---|---|---|---|---|---|---|---|---|---|---|---|
| Q / S | 1 | 2 | 3 | 4 | 5 | | 1 | 2 | 3 | 4 | 5 |
| I-C | | | | | | | | | | | |
| 1 | 1 | 1 | 4 | 3 | | | 2 | 5 | 1 | 1 | |
| 10 | | 1 | 2 | 5 | 1 | | | 1 | 5 | 2 | 1 |
| 11 | | | 5 | 4 | | | | | 3 | 6 | |
| 12 | 1 | 2 | 2 | 2 | 2 | | 1 | 4 | 2 | 2 | |
| 24 | | 1 | 3 | 4 | 1 | | | 3 | 3 | 3 | |
| 25 | 3 | 5 | 1 | | | | | | 3 | 5 | 1 |
| | | | | | | | | | | | |
| PD | | | | | | | | | | | |
| 2 | | 8 | 1 | | | | | | 2 | 7 | |

( contd. )

| | | | Chin | | | | | | Swe | | |
|---|---|---|---|---|---|---|---|---|---|---|---|
| 3 | 1 | 3 | 3 | 2 | | | | 1 | 6 | 1 | 1 |
| 13 | 1 | 1 | 2 | 5 | | | | 1 | | 3 | 5 |
| 14 | | | 2 | 6 | 1 | | 2 | 6 | 1 | | |
| 15 | | | 3 | 2 | 4 | | | 2 | 3 | 4 | |
| 23 | | | | 7 | 2 | | | 1 | 3 | 5 | |
| 26 | 1 | 4 | | 3 | | | | 1 | 1 | 2 | 4 |
| 27 | | | 1 | 4 | 4 | | 1 | 1 | 3 | 3 | 1 |
| | | | | | | | | | | | |
| UA | | | | | | | | | | | |
| 4 | | | 2 | 5 | 2 | | | 4 | 3 | 2 | |
| 5 | | | 6 | 3 | | | 2 | | 6 | 1 | |
| 6 | | 2 | 2 | 3 | 1 | | 3 | | 3 | 1 | |
| 16 | | | 1 | 5 | 3 | | | 1 | 4 | 4 | |
| | | | | | | | | | | | |
| M-F | | | | | | | | | | | |
| 7 | 2 | 4 | 2 | 1 | | | | 1 | 5 | 2 | |
| 8 | | 2 | 3 | 3 | 1 | | | 4 | 4 | 1 | |
| 17 | | | 4 | 5 | | | | | 2 | 5 | 2 |
| 18 | | | 3 | 4 | 2 | | | | | 4 | 5 |
| 19 | | 1 | 2 | 2 | 4 | | | 2 | 5 | 2 | |
| 20 | | | 4 | 3 | 1 | | | 3 | 2 | 3 | |
| 21 | | | 6 | 3 | | | | 1 | 5 | 3 | |
| 22 | | 5 | 3 | | | | | | | 7 | 1 |
| 28 | 1 | 1 | 3 | 3 | 1 | | | 2 | | 5 | 2 |
| 29 | | | 1 | 4 | 4 | | | 2 | 2 | 5 | |
| 30 | | | 2 | 5 | 2 | | | 2 | 3 | 4 | |
| | | | | | | | | | | | |
| CT | | | | | | | | | | | |
| 9 | | 1 | 5 | 3 | | | | 1 | 4 | 4 | |

## Means

| Question | | China | | | Sweden | |
|---|---|---|---|---|---|---|
| Number | M-China | M-Sweden | DIF ch-sw | M-China | M-Sweden | DIF ch-sw |
| I-C | | | | | | |
| 1 ( C) | 3. 67 | 3. 30 | 0. 37 | 3. 00 | 2. 11 | 0. 89 |
| 10( C) | 3. 83 | 3. 90 | 0. 07 | 3. 56 | 3. 56 | 0 |
| 11( I) | 3. 17 | 3. 93 | 0. 76 | 3. 00 | 3. 78 | 0. 78 |
| 12( C) | 4. 03 | 2. 37 | 1. 66 | 3. 22 | 2. 56 | 0. 66 |
| 24( C) | 3. 83 | 3. 33 | 0. 50 | 3. 56 | 3. 00 | 0. 56 |
| 25( I) | 2. 30 | 3. 78 | 1. 48 | 1. 78 | 3. 78 | 2. 00 |
| Mean | | | 0. 81 | | | 0. 82 |
| | | | | | | |
| PD | | | | | | |
| 2 ( small) | 2. 30 | 4. 40 | 2. 10 | 2. 11 | 3. 78 | 1. 67 |
| 3 ( small) | 2. 77 | 4. 23 | 1. 46 | 2. 67 | 3. 22 | 0. 55 |
| 13 ( small) | 1. 90 | 4. 60 | 2. 70 | 3. 22 | 4. 33 | 1. 11 |
| 14 ( large) | 3. 90 | 2. 53 | 1. 37 | 3. 78 | 2. 00 | 1. 78 |
| 15 ( large) | 4. 40 | 3. 03 | 1. 37 | 4. 11 | 3. 22 | 0. 89 |
| 23 ( large) | 4. 57 | 2. 90 | 1. 67 | 4. 22 | 3. 44 | 0. 78 |
| 26 ( small) | 2. 33 | 4. 27 | 1. 94 | 2. 63 | 4. 13 | 1. 50 |
| 27 ( large) | 4. 27 | 2. 77 | 1. 50 | 4. 33 | 3. 33 | 1. 00 |
| Mean | | | 1. 76 | | | 1. 16 |
| | | | | | | |
| UA | | | | | | |
| 4 ( strong) | 4. 40 | 3. 03 | 1. 37 | 4. 00 | 2. 78 | 1. 22 |
| 5 ( weak) | 3. 60 | 2. 67 | 0. 93 | 3. 33 | 2. 67 | 0. 66 |
| 6 ( strong) | 3. 50 | 2. 33 | 1. 17 | 3. 50 | 2. 29 | 1. 21 |
| 16( strong) | 4. 33 | 2. 93 | 1. 40 | 4. 22 | 3. 33 | 0. 89 |
| Mean | | | 1. 22 | | | 1. 00 |
| | | | | | | |
| M-F | | | | | | |
| 7 ( F) | 2. 53 | 3. 57 | 1. 04 | 2. 22 | 3. 13 | 0. 91 |

( contd. )

| Question | | China | | | Sweden | |
|---|---|---|---|---|---|---|
| 8 ( M) | 3. 87 | 2. 33 | 1. 54 | 3. 33 | 2. 67 | 0. 66 |
| 17( M) | 4. 23 | 3. 67 | 0. 56 | 4. 56 | 3. 89 | 0. 67 |
| 18( F) | 3. 87 | 4. 17 | 0. 30 | 3. 89 | 4. 44 | 0. 55 |
| 19( M) | 4. 63 | 3. 10 | 1. 53 | 4. 00 | 3. 00 | 1. 00 |
| 20( F) | 3. 83 | 2. 63 | 1. 20 | 3. 63 | 3. 00 | 0. 63 |
| 21( M) | 3. 77 | 3. 63 | 0. 14 | 4. 33 | 3. 22 | 1. 11 |
| 22( F) | 2. 50 | 4. 47 | 1. 97 | 2. 38 | 4. 13 | 1. 75 |
| 28( M) | 3. 80 | 3. 67 | 0. 13 | 3. 22 | 3. 78 | 0. 56 |
| 29( M) | 4. 37 | 2. 53 | 1. 84 | 4. 33 | 3. 33 | 1. 00 |
| 30( M) | 3. 77 | 2. 93 | 0. 84 | 4. 00 | 3. 22 | 0. 78 |
| Mean | | | 1. 01 | | | 0. 87 |
| | | | | | | |
| Context | | | | | | |
| 9( low) | 3. 10 | 3. 83 | 0. 73 | 3. 22 | 3. 33 | 0. 11 |

# 文化定义·文化差异·文化冲突

郭　莲

[**摘要**] 研究"文化"，有必要了解国外著名文化人类学家、社会学家及其他社会科学家对"文化"的定义所做的系统、全面、归类性的论述。

[**关键词**] 文化；社会遗传；文化模式；价值观

## 一　文化定义及层面

人们对"文化"一词的理解通常有广义和狭义的区别，而一般大众所理解的狭义文化是指我们日常生活中所看得见的语言、文学、艺术等活动，而作为文化研究领域里所指的文化则是广泛意义上的大文化。国内外的学者都先后从各自学科的角度出发，对文化予以了多种界定与解释。英国学者威廉斯（Williams）曾说过"文化"一词是英语语言中最复杂的两三个词之一。大英百科全书在对文化一词解释时，引用了美国学者克罗伯（A. L. Kroeber）和克拉克洪（D. Kluckhohn）在《文化：一个概念与定义的考评》（*Culture：A Critical Review of Concepts and Definitions*）

一书中所收集的对文化的 166 条定义，以表示世界各国对文化一词所持的不同看法。

在该书中，两位学者把所收集的 166 条有关文化的定义分成七类。在这些定义中，学者们对文化的认识涉及了：（1）人们的全部生活模式；（2）个人从自己和他群体中所获得的社会遗产；（3）思想感情、信仰的方式；（4）积累起来的学问知识；（5）社会组织、政治制度及经济关系；（6）伦理道德、价值概念及标准；（7）行为方式；（8）历史的沉淀；等等。简言之，可以说文化是"人类在社会历史实践过程中所创造的物质财富和精神财富的总和"。

无论是从人类学、社会学、心理学，还是从哲学等角度来考察和定义文化现象，都无不涉及人的思想和行为模式。正是由于文化的复杂性，所以有的学者提出了文化的分层论。例如，宠扑认为文化可分为物质、制度和心理三个层面，这其中的心理层面是文化的核心，它是通过制度层面和物质层面凸显出来的。如果从文化的核心——心理层面来研究文化，那么人的思维方式、人际关系及人与自然的关系又是其中的三大要素。思维方式是指人们思考问题的方式；人际关系是指人们处理人与人关系的方式及形态；人与自然的关系是指人们对自然环境采取的解释与态度。

## 二 文化差异及文化冲突

由于人类社会中存在着各种各样的文化模式，各文化之间又存在着各种各样的差异，而且这些差异不仅表现在人们创造文化的物质成果上，更重要的是表现在人们的习俗、观念、道德原则和规范以及活动方式上。各文化间存在的差异使人们不能达到相互的理解，所以也就造成了文化的冲突。

1. 思维是以概念、判断、推理等形式反映客观世界的过程。思维方式是指人们的行为习惯或思维的程序，它是受不同文化、个人知识结构、社会与工作环境及习惯等方面的影响而形成的，而不同的思维方式又反过来指导作用于人的行为活动。美国学者爱德华·斯图尔特（E. C. Steward）在《美国文化模式》一书中指出美国人具有抽象、分析和实用的思维取向，他们的思维过程是从具体事实出发，进行归纳概括，从中得出结论性的东西。欧洲人则更看重思想和理论，他们的演绎型思维方式侧重的是感知世界和象征思维，他们喜欢运用逻辑手段从一个概念推导出另一个概念，他们信赖思想的力量。中国人偏好形象和综合思维。形象思维是人在头脑里对记忆表象进行分析综合、加工改造，从而形成新的表象这一形象思维过程中，人们往往从事物所表现出的相似性、相关性中发现隐藏在其中的深刻规律。中国人综合思维特点表现在将对象的各个部分联合为整体，将它的属性、方面、联系等结合起来考虑。由于各民族在思维方式上的差异，也就造成了文化上的差异。

2. 社会关系是人们在社会交往中形成的以生产关系为基础的各种联系和关系的总称。它不但是文化的重要组成部分，又是创造文化的基础。而人际关系是社会关系的具体体现，它是群体内人与人之间的心理关系。个人与个人、个人与群体和群体与群体的关系结成了社会关系的主体构造。如何看待人与人之间的关系反映了一个国家或民族的文化特质。

以中国为首的东方文化强调集体主义观念，而在行为方式的具体表现是集体利益至上，人与人之间注重互助、依靠、亲密无间和人际和谐，注意"面子"，喜好共性。西方文化，特别是美国文化在人际关系中以保持个人的独立性为主旨，他们推崇个人主义的价值观，强调个人利益至上，他们要求平等权益，注重自立、独立和隐私，他们喜欢个人竞争，喜好个性。从美国文化社会关系的表层之下挖掘所发现的是神圣不可侵犯的个体。正是由于中美之间在人际社会关系上存在着巨大的分歧，所以美国总是在人权问题和我国的计划生育问题上评头论足，大加指责，造成了许多矛盾。

按照文化功能论来分类，因为西方文化强调人是一切的尺度，而理性是这个尺度的本质及核心内容，所以我们可以把西方文化称为理性型文化；因为以中国为主的亚洲东部文化强调人与人之间的关系，文化的表现形式突出了伦理的特征，所以被称为伦理型文化；而位于西亚和北非的"阿拉伯世界"因其强调伊斯兰教义是解决各民族、教派之间的矛盾的至高无上的原则，随着这些国家"正教合一"的政权的不断加强，使得人们的一切活动方式都带有典型的宗教色彩，所以我们把这种文化称为宗教型文化。

3. 在人与自然的关系上，不同的文化有着不同的态度，但归纳起来有三种：顺从、制服与和谐。持顺从态度的人们认为，人类在大自然面前是无能为力的。人们不是向大自然去索取，而是等待大自然的恩赐。哥伦比亚的美斯蒂索人和印度人对自然就持这种宿命论的态度。如果人们在大自然面前表现得无助无奈，那么他们往往也会以同样的态度对待社会及政治秩序。

持制服态度的人们认为，人类是大自然的主人，要驾驭和制服大自然，从制服自然的斗争中获得自己所需要的一切。在许多西方文化中，特别是在科学技术发达的地区，人们常常持有这种观点。特别是在美国，自然与物质世界应当受人控制并服务于人的观念占据着主导地位。这种文化强调人是一切的尺度，在人与自然的关系中最能体现人性本质的是人们认识自然、改造自然和制服自然的能力，这些能力包括智力、体力和技能，人类通过能力不断地提升自己，以达到支配和主宰人之外的一切的地位。

持和谐态度的人们则认为，人与大自然是朋友，人应与自然融为一体，人对自然有一分尊敬，但同时也利用自然的力量造福人类，但不能过分利用自然。在亚洲大部分地区，强调所有的生命形态和无生命物体的相互和谐与统一是相当普遍的观点。中国人自古以来就主张"天人合一"，在印度佛教传入后，这一思想得到丰富和加强。

当今的世界正快速地发展成为一个经济共同体，而且将变成一个越来越不可分割的整体，到那时所有政治上的界限和制度上的分野，都将隐退成次要的因素。未来的人类社会，必然趋向大同。而且世界的"同"将超越国家、种族和地区的"异"。在今后全球化的文化缔造融合过程中，如果每一种文化都能贡献出自己文化中最有意义和最有用的部分，那么我们人类将会共同熔铸出一个崭新的世界文明。

载于《理论前沿》2001 年第 24 期

# 文化的定义与综述

郭 莲

[**摘要**] 研究"文化",有必要了解国外著名文化人类学家、社会学家及其他社会科学家对"文化"的定义所做的系统、全面、归类性的论述。

[**关键词**] 文化；社会遗传；文化模式；价值观

英国学者威廉斯（R. Williams）曾说过"文化"一词是英语语言中最复杂的词汇之一。现在有关文化的定义已达 200 多种。但比较有权威并系统归纳起来的定义源于《大英百科全书》引用的美国著名文化人类学专家克罗伯（A. L. Kroeber）和克拉克洪（D. Kluckhohn）的《文化：一个概念与定义的考评》（*Culture：A Critical Review of Concepts and Definitions*）一书，这本书共收集了 166 条有关文化的定义（其中 162 条为英文定义），这些定义由世界各国著名的人类学家、社会学家、心理学家、哲学家和政治学家等所界定。

该书把 166 条文化定义分为 6 组，它们分别是：

# 一　描述性的定义

描述性定义（共 21 条）主要包括以泰勒（E. Tylor）为首的，以及在他影响下强调文化所涵盖内容比较广泛的定义。其中以泰勒的定义为代表："文化或文明是一个复杂的整体，它包括知识、信仰、艺术、法律、伦理道德、风俗和作为社会成员的人通过学习而获得的任何其他能力和习惯。"

这一组定义的特点是把文化作为一个整体事物来概述，因此几乎所有的定义都包含了"（复杂的）整体"和"全部"这样的词语。其次，这组定义试图通过列举的方式把文化所涵盖的内容全部包括在内。

泰勒是第一个在科学意义上为"文化"下定义的人，他的定义具有经典性。历史特殊论学派的创始人博厄斯（F. Boas）曾受到过泰勒相当的影响，因此虽然他扩展并改进了泰勒的定义，但并没有真正从泰勒的定义中脱离出来。

这一组定义的不足之处在于，因为文化是一个相当抽象的概念，所以单靠用列举的方式对其加以定义，是无法涵盖其全部内容的，而且也容易忽略这些定义中没有被提及的构成文化的其他要素。

# 二　历史性定义

这组定义（共 22 条）主要强调文化的社会遗传与传统属性。其中最具代表性的定义是博厄斯的学生、美国文化语言学的奠基人萨皮尔（E. Sapir）的定义："文化被民族学家和文化史学家用来表达在人类生活中任何通过社会遗传下来的东西，这些东西包括物质和精神两方面。"这组定义还包括洛维、马林诺夫斯基、米德、林顿等人的定义。

这些学者从历史角度出发选择了文化的一个特性——"文化遗传"或"文化传统"来对文化进行阐述。尽管这两个术语在词义上有一些区别,如"遗传"是指接受的东西,即产品;而"传统"是指接受的过程,但它们都是以相对静止或固定的形式来观察看待文化的。

而林顿和米德则是第一次在"文化"与"一个(一种)文化"之间作出区别的学者,他们的观点具有相当的理论意义。这组定义中另一具有建设性理论意义的观点是,人类不但具有生物遗传特性,而且还具有社会遗传特性,这也是体现人类学与社会(文化)人类学研究重点的区别之处。

但这一组定义过于强调文化的稳定性,以及文化对人类所起的过于被动的作用。这会使人们错误地以为,人类不过是像多拉德所说的那样的"文化传统的被动搬运工",而不是像西蒙斯所描述的那样"人类不仅是文化的载体和创造物,而且还是文化的创造者和操作者"。

# 三 规范性定义

## (一) 强调文化是规则与方式的定义

这组定义中的第一类定义(共22条)主要强调文化的规则与方式的属性,其中最具代表性的是美国人类学大家威斯勒(C. Wissler)的定义:"某个社会或部落所遵循的生活方式被称作文化,它包括所有标准化的社会传统行为。"这一组定义还包括赫斯科维茨、弗思、拉斯韦尔、弗兰克、西尔斯等人的定义。

威斯勒 1929 年的定义中的"由某个社会所遵循的生活方式"为这一类定义套上了固定的模式。"方式"一词所具有的含义是：（1）共同或共享的模式；（2）对不遵守规则的制裁；（3）行为怎样表现；（4）人类活动的社会"规划"。而这一类定义几乎都涵盖了一个或多个这样的内容。

这些定义与第五组强调文化结构的定义有密切的联系。从泰勒的"复杂的整体"到威斯勒的"生活的方式"，再到雷德菲尔德的共同模式的"一个体系"或"组织结构"是定义文化过程中的不断发展，因为由"方式"或"模式"所含带的固定格式化意义很容易延伸拓展到文化的整体结构层面上来。

### （二）强调文化中理想、价值与行为因素

这类强调理想、价值和行为的定义（共 6 条）包括托马斯（W. Thomas）的定义"文化是指任何无论是野蛮人还是文明的人群所拥有的物质和社会价值观（他们的制度、风俗、态度和行为反应）"；以及比德尼（D. Bidney）的 3 个定义。

这一类定义的核心是强调文化的本质就是价值观。比德尼在他的定义中还提到"培养"的概念，而以前的学者大都只强调"获得"。这一类定义还同时提到了文化的行为、理想和价值观的问题，可以看出这几位学者更加强调文化发展进程中规范化的思想对行为所产生的动态作用。

## 四　心理性定义

### （一）强调文化是调整与解决问题的方法手段的定义

这一组心理性定义中的第一类定义（共 17 条）主要强调文

化是调整和作为解决问题的方法手段。萨姆纳和凯勒（W. Summer and A. Keller）的定义指出："人类为适应他们的生活环境所作出的调整行为的总和就是文化或文明。"福特（W. Ford）指出："文化包括所有解决问题的传统方法。"这一类定义里面还包括伦德伯格、莫里斯、帕南基奥等人的定义。

这一类定义中大多数学者都曾直接或间接地受到过萨姆纳的影响。作为美国社会学主导人物的萨姆纳一直强调"调整"这一概念，他的这一概念非常接近文化人类学家有关文化的概念，只不过范围要狭窄一些，因为他认为"文化"既要包括"社会习俗"，又要包括"民德"。福特"解决问题的传统方法"的定义源于萨姆纳和多拉德，带有一定的心理学倾向。

这一类定义专门提出"文化是人类为适应外界环境和其他人群所使用的一整套调整方法"是非常有益的，但有些定义只强调这一点又欠完整和准确。因为文化即制造了问题，同时又提供了解决问题的方法。这就是为什么文化的"功能性"定义总是不能令人满意的原因，因为这类定义忽略了一个事实，即文化在创造了需求的同时又提供了满足这些需求的方法。这一组定义的另一缺陷是，这些学者只关注文化为什么存在和文化是怎样形成的问题，但却忽视了解释文化是什么的问题。

### （二）强调学习的定义

这是一类强调文化中学习因素的定义（共 16 条），其中包括威斯勒的定义"文化现象被认为是包含所有人类通过学习所获得的行为"；以及拉皮尔（R. LaPiere）的定义"一个文化是一个社会群体中一代代人学习得到的知识在风俗、传统和制度等方面的体现；它是一个群体在一个已发现自我的特殊的自然和生物环境下，所学到的有关如何共同生活的知识的总和"。这一类还包括本尼迪克特、扬、戴维斯、斯图尔特、威尔逊等人的定义。

这些学者都竭力强调学习因素在文化中所占据的重要地位，他们的论点几乎都源于心理学中的"学习理论"。拉皮尔的定义之所以令人感兴趣是因为他代表了部分学者试图把最早的泰勒类的第一组定义和最新发展起来的心理学中强调学习概念的定义结合在一起而作出的努力。

由于大多数学者都强调文化中学习这一非遗传因素的重要性，也因此忽略了文化的其他特性。其实广义而言，泰勒早在1871 年的定义中就指出文化是"作为一个社会的成员通过学习所获得的"，但是以他为首的传统定义并没有把学习因素放在首要的位置上。其实无论什么种族的人都具有同样的神经系统和生物特征，因此基本的学习过程是相似的。只是人类学家总是期望由心理学家去发现那些与学习有关的普遍规则，而他们自己只需根据文化现象来阐明"学习什么""从哪里学习"和"什么时候学习"等问题。尽管文化行为是通过学习而获得的行为，但并不是所有习得的行为都是文化行为；相反，学习只是文化的所有不同特性中的一个特性。

### （三）强调习惯的定义

这类定义（共 3 条）仅包括托泽、扬和以《社会结构》一书驰名学术界的美国人类学家默多克（G. Murdock）的定义，他对文化的定义是："文化是行为的传统习惯模式，这些行为模式构成了个人进入任何社会所应具备的已确定行为的重要部分。"

这类中的三条定义之所以被归属于心理学类，是因为"风俗"来自群体，而"习惯"则强调个人。

### （四）纯心理性的定义

这类定义包括罗海姆（G. Roheim）的定义"对于文化我们应该理解为是所有升华作用、替代物，或反应形成物的总和"；卡茨和尚克（D. Katz and R. Schanck）的定义"社会是指人与人之间和人与他们所生活的物质社会之间所存在的共同的客观关系。它常与文化概念相混淆，而文化是指人与人之间所存在的态度关系。……文化之对于社会就如同个性之对于生物体。文化概括了一个社会的独特的制度内容。文化是指在一个特定社会环境下发生在个人身上的事情，……而这些所发生的事情是因人而异的"。

这两个定义不仅从心理学的角度强调文化概念，而且完全使用了文化人类学和社会学主流思想以外的词语来描述文化。它们分别从心理分析的角度和社会心理学的角度来定义文化。

另一点值得提到的是，罗海姆似乎是唯一一个试图使用心理分析术语来给文化下定义的心理学家，尽管弗洛伊德也曾偶尔使用"文化"一词，但他并没有取其人类学的含义。"新弗洛伊德派"（霍尼、卡迪纳、亚历山大和弗罗姆等人）在使用"文化"一词时也比较随便，并不在意其使用的准确性。

## 五　结构性定义

第五组为结构性定义（共9条），这一组定义主要强调文化的模式或结构层面。其中以奥格本和尼姆科夫（W. Ogburn and M. Nimkoff）的定义为代表："一个文化包括各种发明或文化特性，这些发明或文化特性彼此之间含有不同程度的相互关系，它们结合在一起构成了一个完整的体系。围绕满足人类基本需要而形成的物质和非物质特性使我们有了我们的社会制度，而这些制度就是文化的核心。一个文化的结构互相联结形成了每一个社会独特的模式。"这一组还包括美国结构功能学派的代表人物雷德菲尔德和林顿、库图、克拉克洪等人的定义。

这一组定义从新的角度把文化定义带进了一个更深的层面。首先，从第一组主要以列举文化各要素而最终归成"综合体"的方式来定义文化，发展到把文化定义成"可分隔的但相互又有结构性联系的各要素的组合"，这显然是一个巨大的进步；其次，这组定义都明确指出文化是一个抽象的概念。文化是一个基于行为之上而又可以解释行为的概念模式，而其本身并不是行为。所以文化已远离行为的显性和可观察性标准，而成为生活的规划或规划体系。文化是一个规划，但它不是生活本身；文化是可供选择的指导人们反应活动的东西，但它不是反应本身。认识到这一点的重要性就在于要把文化从行为概念中解脱出来，把文化从人类活动概念中抽象出来，而文化概念本身就带有潜在的选择性。

# 六 遗传性定义

## （一）强调文化是人工制品的定义

这一组遗传性定义中的第一类定义（共20条）主要强调文化是一个产品或人工制品，其中福尔瑟姆（G. Folsom）的定义最具代表性，他指出"文化不是人类自身或天生的才能，而是人类所生产的一切产品的总和，它包括工具、符号、大多数组织机构、共同的活动、态度和信仰。文化既包括物质产品，又包括非物质产品，它是指我们称为人造的，并带有相对长久特性的一切事物。这些事物是从一代传给下一代，而不是每一代人自己获得的"。这一组还包括伯纳德、沃登、路透、亨廷顿、默多克等人的定义。

这些学者虽然在定义中都提到了文化的其他特性，但他们的重点都放在了文化的遗传特性上。这与强调文化传统或遗传的第二组定义很类似，但这组学者强调的是文化遗传的结果或产品，而第二组的学者则更加强调文化的传递过程。这一组的定义主要来自于社会学家，所以他们在定义中常常使用"人类社会生活的结晶"和"人类相互作用的产品"这类典型的社会学术语。

这组定义还提出了一个重要的问题，即文化这一抽象概念的重心所在。这些定义有的强调文化的效果方面，有的偏重文化对人的头脑所产生作用的结果，还有的则提出能否把文化作用的结果从环境中分离出来的问题。这些都是我们在研究文化问题时反复出现并值得我们认真思考的问题。

### （二）强调观念的定义

这一类定义强调文化的观念因素（共 9 条），其中包括被认为是美国社会学的创建者沃德（L. Ward）的定义"任何人如果愿意的话，他可以把文化说成是一种社会结构，或是一个社会有机体，而观念则是它的起源之地"；以及奥斯古德（C. Osgood）的定义"文化包括所有关于人类的观念，这些观念已传入人的头脑中，而且人也意识到它们的传入和存在"。这一组还包括布卢门撒尔、福特和贝克尔等人的定义。

从这一组定义中可以看到，一些学者把"观念"看作是文化中更重要的因素。有位学者曾经说过："严格地说，没有所谓的'物质'文化。一口锅不是文化，而文化是锅这一人造产品背后所隐藏的观念。"

这一组和第五组定义站在了文化定义研究的最前沿，因为这些学者提出了一些文化人类学家必须面对的问题。如奥斯古德曾提出，文化必须限于是高于意识行为的现象。而且这些学者试图从"风俗""形式"和"规划"这些相对比较松散的概念中抽取其最核心的概念——观念，这就把文化从过去较粗糙的概念中提升到了一个更高的层面。

### （三）强调符号的定义

这一组强调文化中符号因素的定义（共5条），其中包括戴维斯（A. Davis）的定义"文化包括所有的思维和行为模式，这些思维和行为模式是通过交际而相互作用的，即它们是通过符号传递方式而不是由遗传方式传递下来的"；这组定义还包括被誉为美国20世纪新进化论学派的代表人物——怀特（L. White）的3条定义，其中的一条是："文化是一组现象，其中包括物质产品、身体行为、观念和情感，这些现象由符号组成，或依赖于符号的使用而存在。"

这组定义与第三组强调价值观的定义有一定的联系，因为"符号"含有价值观赋予外界特定事物以意义的内涵在内。一些学者认为人与其他生物真正的区别不在于人是理性动物，也不在于人是能建造文化的动物，而在于人是使用符号的动物。如果这一观点是正确的话，那么在文化的定义中就应有许多人提到符号的概念。但至今只有极少的学者在他们的文化定义中提到"符号"的概念，这是一个值得我们思考探究的问题。

**［参考文献］**

［1］［英］爱德华·泰勒：《原始文化》，连树声译，上海文艺出版社 1992 年版。

［2］林惠祥：《文化人类学》，商务印书馆 2000 年版。

［3］刘敏中：《文化学学：文化学及文化观念》，黑龙江人民出版社 2000 年版。

［4］Kroeber, A. L. , & Kluckhohn, D. , *Culture*：*A Critical Review of Concepts and Definitions*. Cambridge，MS：the Peabody Museum, 1952.

载于《中共中央党校学报》2002 年第 6 卷第 1 期

# 文化价值观的比较尺度

郭 莲

[**内容摘要**] 鉴于文化与价值观之间的紧密联系，近 40 年来，国外一些学者试图寻找出一种可以用来衡量不同文化间价值观差异的普适尺度，从而进一步探研文化与政治、经济和社会发展之间的关系。近年来在西方，特别是美国学术界，一种新的范式——一种聚焦于文化价值观的理论——正在逐渐填补拉丁美洲曾流行一时的依附论垮掉以后所留下的解释真空。越来越多的学者用文化因素解释各国的现代化、政治民主化、军事战略、种族和民族群体的行为以及国与国之间的联合和对抗问题。

[**关键词**] 文化；价值观；比较尺度

英语中大写的"大文化"或"正式文化"包括文学、艺术、哲学等社会科学以及各种自然科学的成果，集中反映了人类的精神文明和物质文明。简单地说，文化是指人类在社会实践过程中所获得的能力和创造的成果。价值观如同许多社会科学概念一样，有许多的定义。中国大百科全书对价值观的定义是：主体对客观事物按其对自身及社会的意义或重要性进行评价和选择的标准。对个人的思想和行为具有一定的导向或调节作用，使之指向一定的目标或带有一定的倾向性。美国学者罗基切（M. Rokeach）认为，价值观是人们关于什么是最好的行为的一套持久的信念，或是依重要性程度而排列的一种信念体系。价值观是文化中最深层的部分，它是人们关于什么是最好的行为的一套持久的信念，它是人们在社会化的过程中获得的，它支配着人们的信念、态度、看法和行动，成为人们行动的指南。文化与价值之间的关系是密不可分的。

西方国家早期的价值观研究多为人类学家所从事，但他们的研究常常混入了兴趣、态度、观念等内容，不能算作单纯的价值观研究。1945 年以来，一些心理学家和人类学家开始编制比较标准化的问卷或量表，以调查的方式来研究不同民族、国家或社会的价值观。这些学者通常是在比较价值观的几个组成要素、成分或方面的基础上进行研究，这些价值观的分类研究方法能从总体上概括性地勾画出价值观差异的轮廓，非常有助于对抽象的价值观问题进行具体的有实际意义的比较与分析。在西方这一领域的研究中，以下几种研究方法最为流行，也最具有权威性。

奥尔波特（G. Allport）等人编制的"价值研究"量表，被用来测量六种基本价值观的相对力量。该测验是根据美国组织行为学家斯普朗格尔（E. Spranger）区分的六种理想价值型编制的。它们分别是：理性价值观（重经验、理性）、政治性价值观（重权力和影响）、经济性价值观（重实用、功利）、审美性价值观（重形式、和谐）、社会性价值观（重利他和情爱）及宗教性价值观（重宇宙奥秘）。① 斯普朗格尔认为，人们的生活方式是

---

① 陈仲庚、张雨新：《人格心理学》，辽宁人民出版社 1986 年版。

朝着这六种价值观方向发展的。

克拉克洪（D. Kluckhohn）等人也以六个方面的问题概括了人类群体所共有的价值观差异，它们分别是：（1）人类的本性是什么？本性是善或是恶或是既善又恶？（2）人类与自然的关系是什么？是与自然和谐共处，或屈服于自然，还是征服和控制自然？（3）人类关系的类型是什么？是直线型、相互依赖型或是个人型？即社会成员如何看待人与人之间的关系——一个人应当以个人的方式行事，还是在行事前考虑集体的利益呢？（4）人类活动的类型是什么？是成就型、承认现状型或是既承认现状又承认变化型？（5）人类生活的时间焦点是什么？是倾向于现在、过去或是未来？（6）人类社会的空间概念是什么？时间被认为是私人的，还是公共的？在前者的社会里，会议在私下举行、人们在身体上没有太亲密的接触等；后者主张大家都参加会议和参与决策、允许公开表露情感等。

价值观的另一种分类法是罗基奇分类法。它是由美国心理学家罗基奇用数十年时间的研究创建起来，于1973年提出的价值观系统。他的价值系统理论认为，各种价值观是按一定的逻辑意义联结在一起的，它们按一定的结构层次或价值系统而存在，价值系统是沿着价值观的重要性程度的连续体而形成的层次序列。他提出了两类价值系统：（1）终极性价值系统（terminal values），用以表示存在的理想化终极状态或结果，包含的内容有：舒适的生活、振奋的生活、成就感、和平的世界、平等、家庭保障、自由、幸福、内心平静、成熟的爱、国家安全、享乐、灵魂得到拯救、自尊、社会承认、真正的友谊和智慧等；（2）工具性价值系统（instrumental values），是达到理想化终极状态所采用的行为方式或手段，包含的内容有：有抱负、心胸宽广、有才能、快乐、整洁、勇敢、助人、诚实、富于想象、独立、有理智、有逻辑性、钟情、顺从、有教养、负责任、自控和仁慈等。罗基奇的价值调查表包含了 18 项终极性价值和 18 项工具性价值，每一种价值后都有一段简短的描述。罗基奇量表的优点在于，它是在一定的理论框架指导下编制而成的，其中包括的价值项目较多且简单明了，便于被试掌握，施测也容易。并且，这种研究方法是把各种价值观放在整个系统中进行的，因此更加体现了价值观的系统性和整体性。

第四种研究方法是由荷兰著名心理学家霍夫斯特德（G. Hofstede）创建的。霍氏于 20 世纪 80 年代初，在对美国 IBM 跨国公司的 50 种职业、66 种国籍的雇员所回答的 11.6 万份的问卷进行分析的基础上，归纳出比较不同文化价值观的四个维度，它们分别是：（1）对权力差距的态度，这是指地位低的人们对于权力分配不平等的状况的接受程度，比较而言是愿意接受，还是不愿意接受；（2）个体主义—集体主义，这是衡量个人与集体的联系是松散还是紧密的尺度；（3）避免不确定性，这是指一种文化在多大程度上可以容忍或要避免不确定性，不确定性是指陌生的、未经历过的、危险的事物或环境；（4）男性—女性，这是指在某种文化中占优势的社会模式，是男人占主导地位，还是女人占主导地位。①

尽管霍氏价值观分类法在西方学界得到了广泛的认同，但也遭受到"种族中心主义"的批评。一些学者用中国儒家文化价值观进行了跨文化的研究，发现中国文化的价值观与霍氏分类法中的三个维度兼容，所以认为这三个维度可以作为普遍适用的衡量

---

① Geert Hofstede, *Culture's Consequences*, Beverly Mills: SAGE Publications, Inc. , 1984.

各文化异同的尺度；而"避免不确定性"却不是普适的尺度，因为儒家一些与工作有关的价值观（其中包括尊卑有序、节约、毅力、知耻、礼尚往来、慎重、要面子、尊重传统）与霍氏的这一尺度无法兼容。[①] 霍氏接受了上述批评意见，并从中归结出他的文化价值观的第五个维度：长期观—短期观（long-term versus short-term orientation），也被称作"儒家变量"维度（Confucian Dynamism）。他承认东方文化与西方文化在某些看法上有着典型的不同。[②]

有意思的是，霍氏与迈克尔·邦德（M. Bond）就价值观的第五个维度的"儒家变量"与"亚洲四小龙"的20世纪80年代的经济崛起之间的关系作了进一步的研究。他们通过对其在22个国家所作的价值观调查得出的数据与世界银行关于人均生产年增长率的资料进行对比，惊奇地发现在"儒家变量"维度上得分高的国家（如"亚洲四小龙"），也是在1965—1988年经济增长最快的国家，反之亦然。由此，他们得出结论，他们发现了一种与经济现象相关的文化联系。[③] 尽管当时这一发现在西方学界引起了不小的震撼，但随着20世纪90年代东亚经济危机的出现，人们又开始重新思考文化对经济的发展到底是否像这些学者们描述的那么重要。

劳伦斯·哈里森（L. Harrison）认为，人类自从第二次世界大战结束以来的进步幅度令人失望，而其中一个重要的原因就在

---

① Chinese Culture Connection，"Chinese Values and the Search for Culture-Free Dimensions of Culture"，*Journal of Cross-Cultural Psychology*，Vol. 18，No. 2，1987.

② Geert Hofstede，*Cultures and Organizations：Software of the Mind*，London：McGraw-Hill，1991.

③ Hofstede, G. & Bond, H，"The Confucius Connection：from Cultural Roots to Economic Growth"，*Organizational Dynamics*，Vol. 16，1988.

于各国政府和发展机构未能考虑到文化是可以阻滞或促进进步的力量。① 诚然，对文化问题的处理无论是在政治、学术和情感上都比较困难，特别是在学术上，因为它涉及衡量标准的尺度及定义等问题，而且文化与政治、体制、经济发展等变量可以是互为因果的。但现在世界上许多从事文化研究的学者们，在一点上基本上达成了共识，即应当制定一项综合的理论与应用研究规划，以便将文化价值观的变革纳入各国的发展政策和规划中。而且学术界对文化的研究成果应成为争取改变价值观和态度的指导方针，其中包括切实可行的措施，以便倡导进步的价值观和态度。

尽管西方学者已构建出各种文化价值观的比较尺度体系，但笔者却认为这些尺度基本上都是以西方人的思维方式构建的，其中的一些变量并不适合西方国家以外的一些国家的国情。当前对于我国从事文化研究的学者们来说，构建一个我们自己的衡量价值观的尺度体系，并使之与国际学术界接轨，就成为我们亟待研究的课题。如果我们能依照江泽民同志提出的我们党"必须始终代表中国先进文化的前进方向"的论述，积极探讨我们中华文化中所蕴藏的能促进社会发展的正面因素，倡导进步的价值观和态度，将会更加有力地促进我国政治、经济和文化方面的发展。

载于《科学社会主义》2002 年第 5 期

---

① ［美］塞缪尔·亨廷顿、劳伦斯·哈里森：《文化的重要作用》，程克雄译，新华出版社 2002 年版。

# 构建比较价值观的尺度体系

郭　莲

[摘要] 世界价值观调查组织通过对世界 65 个国家（占世界人口 80%）所进行的持续近 20 年的四次有关价值观变化的调查结果显示，各国人们的主要价值观是朝着可预期的方向发展的，是随着经济发展的速度和水平发生变化的。调查结果还显示出价值观的变化对各国的政治、经济和社会产生了重大影响。如何利用这一信息资源来构建我们自己的衡量价值观的尺度，是我国学者亟待研究的课题。

[关键词] 世界价值观调查组织；比较尺度

鉴于文化与价值观之间的紧密联系，国外许多学者一直在努力探索一种可以用来衡量不同文化间价值观差异的普适尺度，特别是近年来在美国学术界，一种新的范式——聚焦于文化价值观的理论——正在逐渐填补拉丁美洲曾流行一时的依附论垮掉以后所留下的解释真空。尽管关于文化因素对政治和经济发展是否有影响以及影响到何种程度等问题，各学科领域里的学者们仍持有争议，但越来越多的学者把目光转向文化因素，特别是文化价值观上，用文化因素解释各国的现代化、政治民主化、军事战略、种族和民族群体的行为以及国与国之间的联合和对抗问题。更多地了解国外文化研究的发展动向，构建我们自己文化价值观的衡量体系，发掘我们传统文化中精髓部分，使之发扬光大，将对我们研究江泽民同志"先进文化代表"的理论，加快我们经济建设的步伐，起到积极的推动作用。

# 一 "世界价值观调查组织"

近 20 年来得到国际社会科学界认同的"世界价值观调查组织"，在对世界各国价值观进行定量比较从而寻找到一个比较价值观的普适尺度的研究上做出了突出的贡献。这是由世界各国的社会科学家组成的专门调查各国公众的基本价值观和态度的组织。尽管参加这一调查的社会科学家来自于不同学科领域且有不同的文化背景，但他们的共同兴趣是了解正在发生的改变人们价值观和基本目标的社会变化。这项研究源于 1981 年在欧洲 14 个国家所进行的"欧洲价值观调查"，而后又分别于 1990—1991 年、1995—1996 年和 1999—2001 年进行了世界范围内的三次调查。这四次调查共涵盖了世界六大洲 65 个国家，涉及世界人口的 80% 左右。随着这项调查所涉及的国家越广泛，人数越巨大，所花费的时间越长，它所起到的作用也越重要。至今为止，以"世界价值观调查"为依据所出版发表的专著和论文已达 300 多部，使用文字达 16 种之多。

"世界价值观调查组织"第一次调查得出的结论是，欧洲各国上下两代人之间在政治、经济、宗教、性别角色、家庭和性道德准则等基本价值观上发生了变化。年青一代人所持的价值观与年长一代人所持的价值观有着明显的差异，特别是在那些经济迅速发展的国家中。为了进一步验证人们的价值观是否真正发生了变化，并寻找造成这些变化的原因，该组织又于1990—1991年进行了第二次调查。这是一次全世界范围的调查，因考虑到价值观的变化与经济和技术的发展之间的密切联系，所以调查对象特别包括了一些低收入的国家。

1990—1991年调查数据显示，自1981年后，世界各国人们的基本价值观确实已经发生了深刻的变化，而且这些变化都是沿着可预期的方向发展的，也就是说许多主要价值观是随着经济发展的速度和水平而发生变化的，特别是一些经历了严重经济衰落的国家里的人们的价值观几乎都朝相反的方向发展。这场调查结果还显示出价值观的变化对各国的政治、经济和社会产生了重大影响。

因为社会变化的分析需要一个长时间的系列调查数据，因此"世界价值观调查组织"又于1995—1998年进行了第三次调查。这次所调查的55个国家还包括东欧、拉丁美洲和亚洲在内的一些国家，调查者把注意力放在分析对民主主义有益的文化因素上。而2000—2001年所进行的第四次调查的目的则主要是想得到一部分非洲及伊斯兰国家的数据，因为以往的调查几乎没有涵盖这些国家在内。

## 二 比较价值观差异的两个层面（维度）：传统态度与世俗/理性态度；生存价值观与自我表现价值观

"世界价值观调查"通过对数百个价值观调查中的国家层次

上的综合数据，发现各文化间存在着大量的、持续的文化价值观差异。富裕社会人们的价值观普遍不同于低收入社会人们的价值观。分析显示出文化差异主要存在于两个主要层面上，这两个层面反映了各国社会的两极分化。它们分别是：对待权力的传统态度与世俗/理性态度之分；生存价值观与自我表现价值观之分。

传统与世俗/理性层面（维度）首先反映出宗教居重要地位和不重要地位的社会之间的对比，其中最要的价值观差异表现在强调家族联系的重要性、服从权力当局、避免政治冲突、强调意见一致重于对抗等方面。处于传统价值观一端的社会强调宗教、绝对准则和传统的家庭价值观；主张维持大家庭；反对离婚、人工流产、安乐死和自杀；重视社会整合，而不是个人成就；赞成意见一致而不赞成公开的政治冲突；主张服从权力当局；有高度的民族自尊心和民族主义观念。而居于世俗/理性价值观一端的社会在上述各方面则持完全相反的态度。

生存价值观与自我表现价值观层面（维度）涉及后工业社会所特有的价值，它主要包括物质主义与后物质主义这两极价值观的对比。这一对比关系表明了上一代人到下一代人之间所发生的变化，即从强调经济安全和物质安全转向日益强调自我表现、主观康乐和生活质量。这一文化价值观的转变在所有的发达工业社会皆有所见，它出现在那些不用为生存操心的条件下成长起来的较年青的一代人身上。它的表现形式是人们日益强调环境保护、妇女运动、更加要求参与经济和政治生活的决策等问题上。而强调生存价值观的社会表现出个人主观康乐的水平较低、人们健康状况较差、人际信任程度低、对外人容忍性较差、对男女平等意识欠缺、强调物质主义价值观、高度信任科学技术、环保积极性较低、比较赞成集权政府等方面。

# 三 讨论

亨廷顿（S. Huntington）把当今的世界划分成七大文明，它们分别是中华文明或儒教文明、日本文明、印度文明、伊斯兰文明、西方文明、拉丁美洲文明和非洲文明。而"世界价值观调查组织"所得到的结果中也显示出颇为相似的文化区域，这说明每一种文化区域中各个社会有着相似的价值观。调查数据还显示出文明区域中各社会在许多其他层面上也有着密切的联系，如宗教、殖民影响、政党执政的影响、社会结构和经济水平等。尽管人们越来越强烈地认识到价值观与社会、经济和政治有着重要的联系，可至今为止，有关这些问题的研究却不多见。而"世界价值观调查"为社会科学界提供极丰富的调查数据，使世界各国学者能依照此项研究成果来分析各国文化变化的过程，探讨这些变化在重新构造人们对政治、经济、环境、国家在经济建设中的角色、性别角色和宗教等基本价值取向上所起的作用。

另外，"世界价值观调查"还产生了一个重要的副产品——为观察社会政治、经济和生活中所发生的不同程度上的变化现象提供了新的观察视角。因为发生在人们意识形态里的变化原本是不可见的，但通过调查研究及定量分析的方法使得它们成为可见的并可供研究的比较因素，从而为社会科学研究提供了庞大的集体信息资源，为国家和国际决策制定者更好地了解和对付这些变化提供了信息和帮助。

美国学者劳伦斯·哈里森（L. Harrison）指出，人类自从第二次世界大战结束以来的进步幅度令人失望，而其中一个重要的原因就在于各国政府和发展机构未能考虑到文化是可以阻滞或促进进步的力量。诚然，对文化问题的处理无论是在政治、学术和情感上都比较困难，特别是在学术上，因为它涉及衡量标准的尺度及定义等问题，而且文化与政治、体制、经济发展等变量可以是互为因果的。但现在世界上许多从事文化研究的学者们，在这一点上达成了共识，即应当制定一项综合的理论与应用研究规划，以便将探研文化价值观的变化纳入各国的发展政策和规划中。而且学术界对文化的研究成果应成为争取改变价值观和态度的指导方针，还要提出一些切实可行的措施，以便倡导进步的价值观和态度。

尽管西方学者已构建出文化价值观的比较尺度体系，但笔者认为这一尺度几乎完全是构建于西方人的思维方式上的，其中的一些变量并不适合西方国家以外的一些国家的国情。例如，在"世界价值观调查"的四次调查问卷中都涉及一部分宗教信仰的问题，如多长时间去一次教堂，是否经常祷告等；还有人权、选举、同性恋等方面的问题，这些问题基本上不能用作测试中国人的价值观趋向。因此，当前对于我国从事文化研究的学者来说，构建一个我们自己的、并能与国际学术界接轨的衡量价值观的尺度体系，就成为我们亟待研究的课题。如果我们能依照江泽民同志提出的我们党"必须始终代表中国先进文化的前进方向"的论述，积极探讨我们中华文化中所蕴藏的能促进社会发展的正面因素，倡导进步的价值观和态度，定能更加有力地促进我国政治、经济和文化方面的发展。

载于《理论前沿》2002 年第 12 期

# 中国博士生与中国公众价值观的比较

## ——"后现代化理论"的验证研究

郭 莲

[摘要] 本文以 Inglehart 为建构"后现代化理论"所使用的"世界价值观调查"为测量工具，对中国博士生进行调查，并将调查结果与 2004 年中国公众的"世界价值观调查"数据进行比较分析，所得出的结论与 Inglehart"后现代化理论"在世界范围内比较上述两组人群的结论一致，即，中国博士生的价值观已发生了"现代化"维度上从"传统价值观"向"世俗/理性价值观"，以及"后现代化"维度上从"生存价值观"向"幸福价值观"转变的趋势，即博士生趋向不再强调经济增长的最大化、成就动机和法理权威，而更强调生活质量、主观康乐和自我表达。

[关键词] 后现代化理论；传统价值观；世俗/理性价值观；生存价值观；幸福价值观

人们研究价值的根本目的在于揭示价值现象的内在规律，帮助人们树立正确的价值观，调节、规范人们的行为，使人们的活动更加符合客观世界的规律，符合人的目的和美的规律，从而创造一个真、善、美的世界，满足人的生存、享受和发展需要，促进人们自由而全面的发展。鉴于此，学术界许多哲学家、社会学家、心理学家和教育学家等都对价值观问题进行了深入持久的研究。

# 一 "后现代化理论"的价值观研究范式及本研究设想

对于价值观的研究，学术界普遍认为存在文化、社会、个体三种研究取向。三种研究取向在切入角度、内容选择等方面都各有侧重。一般来讲，文化层次的价值观研究是把一个国家或民族长期形成的文化积淀作为研究对象并进行分析评判，从中梳理出这个国家和民族的价值取向。社会层次的价值观研究具有明显的阶段性，其研究宗旨在于反映一种时代变迁，一种体制、政策变革所导致的价值观变化，所以在这种类型的研究中一些社会地域性特征如经济状况、职业类型、文化特点等因素就成为重要的考察对象。个体层面的价值观研究将个体自身特征因素如需要动机、认知风格、生活满意度等作为主要的研究对象，其宗旨在于从个体间共有属性的角度探讨价值观的形成和作用机制。① 本项研究采用三种取向相结合的途径，着重跨亚文化之间的价值观比较研究。

由于价值观是文化的核心要素，所以不同文化或亚文化的人

---

① 金盛华、辛志勇：《中国人价值观研究的现状及发展趋势》，《北京师范大学学报》（社会科学版）2003 年第 3 期。

群在价值观上也存在着差异。因此，自 20 世纪 70 年代以来，国内外许多学者从跨文化的角度对世界各国公众的价值观进行了深入研究，其中产生影响较大的有 Hofstede 涵盖 5 个维度的价值观研究①、Triandis 关于"个体主义/集体主义"的价值观研究②、Schwartz 有关 10 个价值观动机类型的研究③、Bond 的中国人价值观研究④以及由 Inglehart 组织领导的"世界价值观调查"研究⑤⑥。而这当中又以 Hofstede 和 Inglehart 领导的价值观研究规模最大，范围最广，影响也最大。而美国密歇根大学教授 Inglehart 通过对数次调查数据的分析，验证了他所提出的研究价值观的理论范式，即"后现代化理论"范式，这被世界学界一致认为是继亨廷顿"文明冲突"理论后，在世界范围内又一最具影响的文化理论。

Inglehart 在其"后现代化理论"中提出的理论假设是，"现代化"是一个社会的政治和经济实力不断增强的过程，它是指伴随工业化的发展而出现的一场广泛的综合性的社会变迁。他认为，发达工业社会的现代化在发展到一定程度之后，近 20 年已

---

① Geert Hofstede, *Culture's Consequences: International Differences in Work-Related Values*, Beverly Hills, CA: Sage, 1980.

② Harry Triandis, Collectivism vs Individualism: A Reconceptualization of Basic Concept in Cross-Cultural Psychology, In Bagley, C., & Berma, G. (Eds.) *Personality, Cognition, and Values: Cross-Cultural Perceptives of Childhood and Adolescence*, London: Macmillan, 1986.

③ Shalom Schwartz, Universal in the Content and Structure of Values: Theoretical Advances and Empirical Tests in 20 Countries, In M. Zarma (Ed.), *Advances in Experimental Social Psychology*, Vol. 25. San Diego, CA: Academic Press, 1992.

④ Michael Bond, Chinese Values, In M. H. Bond (Ed.) *The Handbook of Chinese Psychology*, Oxford: Oxford University Press, 1996.

⑤ Ronald Inglehart, *Modernization and Postmodernization: Cultural, Economic, and Political Change in the 43 Societies*, Princeton: Princeton University Press, 1997.

⑥ Ronald Inglehart and Christian Welzel, *Modernization, Cultural Change, and Democracy: the Human Development Sequence*, New York: Cambridge University Press, 1997.

经开始向新的方向，即"后现代化"的方向发展。① 从历史的纵深角度来看，人类社会存在三个阶段两个维度的发展，即从传统社会到现代社会阶段发展的"现代化"过程，从现代社会向后现代社会阶段发展的"后现代化"过程。这就为研究社会变迁提供了两个维度——"现代化"和"后现代化"维度，两种维度下的社会发展在持守的价值观方面都不一样，也正是这种不一样，反映出了社会不断发展的趋势。例如，在现代化过程中，经济增长可能成为最重要的社会目标，成就动机可能成为最重要的个人目标，"理性价值"可能代替宗教价值等等。

我们可以将 Inglehart 关于社会变迁进程中的三个价值观观测点——核心社会目标、个人价值观和权威系统的应然变化状态列表如下（表1）。②

表1反映出，在"后现代化"阶段，社会的核心目标从"实现经济增长最大化"转到强调"实现主观幸福最大化"；个人价值观取向从"成就动机"转到更注重"自我表达"；权威系统中，人们不再强调任何权威，而是更看重个人自主。

表1 传统、现代和后现代社会的核心社会目标、
个人价值观和权威系统指标上的变化

| 价值观观测点 | 传统社会 | 现代社会 | 后现代社会 |
|---|---|---|---|
| 核心社会目标 | 稳态经济下的生存 | 实现经济增长最大化 | 实现主观幸福最大化 |
| 个人价值观 | 传统宗教和社会规范 | 成就动机 | 后物质主义和后现代价值观 |
| 权威系统 | 传统宗教权威 | 理性/法律权威 | 不强调法律、宗教权威 |

---

① Ronald Inglehart, *Modernization and Postmodernization: Cultural, Economic, and Political Change in the 43 Societies*, Princeton: Princeton University Press, 1997.

② Ibid. .

为了证实自己的"后现代化理论"，Inglehart 领导编制了"世界价值观调查"测量工具，在世界范围内组织实施了"世界价值观调查"研究，分别于 1990—1991 年、1995—1996 年、2000—2001 年和 2005—2006 年进行了四次大规模的调查，覆盖了世界六大洲 93 个国家，涉及世界 85% 的人口，得到了数十万名公众的价值观调查数据。通过对这些数据进行因子分析，Inglehart 得到了可以反映各国公众价值观变化的两个维度及其价值观因子的发展程度，它们从实证角度证实了 Inglehart "后现代化理论"的正确性和可靠性。这两个维度分别是："现代化"维度，它反映的是从"传统价值观"向"世俗/理性价值观"（或"现代价值观"）转变的程度；"后现代化"维度，它反映的是从"生存价值观"向"幸福价值观"（或"自我表现价值观"）转变的程度。

"传统价值观"与"世俗/理性价值观"维度首先反映出宗教重要与否的社会对比，其中价值观的差异表现在强调家族联系、服从权力当局等方面。持守"传统价值观"一端的社会强调宗教、传统家庭价值观、否定离婚、重视社会整合而不是个人成就、主张顺从权力当局、有高度的民族自尊心等。居于"世俗/理性价值观"一端的社会在上述各方面则持相反的态度。

"生存价值价值观"与"幸福价值观"维度涉及后工业社会所特有的特性，它主要包括"物质主义价值"与"后物质主义价值"两极的对比，从强调经济安全和物质安全转向日益强调自我表现、主观康乐和生活质量。持"幸福价值观"的人们强调环境保护、妇女运动，要求参与政治和经济生活决策等。而强调"生存价值观"的社会表现出个人主观康乐水平较低、人们健康状况较差、人际信任程度低、对外人容忍性较差、高度信任科学技术、赞成集权政府等。①

Inglehart 通过调查数据发现，世界各国两代人在政治、经济、宗教、性别、家庭上的基本价值观正在发生变化，而且这种变化是沿着可预期的方向发展的，即许多主要价值观是随着经济发展的水平而变化的，而且这些价值观的变化对各国的政治、经济和社会产生了重要影响。Inglehart 指出，许多发达国家青年的价值观已经并将继续发生从"现代价值观"向"后现代价值观"转变的过程。这种"后现代价值观"不再强调实现经济增长的最大化、成就动机、法理权威，而是强调实现生活质量、个体幸福的最大化等。

我国现在正处于快速现代化的进程中，整个社会以及人们的价值观也在发生着前所未有的变化。了解并研究人们价值观的变化，把握其变化趋势，已成为研究我国未来发展方向的重要方面之一；而对人群进行分类研究或分类比较研究又是价值观研究的主要方式。我国目前在校博士生数量已超过 13 万人，规模已跃居世界前列，仅次于美国和德国。预计到 2010 年，中国博士生培养规模将居世界第一位。② 他们价值观上的取向与变化趋势势必会在相当程度上影响我国未来政治、经济和文化的发展方向。所以，鉴于我国博士人群的扩大以及由此带来的对我国社会发展的影响，本文采用 Inglehart "后现代化理论"及其价值观测量工具，对当代中国博士生和公众的价值观进行比较研究。

我们推论，博士生无论是在受教育程度、知识结构、对社会

---

① Ronald Inglehart and Wayne Baker, "Modernization, Cultural Change, and the Persistence of Traditional Values", *American Sociological Review*, No. 2, 2000.

② 王立东：《影响博士生教育创新的几对矛盾》，《中国高等教育》2005 年第 13 期。

问题和国家命运的关注度及责任感方面，都高于中国普通公众，并提出研究假设：博士生在价值观的"现代化"维度上，更加趋于"世俗/理性价值观"；在"后现代化"维度上，更加趋于"幸福价值观"。本研究旨在通过使用信度、效度都较高的"世界价值观调查"测量工具，比较分析当代中国博士生和中国普通公众在价值观上所存异同，并验证上述研究假设。

# 二 中国博士生与中国公众价值观
# 比较的调查及分析

### （一）调查方法

1. 抽取被试

本研究中，中国博士生方面的调查数据来自本文作者分别于2003—2006年对北京市某高校2003—2006级的321名在校博士生调查所得，这些博士生年龄介于24—44岁，其中男学生为229人，占总人数的71.3%；女学生为92人，占总人数的28.7%。所学专业涉及人文、社科类。本文中的"中国博士生"主要强调国别意义而非数据采集的范围。

与博士生进行对比的中国公众的数据来自"世界价值观调查"2000年的调查数据。所调查的中国公民人数为1000人，其中男性为494人，占总人数的49.4%；女性为506人，占总人数的50.6%；年龄介于18—65岁。

2. 测量工具

借用"世界价值观调查"问卷，根据 Inglehart 对其中最主要的价值变量进行因子分析的结果，按照其中43个价值变量（实际包含问卷中100多个变量，因为其中一些变量为"复合变量"）

内在联系或特征，抽取两个"公共因子"。一个是"传统权威—世俗理性权威"因子，它反映的是"现代化"维度，该维度能解释跨国价值观变量总方差的21%；另一个是"生存—幸福"因子，它反映的是"后现代化"维度，该维度能解释跨国价值观变量总方差的30%。问卷的题目选项采用1、2、3、4、5点量表记分，多数情况下，1都表示"非常重要"（或"非常好"）的肯定回答，反之亦然。各变量的得分值基本为被试者在该问题选项上的平均值。

### （二）结果分析

根据Inglehart"后现代化理论"，将中国博士生与中国公众在"传统价值观""现代化价值观""生存价值观""幸福价值观"4个方面的数据进行统计处理，得到双方在"现代化"和"后现代化"维度上的平均值与标准差，采用t检验来判别双方在各个因素上的差异显著性，结果分析如下各表所示。

表2表明，在"传统价值观"各变量中，除了"教育孩子信仰宗教"选项上公众一方的数据缺失外，其他各项都具有高度的显著性（$p < 0.01$；"民族自豪感"：$p < 0.05$），这说明中国博士生和公众在"传统价值观"上存在着显著差异。其中，在"教育孩子顺从品格""更加尊重权威""必须尊重父母""好坏之间是否存在着清楚的界限"和"理想的孩子数"5个问题上，博士生的得分都高于公众，这说明博士生比公众更加倾向认为教育孩子顺从的品格、更加尊重权威及父母是非常重要的，并认为每个家庭有2个孩子比较理想。博士生还更加倾向认为好坏之间存在着清楚的界限。在"宗教是否重要""上帝是否重要"（仅有308名公众被试者的数据）"民族自豪感""工

作是否重要"和"家庭是否重要"5个问题上，公众得分高于博士生，这反映出公众比博士生对上述观点持有更加赞同的态度。而"传统价值观"各变量中差异显著度最大的变量出现在"更加尊重权威"问题上（t=59.320，p<0.01），这说明博士生与公众在这一问题的看法上存在着极大的差异，博士生认为未来生活中，更加尊重权威是好的变化，而公众则认为尊重权威是不好的变化。

表3表明，在"世俗/理性价值观"各变量中，除了"对政治是否感兴趣"和"教育孩子宗教信仰"问题上公众数据缺失外，"政治是否重要"选项上没有达到显著度要求外（p=0.703；这说明双方在这一问题的看法上没有存在明显的差异），其他各项都存有高度的显著性（p<0.01）。这说明博士生和公众在大多数"世俗/理性价值观"上存在着显著差异。其中，在"离婚是否合理""堕胎是否合理""教育孩子节俭品格""教育孩子努力工作"和"教育孩子顺从品格"5个问题上，都反映出博士生比公众对于上述观点持更加肯定的态度，而且对于离婚和堕胎具有更大的宽容度。而在"是否经常讨论政治""教育孩子有责任感"和"教育孩子果断品格"3个问题上，公众的得分高于博士生，这说明公众更加赞成教育孩子有责任感和果断的品格，而且也更加经常讨论政治。在"对政治是否感兴趣"的问题上（公众数据缺失），博士生一方的平均值（mean=2.04）可反映出博士生对政治比较感兴趣。在"成就动机"（"复合变量"）所包含的"教育孩子努力工作""教育孩子果断品格"2个正面选项和"教育孩子宗教信仰""教育孩子顺从品格"2个负面选项中，4个正负选项之差的平均值（博士生：1.45；公众：0.87）反映出博士生的"成就动

机价值观"远远高于公众。在"世俗/理性价值观"各变量中差异最大的变量出现在"教育孩子果断品格"问题上（t = −25.408，p < 0.01），这说明公众远比博士生更加赞成需要培养孩子果断的品格。

表4表明，在"生存价值观"各变量中，除了"是否愿意与同性恋为邻"没有达到显著度要求外（p = 0.783），其他各项都具有高度的显著性（p < 0.01），这说明中国博士生和公众在绝大多数"生存价值观"上都存在着显著差异。其中，在"国家还是人民自己应该承担更多的责任以保障每个人的生活""教育孩子努力工作""更加尊重权威""必须尊重父母"和"好坏之间是否存在着清楚的界限"5个问题上，博士生的得分高于公众的得分，这说明博士生对这几个问题持更加肯定的态度。博士生认为应该由国家承担更多的责任以保障人民的生活，而公众则倾向认为应该由人民自己承担更多的责任。在"妇女需要有孩子才算完整"和"孩子需要在父母都在的家庭里才能幸福成长"2个问题上，公众更加倾向认为妇女需要有孩子才算完整，并赞成孩子需要生活在父母都在的家庭里才能幸福成长。在"未来生活方式上可能发生的变化中，少强调金钱"这个问题上，博士生和公众之间存在着较大的差异，公众比博士生更加认为未来生活中应该"少强调金钱"的作用。在"拒绝外群体"的3个选项中，"是否愿意与同性恋为邻"没有达到显著度要求（p = 0.783）；在"是否愿意与移民为邻"（t = −3.797，p < 0.01）的问题上，反映出虽然博士生和公众都没有表示出较强的不愿意与移民为邻的态度，但比较而言，博士生比公众更加不愿意以移民为邻；而在"是否愿意与艾滋病人为邻"（t = 4.093，p < 0.01）的问题上，反映出公众比博士生更加不愿意与艾滋病人为邻。在"从长远

看，科学对人类是有帮助还是有危害"得分问题上（t = 4.928，p < 0.01），因为这一选项中的 4 个选项（1 代表"有帮助"；2 代表"有危害"；3 代表"利害兼备"；4 代表"不知道"）的平均值无法客观地反映出双方的真实看法，而百分率数据（博士生：36.1% 选 1；5.9% 选 2；56.1% 选 3；1.2% 选择 4；公众：24.7% 选 1；42.8% 选 2；19.7% 选 3；4.4% 选择 4；还有 8.4% 的错误选项）可说明，在博士生中有更多的人倾向认为科学对人类"利害兼备"或"有帮助"，而公众则偏向认为科学"有害于"人类。

表 5 表明，在"幸福价值观"各变量中，除了"健康状况"没有达到显著度要求外（p = 0.495），其他各项都存有高度的显著性（p < 0.01），这说明中国博士生和公众在绝大多数"幸福价值观"上存在着显著差异。其中，在"对妇女组织信任程度""教育孩子宽容和尊重他人""近期健康状况""是否可以自由选择和掌握自己生活""大多数人都是可信任的或与人相处需要非常小心"以及"同性恋是否合理"6 个问题上，博士生都比公众更加赞成上述观点，他们对"妇女组织"怀有更大的信任，更加赞成要教育孩子对他人宽容和尊重，对自己近期的健康状况更加满意，对自己的未来生活更有掌控性，而且对同性恋表现出更大的宽容度（这项是"幸福价值观"各变量中存在差异最大的一项）。在"教育孩子想象力""近来对生活的整体满意度""休闲是否重要"和"朋友是否重要"4 个问题的选择上，则反映出公众比博士生更加看重休闲和朋友，主张要教育培养孩子具有想象力，而且对生活的满意度更高。

**表2  中国博士生与中国公众"传统价值观"各变量差异验证比较**

| 因素 | | 教育孩子信仰宗教 | 宗教是否重要 | 上帝是否重要 | 民族自豪感 | 工作是否重要 | 家庭是否重要 | 理想的孩子数 | 教育孩子顺从品格 | 更加尊重权威 | 必须尊重父母 | 好坏界限分明 |
|---|---|---|---|---|---|---|---|---|---|---|---|---|
| 中国博士 | Mean | 1.94 | 3.19 | 2.58 | 1.84 | 1.40 | 1.13 | 2.22 | 1.96 | 2.68 | 1.18 | 1.99 |
| | Std. D. | 0.243 | 0.872 | 2.445 | 0.770 | 0.579 | 0.342 | 1.073 | 0.205 | 0.570 | 0.388 | 0.366 |
| 中国公众 | Mean | | 3.53 | 8.68 | 1.97 | 1.59 | 1.42 | 1.07 | 1.85 | 1.09 | 1.06 | 1.64 |
| | Std. D. | | 0.779 | 2.250 | 0.758 | 0.657 | 0.552 | 0.437 | 0.355 | 0.345 | 0.228 | 0.593 |
| | T | | −6.403 | −32.388 | −2.531 | −4.575 | −9.015 | 27.505 | 4.961 | 59.320 | 7.113 | 9.681 |
| | Df | | 1245 | 621 | 1266 | 1301 | 1307 | 1303 | 1316 | 1261 | 1266 | 1167 |
| | Sig. | | .000 | .000 | .012 | .000 | .000 | .000 | .000 | .000 | .000 | .000 |

**表3  中国博士生与中国公众"世俗/理性价值观"各变量差异验证比较**

| 因素 | | 政治是否重要 | 经常讨论政治 | 对政治是否感兴趣 | 教育孩子有责任感 | 离婚是否合理 | 堕胎是否合理 | 教育孩子节俭品格 | 教育孩子果断品格 | 教育孩子努力工作 | 教育孩子宗教信仰（成就动机） | 教育孩子顺从品格 |
|---|---|---|---|---|---|---|---|---|---|---|---|---|
| 中国博士 | Mean | 2.18 | 1.50 | 2.04 | 1.09 | 6.92 | 5.72 | 1.84 | 1.22 | 1.26 | 1.94 | 1.96 |
| | Std. D. | 0.889 | 0.572 | 0.830 | 0.293 | 2.179 | 2.336 | 0.365 | 0.415 | 0.483 | 0.234 | 0.205 |
| 中国公众 | Mean | 2.20 | 2.06 | | 1.36 | 2.92 | 3.31 | 1.43 | 1.84 | 1.14 | | 1.85 |
| | Std. D. | 0.749 | 0.736 | | 0.481 | 2.842 | 3.299 | 0.495 | 0.367 | 0.349 | | 0.355 |
| | T | −0.382 | −12.392 | | −9.448 | 23.509 | 12.036 | 13.797 | −25.408 | 4.834 | | 4.961 |
| | Df | 1239 | 1278 | | 1316 | 1304 | 1290 | 1316 | 1316 | 1316 | | 1316 |
| | Sig. | .703 | .000 | | .000 | .000 | .000 | .000 | .000 | .000 | | .000 |

表4　中国博士生与中国公众"生存价值观"各变量差异验证比较

| 因素 | | 妇女需有孩子才算完整 | 孩子需有父母才能幸福成长 | 科学有利有害 | 少强调金钱 | 国家承担责任 | 教育孩子努力工作 | 更加尊重权威 | 必须尊重父母 | 好坏界限分明 | 移民为邻 | 艾滋病人为邻（拒绝外群体） | 同性恋为邻 |
|---|---|---|---|---|---|---|---|---|---|---|---|---|---|
| 中国博士 | Mean | 1.21 | 1.03 | 2.20 | 1.42 | 4.59 | 1.26 | 2.68 | 1.18 | 1.99 | 1.75 | 1.32 | 1.28 |
| | Std. D. | 0.409 | 0.166 | 0.951 | 0.680 | 2.546 | 0.438 | 0.570 | 0.388 | 0.366 | 0.436 | 0.466 | 0.448 |
| 中国公众 | Mean | 1.86 | 1.63 | 1.94 | 2.53 | 2.72 | 1.14 | 1.09 | 1.06 | 1.64 | 1.84 | 1.21 | 1.27 |
| | Std. D. | 0.350 | 0.482 | 0.712 | 0.773 | 2.186 | 0.349 | 0.345 | 0.228 | 0.593 | 0.367 | 0.405 | 0.443 |
| | T | -26.586 | -21.922 | 4.928 | -22.612 | 12.520 | 4.830 | 59.32 | 7.113 | 9.681 | -3.797 | 4.093 | 0.275 |
| | Df | 1163 | 1179 | 1187 | 1148 | 1188 | 1316 | 1261 | 1266 | 1167 | 1317 | 1317 | 1317 |
| | Sig. | .000 | .000 | .000 | .000 | .000 | .000 | .000 | .000 | .000 | .000 | .000 | .783 |

表5　中国博士生与中国公众"幸福价值观"各变量差异验证比较

| 因素 | | 信任妇女组织 | 教育孩子宽容 | 教育孩子想象力 | 生活满意度 | 健康状况 | 休闲是否重要 | 朋友是否重要 | 自由选择生活 | 大多数人可信任 | 同性恋是否合理 | 后物质主义 |
|---|---|---|---|---|---|---|---|---|---|---|---|---|
| 中国博士 | Mean | 2.89 | 1.38 | 1.55 | 6.09 | 2.26 | 1.97 | 1.63 | 6.22 | 1.58 | 3.63 | |
| | Std. D. | 0.727 | 0.487 | 0.499 | 2.025 | 0.739 | 0.789 | 0.584 | 2.010 | 0.494 | 2.577 | |
| 中国公众 | Mean | 1.97 | 1.27 | 1.65 | 7.15 | 2.21 | 2.46 | 1.98 | 4.33 | 1.45 | 1.14 | |
| | Std. D. | 0.457 | 0.446 | 0.478 | 2.535 | 1.008 | 0.693 | 0.647 | 1.359 | 0.498 | 0.661 | |
| | T | 25.403 | 3.732 | -3.210 | -6.753 | 0.683 | -10.634 | -8.360 | 19.119 | 3.982 | 26.445 | |
| | Df | 1152 | 1316 | 1316 | 1252 | 1312 | 1278 | 1291 | 1315 | 1269 | 1198 | |
| | Sig. | .000 | .000 | .001 | .000 | .495 | .000 | .000 | .000 | .000 | .000 | |

在"幸福价值观"各变量中,还有一项被定义为"后物质主义价值"涉及6个原始变量,统计数据如表6所示。

在表6的6个变量中,除"保障言论自由"没有达到显著度要求外(p=0.281),其他5项都存在着显著差异(p<0.01)。6项的综合平均值(博士生:2.290;公众:1.323)显示出博士生在"后物质主义价值"上的得分远远高于公众,这说明博士生在价值取向上更加倾向于"幸福价值观"。

表6 中国博士生与中国公众"后物质主义价值"各变量差异验证比较

| 因素 | | 国家目标:人民有更多发言权(1) | 国家目标:人民有更多发言权(2) | 在政府决策上给予人民更多发言权 | 保障言论自由 | 向更人道的社会发展 | 向精神重于金钱的社会发展 |
|------|------|------|------|------|------|------|------|
| 中国博士 | Mean | 1.59 | 2.41 | 1.61 | 2.29 | 1.45 | 2.27 |
| | Std. D. | 0.937 | 0.961 | 0.836 | 1.095 | 0.645 | 0.958 |
| 中国公众 | Mean | 2.38 | 1.80 | 2.39 | 2.20 | 2.77 | 1.03 |
| | Std. D. | 1.165 | 0.998 | 0.993 | 1.391 | 1.262 | 0.180 |
| T | | -10.915 | 9.397 | -12.415 | 1.079 | -17.910 | 37.628 |
| Df | | 1196 | 1186 | 1177 | 1195 | 1188 | 1241 |
| Sig. | | .000 | .000 | .000 | .281 | .000 | .000 |

## 三 结论与讨论

根据标准比较法计算出博士生和公众在"传统价值观""世俗/理性价值观""生存价值观"和"幸福价值观"中各变量的综合平均值,得到表7的数据。

表7中的数据反映出,博士生在"传统价值观"和"生存价值观"上的总体得分低于公众,而在"世俗/理性价值观"和"幸福价值观"上的得分则高于公众。这一结果证明了 Inglehart

"后现代化理论"在比较当代中国博士生和公众价值观背景下具有可信度，同时也验证了本文提出的假设，即当代中国博士生在价值观取向上比一般公众更加趋向于"世俗/理性价值观"和"幸福价值观"，他们的价值观正在发生由"现代价值观"向"后现代价值观"转变的趋势。这和发生在许多发达国家青年身上的价值观变化一样，这说明博士生在观念认知层面上确实走在了时代和社会发展的前面，他们更加强调生活质量、主观康乐和自我表达。具体而言，他们在参与政治、赞成民主社会、不盲目崇拜权威、不看重金钱、对自身命运的选择和把握、具有责任感方面都表现出较高的程度，这是一个有利于社会未来发展的可喜现象。

表7 　　　中国博士生与公众在传统、世俗/理性、生存、
幸福价值观上的平均值

|  |  | 传统价值观 | 世俗—理性价值观 | 生存价值观 | 幸福价值观 |
|---|---|---|---|---|---|
| 中国博士生 | Mean | 0.483 | 0.656 | 0.571 | 0.528 |
| 中国公众 | Mean | 0.617 | 0.453 | 0.644 | 0.493 |

但本研究也提醒我们今后在博士生价值观培养方面需要注意的问题，例如，博士生比普通公众更加缺少民族自豪感、不太关心政治、更加看重金钱，这可以反映出我们在博士生价值观教育方面所存在的欠缺。研究还反映出博士生对生活的满意度比普通公众低，这也许可归因于博士生正处于事业的起始发展阶段，在学校读书期间，必须同时兼顾学习、工作、感情、家庭等各方面的事务，加之精神上可能承受着对未来择业和国家发展的担忧，所以才导致对生活的满意度不如普通公众高。

后续研究需要加大研究对象的范围，例如加大博士生方面的样本数量和不同专业学生的样本；还需进一步比较分析博士生年龄、性别、所学专业等因素可能对价值观造成的影响，从而加大对博士生价值观培养的针对性。

载于《大学·研究与评价》2008 年第 3 期

# 中国公众近年价值观的变化

## ——由"物质主义价值"向"后物质主义价值"转变

郭　莲

[摘要]　自 20 世纪六七十年代进入后工业社会以来，西方国家公众的价值观已发生由"物质主义价值"向"后物质主义价值"的转变，即人们更加注重生活质量、公民自由和生态环境等。通过对比分析"世界价值观调查"组织公布的 1995 年和 2007 年中国公众价值观的数据，笔者发现，近年，中国公众在价值观上也发生了由"物质主义价值"向"后物质主义价值"的转变，而且这一转变带有明显的"代际差距"特点。本结果验证了英格尔哈特"后物质主义价值"理论在分析中国公众价值观转变中的适用性。

[关键词]　中国公众；价值观；后物质主义；代际差距；适用性

## 一　理论依据与假设

自 20 世纪 60—70 年代以来，如同丹尼尔·贝尔（D. Bell）

在《后工业社会的到来》一书中提出的那样，西方现代工业社会已经进入到一个新的发展阶段，即后工业社会。在这一社会阶段，除了社会关系、经济结构、职业分布和决策方式等方面的变化外，人们的基本价值观也发生了前所未有的转变。美国著名政治学家罗纳德·英格尔哈特（R. Inglehart）将这一转变称为一场"寂静的革命"。他在《寂静的革命——西方公众变化中的价值观和政治方式》一书中指出，如果说工业时代人们主要关注的是阶级冲突以及与之相关的经济利益和物质财富的分配的问题的话，那么，人们在后工业社会所关注的重点则开始转向生态环境、生活方式和生活质量、人权、公民自由以及战争与和平等这些与阶级不相关的"后物质主义价值"。①

英格尔哈特以稀缺性假设和社会化假设来解释这一价值观的变迁过程。稀缺性假设认为，个人的优先价值观是社会经济环境的反映，人们会把最主要的主观价值观给予相对稀缺的事物，这一假设类似于经济学中的边际效用递减理论。也就是说，在经济发展的初级阶段，人们以物质需求为主，因为经济的增长和物质生活的改善能增进幸福感，那么当经济发展到一定水平时，经济增长所带来的幸福感就会减弱。换句话说，随着社会经济的高速增长、物质生活水平的进一步提高，财富的边际效用开始降低，物质和经济方面的考虑更多地让位于非经济的考虑，价值观就发生了转变。具体而言，经常经历经济上缺乏的人，会把经济需要和安全需要放到一个比较高的位置；物质生活丰足的人，会认为个人归属、自我表达以及公民权利等比

---

① Ronald Inglehart, *The Silent Revolution: Changing Values and Political Styles among Western Publics*, New Jersey: Princeton University Press, 1977.

较重要，他们会要求一个更加人性化、更加自由的社会，并希望拥有良好的生态环境。

社会化假说则认为，个人人格的基本结构往往需要经过一个较长时期的形成过程。未成年时期，即个人的社会化时期，往往对人格的形成具有最重要的意义，而在进入成年时期之后，人格的变化则相对较小。依照这个假说，一个人的基本价值观反映的是其青少年时期的状况，因为个人的价值观和社会整体价值观不可能在一夜之间改变，因此价值观的变迁具有滞后性，一般是随着代际的变换才发生基本价值观的变化的。英格尔哈特提出，在经济变迁与由此引起的政治效应之间，往往存在着明显的时滞（time-lag）现象："一个繁荣期在持续10—15年后，在这一时期成长起来的同一年龄组的人口开始获得选民资格。再经过10年，这一年龄组的人在他们的社会开始掌握权力并发挥影响，而要进入最高决策层可能还要再经过10年。"[①]

简言之，所谓"物质主义价值"意味着强调"经济增长""秩序稳定""国家安全"，在政治上倾向于权威和服从；"后物质主义价值"则意味着典型的"绿色"或非物质价值，例如关注环境保护、强调更多地参与政府及社会的事务、强调文化和种族群体的平等权利，而较少关注金钱和经济回报等。因此，所谓的"寂静的革命"实际上是从注重经济增长、公共秩序、国家安全以及传统生活方式的"旧政治"价值向关注环境质量、个人自由以及社会平等的"新政治"价值转化的过程。

---

① Ronald Inglehart, "The Silent Revolution in Europe: Intergenerational Change in Post-Industrial Societies", *The American Political Science Review*, Vol. 65, No. 4, December 1971; Ronald Inglehart, "Post-Materialism in an Environment of Insecurity", *The American Political Science Review*, Vol. 75, No. 4, 1981; Ronald Inglehart, "Value Change in Industrial Societies", *The American Political Science Review*, Vol. 81, No. 4, 1987.

英格尔哈特通过分析"世界价值观调查"组织进行的第四次价值观调查（1999—2000 年）数据（涉及占世界人口 75% 的 60 个国家，从人均收入每年只有 300 美元的国家到高于 30000 美元的国家），证明了"后物质主义"价值观与经济发展水平之间具有正相关联系，富裕国家的"后物质主义"价值观的比例远远高于贫穷国家的比例。[①] 但同时，他也证明这两者之间并不是直线关系，当经济发展到一定水平，比如中等发达国家的人均收入为 5000—6000 美元时，经济增长所带来的幸福感就会减弱。而在最发达的国家，当人均收入超过 10000 美元时，收入水平与主观幸福感之间实际上没有任何联系。这就是说，随着社会经济的高速增长、物质生活水平的提高，财富的边际效用开始降低，经济方面的考虑更多地让位于非经济的考虑。一般来说，经济发展必须达到较高的水平之后，"后物质主义"价值观才能显著增加，并成为价值观的主流。英格尔哈特通过分析还发现，在社会经济发生日新月异的变化过程中，新老两代之间在价值上存在着较大的差异，即所谓的"代际差距"（intergenerational differences），这一差异主要是由两代人各自长期不同的生活经验所致。

中国在 20 世纪 70 年代末开始实行改革开放，改革开放之初，主要致力于解决温饱问题，这个阶段最稀缺的还是基本生活资料，不太可能出现"后物质主义价值"取向。而到了改革开放 30 多年后的今天，中国继解决温饱问题之后，基本上实现了小康，并且朝着全面小康的方向迅速迈进。2003 年中国人均 GDP 首次突破 1000 美元，2007 年这个数据已经超过 2000 美元。从国

---

① Ronald Inglehart, *Modernization and Postmodernization: Cultural, Economic, and Political Change in the 43 Societies*, Princeton: Princeton University Press, 1997.

际惯例看，这是经济发展达到后物质主义的临界点。以 20 世纪
50 年代后期的北欧为例，北欧 5 国人均国民生产总值，瑞典为
1380 美元，挪威为 1130 美元，丹麦为 1057 美元，芬兰为 794 美
元，冰岛为 572 美元。在这个基础上，这些国家强化了福利国家
政策，兴起了"后物质主义"价值观。① 今天，中国的经济发展
和人民生活也进入了注重质量、追求全面发展和进步的新阶段，
党的十七大提出了使全体人民"学有所教、劳有所得、病有所
医、老有所养、住有所居"② 的目标，加上我国政府目前正在健
全社会保障体系，专家推测，这些因素都会促进"后物质主义"
价值观在中国的产生和发展。③

　　伴随着中国近 10 余年经济上突飞猛进的发展，GDP 每年以
平均 10% 的增长率增长，中国公众人均年收入从 1995 年约 700
美元到 2007 年的 2360 美元，那么，中国公众的价值观是否会依
照英格尔哈特"后物质主义价值"理论的预测，也发生像三四十
年前西方国家公众那样的由"物质主义"向"后物质主义"价
值观的转变吗？

　　笔者力图通过对"世界价值观调查"组织最新公布的中国公
众价值观的调查数据（2007 年数据）与该机构 1995 年公布的数
据进行比较，分析探讨近年中国公众价值观发生的变化及特点，
从而验证英格尔哈特"后物质主义价值"理论运用于分析中国公
众价值观变化这一案例中的适用性。

---

　　① 任军锋：《后工业·后物质·政党——以北欧五国政治文化变迁为中心》，《欧洲研究》2003 年第 6 期。

　　② 胡锦涛：《高举中国特色社会主义伟大旗帜　为夺取全面建设小康社会新胜利而奋斗》，人民出版社 2007 年版。

　　③ 陶文昭：《后物质主义及其在中国的发轫》，《毛泽东邓小平理论研究》2008 年第 6 期。

# 二　中国公众十余年价值观变化案例分析

## （一）数据分析

在"世界价值观调查"数据中，中国在 1995 年和 2007 年被抽样调查人数分别为 1500 人和 2000 人，涵盖除香港、澳门、台湾以外所有省区市年龄在 18—70 岁的人群，通过对比中国公众这两年在"后物质主义价值"选项中的得分（Post-Materialist index 4 – item）[①]，用"后物质主义者"的比例减去"物质主义者"的比例，得到以下分析数据及结果。

（1）中国公众"后物质主义"价值观变化的总体差异

表 1 显示，近年中国公众整体的价值观发生了明显的由"物质主义价值"向"后物质主义价值"的转变（增长 25 点）。

表1　　　　中国公众总体"后物质主义"价值观的变化

|  | 1995 年 | 2007 年 | 净增长 |
| --- | --- | --- | --- |
| 中国公众 | －69 | －44 | ＋25 |

（2）中国公众"后物质主义"价值观变化的年龄差异

表 2 显示，中国公众价值观由"物质主义价值"向"后物质主义价值"转变的过程中存在着明显的"代际差距"（总体增长 25 点），这一"代际差距"呈现为越年轻的人群越趋向于"后物质主义"价值观，其中年龄段在 15—29 岁的人群（增长 35 点）比 30—49 岁的人群（增长 28 点）更加趋向于"后物质主义"价

---

[①]　http://www.worldvaluessurvey.com/.

值观；而年龄段在 30—49 岁的人群又比 50 岁以上的人群（增长 17 点）更加趋向于"后物质主义"价值观。

表2　　中国公众各年龄段人群"后物质主义"价值观的变化

| 年龄段 | 1995 年 | 2007 年 | 净增长 |
|---|---|---|---|
| 15—29 岁 | − 64 | − 29 | + 35 |
| 30—49 岁 | − 72 | − 44 | + 28 |
| 50 岁以上 | − 69 | − 52 | + 17 |
| 总体 | − 69 | − 44 | + 25 |

（3）中国公众"后物质主义"价值观变化的社会阶层差异

表3 显示，中国社会各阶层（根据主观自我划分）人群都发生了"物质主义"价值观向"后物质主义"价值观转变的趋势（总体增长 25 点）。其中以上层、下层中产阶级变化最大（分别增长 23 点和 30 点），也就是说他们最倾向于"后物质主义价值"，随后依次是工人阶级（增长 21 点）、下层阶级（增长 19 点），而上层阶级的变化最小（增长 13 点）。

表3　　中国公众各社会阶层人群"后物质主义"价值观的变化

| 社会阶级（主观） | 1995 年 | 2007 年 | 净增长 |
|---|---|---|---|
| 上层阶级 | − 70 | − 57 | + 13 |
| 上层中产阶级 | − 68 | − 45 | + 23 |
| 下层中产阶级 | − 71 | − 41 | + 30 |
| 工人阶级 | − 66 | − 45 | + 21 |
| 下层阶级 | − 70 | − 51 | + 19 |
| 总体 | − 69 | − 44 | + 25 |

（4）中国公众"后物质主义"价值观变化的受教育程度差异

表 4 显示，中国公众因受教育程度不同，因而对"后物质主义价值"的选择也不同，但总体而言，向"后物质主义"价值观转变的趋向并不明显（总体增长 9 点），其中接受中等教育的人群变化最大（增长 12 点），其次是接受高等教育的人群（增长 10 点），受初等教育的人群变化最小（增长 5 点）。

表 4　中国公众各受教育程度人群"后物质主义"价值观的变化

| 受教育程度 | 1995 年 | 2007 年 | 净增长 |
|---|---|---|---|
| 初等教育 | − 70 | − 65 | + 5 |
| 中等教育 | − 69 | − 57 | + 12 |
| 高等教育 | − 61 | − 51 | + 10 |
| 总体 | − 69 | − 60 | + 9 |

（5）中国公众"后物质主义"价值观变化的性别差异

表 5 显示，中国公众"后物质主义"价值观在性别上没有呈现出明显的差异（男性增长 26 点、女性增长 25 点），虽然两者在价值取向上都发生了明显的变化（总体增长 25 点）。

表 5　　中国公众男女人群"后物质主义"价值观的变化

| 性别 | 1995 年 | 2007 年 | 净增长 |
|---|---|---|---|
| 男性 | − 67 | − 41 | + 26 |
| 女性 | − 70 | − 45 | + 25 |
| 总体 | − 69 | − 44 | + 25 |

（6）中国公众"后物质主义"价值观变化的职业差异

表6显示，虽然中国不同职业的人群都趋向于"后物质主义"价值观（总体增长25点），但各职业之间却存在着非常大的差异，最大差值到达了41点（存在于"雇有10个或10个以上员工的雇主/经理"和"办公室中层管理人员"之间）。其中最倾向于"后物质主义价值"的职业人群是雇有10个或以上员工的雇主/经理（增长47点），随后依次是军/警人员（增长39点）、熟练工（增长33点）、专业技术人员（增长30点）、学生居多的没有工作的人群（增长28点）、体力劳动者（增长27点）、农民（增长26点）、雇有10个以下员工雇主/经理（增长21点）、技工（增长16点）、一般办公室工作人员（增长15点）、工头或领班（增长10点），排在最后的是办公室中层管理人员（增长6点）。

表6　　中国公众各职业人群"后物质主义"价值观的变化

| 职业 | 1995 年 | 2007 年 | 净增长 |
|---|---|---|---|
| 雇主/经理（雇有 10 个或 10 个以上员工） | −87 | −40 | +47 |
| 雇主/经理（雇有 10 个以下员工） | −66 | −45 | +21 |
| 专业技术人员（包括律师、医生、教师等） | −64 | −34 | +30 |
| 办公室中层管理人员 | −57 | −51 | +6 |
| 一般办公室工作人员 | −73 | −58 | +15 |
| 工头或领班 | −52 | −42 | +10 |
| 技工 | −68 | −52 | +16 |
| 熟练工 | −71 | −38 | +33 |
| 体力劳动者 | −67 | −40 | +27 |
| 农民 | −72 | −46 | +26 |
| 军/警人员 | −72 | −33 | +39 |

| 职业 | 1995 年 | 2007 年 | 净增长 |
|---|---|---|---|
| 无工作者 | − 57 | − 29 | + 28 |
| 总体 | − 69 | − 44 | + 25 |

（7）中国公众"后物质主义"价值观变化的职业身份差异

表 7 显示，不同的"职业身份"对"后物质主义价值"的取舍差异较大（总体增长 25 点），其中倾向于"后物质主义价值"最明显的人群是学生（增长 43 点），随后依次是失业者（增长 41 点）、半职工作者（增长 36 点）、自由工作者（增长 32 点）、全职工作者（增长 23 点）、家庭主妇（增长 19 点），排在最后的是退休人员（增长 9 点）。各"职业身份"人群之间"后物质主义价值"趋向差异相当大，最大差距存在于学生和退休人员之间，差值到达了 36 点。

表7　中国公众各职业身份人群"后物质主义"价值观的变化

| 职业身份 | 1995 年 | 2007 年 | 净增长 |
|---|---|---|---|
| 全职工作者 | − 68 | − 45 | + 23 |
| 半职工作者 | − 81 | − 45 | + 36 |
| 自由工作者（个体从业者） | − 66 | − 34 | + 32 |
| 退休人员 | − 62 | − 53 | + 9 |
| 家庭主妇 | − 73 | − 54 | + 19 |
| 学生 | − 54 | − 11 | + 43 |
| 失业者 | − 69 | − 28 | + 41 |
| 总体 | − 69 | − 44 | + 25 |

（8）中国公众"后物质主义"价值观变化的婚姻状态差异

表 8 显示，不同的婚姻状态对"后物质主义价值"取向上存

在着较明显的差异（总体增长 19 点），其中倾向于"后物质主义价值"最明显的人群是从未结婚者（增长 34 点），其后依次是同居者（增长 32 点）、已婚者（增长 25 点）、丧偶者（增长 18 点）、离婚者（增长 17 点），排在最后的是分居者（0 增长）。不同婚姻状态人群差异较大，最大差距存在于从未结婚者和分居者之间，差值到达了 34 点。

表 8　　中国公众不同婚姻状态人群"后物质主义"价值观的变化

| 婚姻状态 | 1995 年 | 2007 年 | 净增长 |
| --- | --- | --- | --- |
| 已婚者 | － 72 | － 47 | ＋ 25 |
| 同居者 | － 80 | － 48 | ＋ 32 |
| 离婚者 | － 50 | － 33 | ＋ 17 |
| 分居者 | － 67 | － 67 | ＋ 0 |
| 丧偶者 | － 62 | － 44 | ＋ 18 |
| 从未结婚者 | － 57 | － 23 | ＋ 34 |
| 总体 | － 63 | － 44 | ＋ 19 |

### （二）结果与讨论

首先，依据英格尔哈特"后物质主义价值"理论，经济发展水平与"后物质主义"价值观之间具有正相关关系。笔者在对中国公众 1995 年和 2007 年价值观数据对比后发现，近年中国公众的价值观确实发生了相当明显的由"物质主义价值"向"后物质主义价值"转变的趋势。当代中国仍处在从工业社会向信息社会转型的初始阶段，生产力发展水平总体上还较低，人们的生活还不富裕，对物质财富的追求仍然是人们社会活动的基本目标，因此"物质主义"价值观还普遍存在（2007 年数据显示，"物质主义价值"仍占 48.3%），但和 10 多年前的状况相比，已有了较大幅度的减弱，"后物质主义"价值观所占比重有了明显的提高（增长 25 点）。由此反映出，当代中国和其他发展中国家一样，伴随着经济的高速发展和人民生活水平的迅速提高，在价值观层面体现出"物质主义价值"和"后物质主义价值"同时并存的现象（2007 年数据显示，两者"混合者"占 47.4%），而且越来越趋向于向"后物质主义价值"方向发展。

其次，中国在由"物质主义价值"向"后物质主义价值"转变的过程中，存在着较大的"代际差距"。究其原因，主要是因为在 20 世纪 70—80 年代出生的中国第五代青年几乎都是家中的独生子女，他们不但生活在改革开放后经济高速发展的年代，而且由于父母供养孩子数量的减少提高了他们的物质生活水平，他们在物质上的满足程度大大超过了他们的前辈。因此，他们表现出更多的是对各种非物质因素的追求，他们在生活方式、思想观念、价值追求上都与前一代人之间存在着较大的差异，他们更加主动地参与社会事务，追求社会公正与社会秩序，在经济领域内求得自我实现，更加注重生活质量，这些都显现出，他们在价值观上更加倾向于"后物质主义价值"。[①]

最后，数据分析所得结论基本上验证了英格尔哈特"越富有人群和受教育程度越高人群越倾向于'后物质主义'价值观"的论点。[②] 虽然中国上层阶级的"后物质主义"价值取向不如中产阶级那么显著，而且受教育程度不同人群的"后物质主义"价

---

① 杨雄：《"第五代人"：自身特点与发展趋势》，《广东青年干部学院学报》2002 年第 2 期。

② Ronald Inglehart, *Modernization and Postmodernization：Cultural，Economic，and Political Change in the 43 Societies*, Princeton：Princeton University Press, 1997.

值取向差异也不太明显，但中国现阶段中产阶级，特别是以白领职业为主的"新中产阶级"，在"后物质主义"价值取向上占到了相当的比例。这些"新中产阶级"是工业化向后工业社会转变的产儿，与工业化的产儿"老中产阶级"不同，他们所获得的社会地位，不是通过血缘、家庭、财产的继承而获得的，而是通过个人后天的努力、通过相对公正的财富获得机制、通过相对规范的契约关系而取得的，再加上他们所受的较高层次的教育、从事专业技能水平较高的工作性质以及他们优越的经济地位，都决定了他们的价值取向更加倾向于"后物质主义价值"，这在表6价值观的职业差异（经理、专业技术人员、熟练工的"后物质主义价值"取向最高）和表7职业身份差异上（学生、半职业工作者、自由工作者的"后物质主义价值"取向最高）都有所体现。表8则反映出婚姻状况不同的人群在价值观的选择上存在着明显的差异，因为那些从未结婚者（年轻人或学生居多）、同居者和已婚者具有较稳定的生活状态和安全的心理状态，所以在价值取向上也更加倾向于"后物质主义价值"。

价值观的变化是社会变迁的一种反映，同时又反过来对社会各方面产生广泛的影响。"后物质主义"价值观是全球化时代的价值观，西方"新中间阶级"向"后物质主义"文化价值取向的转变，推动了当代西方价值观的转变。这一转变不仅改变了社会的经济生活和政治生活，也改变了公众全面的生活方式，包括消费模式合理化、人口出生率下降、工作模式灵活化等，特别是它增强了人类的生态意识，使人们优先重视全球环境保护，它是当前西方生态环境保护运动和"绿色政治"得到日益广泛支持的重要精神资源之一。中国目前正在致力于构建和谐社会，也要重视与"后物质主义"相关联的社会问题，比如经济的可持续性发展问题、公众的新的社会诉求问题、代际冲突问题以及环境保护问题等。同时，我们应该更加注意整个社会价值观的变化，适时调整相关的发展战略。我国目前实行的科学发展和和谐发展的战略，就是适应价值观的变化而作出的明智选择。

载于《学习论坛》2010 年第 10 期

# 中国公众近十年价值观的变化

## ——"后现代化理论"的验证研究

郭　莲

[摘要] 研究结果表明：中国公众的价值观在1995—2005年间发生了"现代化"维度上从"传统价值观"向"世俗—理性价值观"以及"后现代化"维度上从"生存价值观"向"幸福价值观"的转变趋势，即现代的中国公众更加趋向不再强调经济增长的最大化、成就动机和法理权威，而是更加强调生活质量、主观康乐和自我表达。

[关键词] 后现代化理论；传统价值观；世俗—理性价值观；生存价值观；幸福价值观

## 一　理论依据与研究假设

自20世纪70年代以来，国内外许多学者从跨文化的角度对世界各国公众的价值观进行了深入研究，其中产生影响较大的有

Hofstede 涵盖 5 个维度的价值观研究[①]，以及由 Inglehart 组织领导的"世界价值观调查"研究[②]。而这两者中又以 Inglehart 领导的价值观研究持续的时间最长，规模最大，范围最广，影响也最大。Inglehart 通过对数次大规模的价值观调查数据进行分析研究，得出的结果验证了他所提出的研究价值观的理论范式，即"后现代化理论"范式，这被世界学界认为是近几十年来最具影响力的文化理论。

英氏在"后现代化理论"中指出，"现代化"是一个社会的政治和经济实力不断增强的过程，它是指伴随工业化的发展而出现的一场广泛的综合性的社会变迁。他认为，发达工业社会的现代化在发展到一定程度后，近 20 年已经开始向新的方向，即"后现代化"方向发展。从历史的纵深角度来看，人类社会存在三个阶段、两个维度的发展，即从传统社会到现代社会阶段发展的"现代化"过程，从现代社会向后现代社会阶段发展的"后现代化"过程。

"世界价值观调查"组织分别于 1985 年、1990 年、1995 年、2000 年和 2005 年进行了五次大规模的调查，调查覆盖了世界六大洲近 90 个国家，涉及世界 85% 的人口，得到了数十万名公众的价值观数据。通过对这些数据进行因子分析，英氏验证了各国公众价值观在两个维度上的发展变化趋势，即"现代化"维度和"后现代化"维度，前者反映的是从"传统价值观"向"世俗/理性价值观"转变的程度；后者反映的是从

---

① Geert Hofstede, *Culture's Consequences: International Differences in Work-Related Values*, Beverly Hills, CA: Sage, 1980.

② Ronald Inglehart, *Modernization and Postmodernization: Cultural, Economic, and Political Change in the 43 Societies*, Princeton: Princeton University Press, 1997.

"生存价值观"向"幸福价值观"（或后现代价值观）转变的程度。

"传统价值观"与"世俗/理性价值观"在"现代化"维度上主要反映的是对待权力的传统态度与世俗/理性态度之分，其中价值观的差异表现在宗教和家庭重要与否、尊重权威等方面。持守"传统价值观"的社会强调宗教、传统家庭价值观、否定离婚、不关注政治、主张顺从权力当局等。而居于"世俗/理性价值观"一端的社会则持相反的态度。

"生存价值观"与"幸福价值观"的"后现代化"维度主要涉及后工业社会所具有的特性，其中主要包括"物质主义价值"与"后物质主义价值"两极的对比，从强调经济安全和物质安全转向日益强调自我表现、主观康乐和生活质量。持"幸福价值观"的人们强调环境保护、妇女解放、休闲及朋友，并要求参与政治决策，人际信任程度和生活满意度都较高。而强调"生存价值观"则持与此相反的态度。

英氏以稀缺性（scarcity）和社会化（socialization）假设来解释这一价值观的变化过程。稀缺性假设认为，个人的优先价值观是社会经济环境的反映，人们会把最主要的主观价值观给予相对稀缺的事物，这一假设类似于经济学中的边际效用递减理论。也就是说，在经济发展的初级阶段，人们以物质主义需求为主，因为经济的增长和物质生活的改善能增进幸福感，那么当经济发展到一定水平时，经济增长所带来的幸福感就会减弱。具体而言，经常经历经济匮乏的人，会把经济和安全需要放到一个较高的位置，例如快速的经济增长和强大的国防等。另一方面，在物质生活上过得富足的人，会认为个人归属、自我表达以及公民权利等更加重要，他们会要求一个更加人性化、更加自由的社会，并希望拥有良好的生态环境。

社会化假说则认为，个人人格的基本结构往往需要经过一个较长时间的形成过程。未成年时期，即个人的社会化时期，往往对人格的形成具有最重要的意义，而在进入成年时期之后，人格的变化则相对较小。依照这个假说，一个人的基本价值观反映的是其青少年时期的状况，因为个人的价值观和社会整体价值观不可能在一夜之间改变，因此价值观的变迁具有滞后性，一般是随着代际的变换才发生基本价值观的变化。

英氏通过分析研究"世界价值观调查"数据发现，世界各国两代人在政治、经济、宗教、性别、家庭上的基本价值观正在发生变化，而且这种变化是沿着可预期的方向发展的，即许多主要价值观是随着经济发展的水平而变化的，而且这些价值观的变化对各国的政治、经济和社会产生了重要影响。许多发达国家的公众不再强调实现经济增长的最大化、成就动机、法理权威，而是强调实现生活质量、主观康乐和自我表达等价值观。

伴随着中国近十余年经济上突飞猛进的发展，中国公众人均年收入从 1995 年约 700 美元增加到 2007 年的 2360 美元，从国际惯例看，这是经济发展达到后物质主义以及后现代价值观的临界点。当今中国的经济发展和人民生活也进入了注重质量、追求全面发展和进步的新阶段，党的十七大提出了使全体人民"学有所教、劳有所得、病有所医、老有所养、住有所居"[①] 的目标。加上我国政府目前正在强化社会

---

① 胡锦涛：《高举中国特色社会主义伟大旗帜 为夺取全面建设小康社会新胜利而奋斗》，人民出版社 2007 年版，第 37 页。

保障体系，专家推测，这些因素都会促进后现代价值观在中国的产生和发展。[①] 那么，中国公众的价值观是否会依照英氏"后现代化价值"理论的预测，也发生像30—40年前西方国家公众那样的由"现代价值观"向"后现代价值观"的转变吗？我国现在正处于快速现代化的进程中，整个社会以及人们的价值观也在发生着前所未有的变化。了解并研究人们价值观的变化，把握其变化趋势，已成为研究我们国家未来发展变化方向的重要任务之一。

本研究通过对"世界价值观调查"机构公布的1995年和2005年的中国公众价值观数据进行比较分析，探研中国公众在近10年的时间里价值观所发生的变化以及造成变化的原因，从而验证英氏"后现代化理论"运用于分析中国公众价值观变化这一案例的可靠性。

## 二　中国公众价值观1995年和
## 2005年数据分析与比较

### （一）调查方法

1. 调查对象。"世界价值观调查"1995年所调查的中国公民人数为1500人，其中男性为799人，占总人数的53.3%；女性为701人，占总人数的46.7%。2005年所调查的中国公民人数为2015人，其中男性为923人，占总人数的45.8%；女性为1092人，占总人数的54.2%。

---

① 陶文昭：《后物质主义及其在中国的发轫》，《毛泽东邓小平理论研究》2008年第6期。

2. 测量工具。借用"世界价值观调查"问卷，根据英氏对其中最主要的价值变量进行因子分析的结果，按照变量内在的联系，抽取两个"公共因子"。一个是"传统权威—世俗理性权威"因子，它反映的是"现代化"维度；一个是"生存—幸福"因子，它反映的是"后现代化"维度。

### （二）结果与发现

根据英氏"后现代化理论"，将 1995 年和 2005 年中国公众在"传统价值观""世俗/理性价值观""生存价值观"和"幸福价值观"4 个方面的数据进行统计处理，得到双方在"现代化"和"后现代化"维度上的平均值与标准差，采用 t 检验来判别双方在各个因素上的差异显著性，结果如下列各表。

表 1 表明，在"传统价值观"各变量中，只有"家庭是否重要"一项没有达到差异显著性，其他各项都具有高度的差异显著性，这说明中国公众近十余年间在"传统价值观"上发生了较大的变化。其中，现代公众对"教育孩子信仰宗教""上帝是否重要""教育孩子顺从品格"和"更加尊重权威"4 个选项持有比较赞成的态度；而对"宗教是否重要"和"工作是否重要"则持否定的态度。

表 2 表明，在"世俗/理性价值观"各变量中，除了"教育孩子有责任感"和"教育孩子果断品格"2 个选项上没有达到显著度要求外，其他各项都显示出高度的显著性，这说明现代的公众与 10 年前的公众在此价值观上存在着较大的差异。其中，现代公众对"政治是否重要""对政治是否感兴趣""堕胎是否合理"和"教育孩子节俭品格"持有比较否定的态度。在"成就动机"（"复合变量"）所包含的"教育孩子努力工作""教育孩

子果断品格"2个正面选项和"教育孩子宗教信仰""教育孩子顺从品格"2个负面选项中，正负选项之差的平均值（公众1995：-0.34；公众2005：0.90）反映出2005年的公众的"成就动机"价值观远远高于1995年的公众。在该组各变量中，只有在"离婚是否合理"这一选项上，2005年的公众认为离婚是合理的。

表3表明，在"生存价值观"各变量中，除了"是否愿意与同性恋为邻"没有达到显著度要求外，其他各项都具有高度的显著性，这说明中国公众在绝大多数"生存价值观"上都发生了变化。其中，现代的人们对"妇女需要有孩子才算完整"和"更加尊重权威"持有更加肯定的态度；对"孩子需要在父母都在的家庭里才能幸福成长""教育孩子努力工作"和"科学既有利又有害"则持有更加否定的态度。在"拒绝外群体"的3个选项中，"是否愿意与同性恋为邻"没有达到显著度要求，而在"是否愿意与移民为邻"和"是否愿意与艾滋病人为邻"2个选项上，现代的人们表示出越来越不介意的态度。

表4表明，在"幸福价值观"各变量中，所有选项都具有高度显著性，这说明近10年中国公众在"幸福价值观"上发生了十分明显的变化。其中，现代公众对"教育孩子宽容和尊重他人""教育孩子想象力""近来对生活的整体满意度""近期健康状况"和"是否可以自由选择和掌握自己生活"持更加肯定的态度，特别是在"近来对生活的整体满意度"和"是否可以自由选择和掌握自己生活"两项的选择上差异最大。而现代公众对"休闲是否重要""朋友是否重要""大多数人都是可信任的"和"同性恋是否合理"的选项则持否定的态度。

表1 中国公众1995年与2005年在"传统价值观"各变量差异检验比较

| 因素 | | 教育孩子信仰宗教 | 宗教是否重要 | 上帝是否重要 | 民族自豪感 | 工作是否重要 | 家庭是否重要 | 理想的孩子数 | 教育孩子顺从品格 | 更加尊重权威 |
|---|---|---|---|---|---|---|---|---|---|---|
| 中国公众1995 | Mean | 1.57 | 3.92 | 2.37 | | 1.59 | 1.27 | | 1.64 | 1.44 |
| | Std. D. | .495 | 2.37 | 2.253 | | 1.68 | .611 | | .481 | .497 |
| 中国公众2005 | Mean | 1.98 | 3.18 | 3.58 | 2.06 | 1.269 | 1.24 | 1.91 | 1.85 | 1.50 |
| | Std. D. | .146 | .925 | 2.911 | .766 | .725 | .472 | 1.346 | .353 | .690 |
| T | | −35.006 | 13.173 | −12.728 | | 2.732 | 1.741 | | −15.408 | −2.643 |
| Df | | 3513 | 2983 | 3092 | | 3384 | 3486 | | 3513 | 2937 |
| Sig. | | .000 *** | .000 *** | .000 *** | | .006 ** | .082 | | .000 *** | .008 ** |

差异显著性水平检验 * p＜.05  ** p＜.01  *** p＜.001 (下同)

表2 中国公众1995年与2005年在"世俗/理性价值观"各变量差异检验比较

| 因素 | | 政治是否重要 | 对政治是否感兴趣 | 教育孩子有责任感 | 离婚是否合理 | 堕胎是否合理 | 教育孩子节俭品格 | 教育孩子果断品格 | 成就动机 | | |
|---|---|---|---|---|---|---|---|---|---|---|---|
| | | | | | | | | | 教育孩子努力工作 | 教育孩子信仰宗教 | 教育孩子顺从品格 |
| 中国公众1995 | Mean | 2.62 | 3.16 | 1.33 | 1.89 | 2.42 | 1.66 | 1.78 | 1.77 | 1.57 | 1.64 |
| | Std. D. | 1.861 | 1.555 | .471 | 1.271 | 1.696 | .475 | .415 | 1.452 | .495 | .481 |
| 中国公众2005 | Mean | 2.37 | 2.20 | 1.36 | 2.73 | 2.12 | 1.37 | 1.75 | 1.18 | 1.98 | 1.85 |
| | Std. D. | .835 | .997 | .480 | 2.618 | 2.144 | .484 | .433 | .386 | .146 | .353 |

续表

| 因素 | 政治是否重要 | 对政治是否感兴趣 | 教育孩子有责任感 | 离婚是否合理 | 堕胎是否合理 | 教育孩子节俭品格 | 教育孩子果断品格 | 成就动机 | | |
| | | | | | | | | 教育孩子努力工作 | 教育孩子信仰宗教 | 教育孩子顺从品格 |
|---|---|---|---|---|---|---|---|---|---|---|
| T | 4.743 | 21.363 | -1.651 | -11.298 | 4.345 | 17.261 | 1.917 | 17.329 | -35.006 | -15.408 |
| Df | 3084 | 3276 | 3513 | 3340 | 3249 | 3513 | 3513 | 3513 | 3513 | 3513 |
| Sig. | .000*** | .000*** | .099 | .000*** | .000*** | .000*** | .055 | .000*** | .000*** | .000*** |

表3 中国公众1995年与2005年在"生存价值观"各变量差异检验比较

| 因素 | | 妇女需有孩子才完整 | 孩子需有父母才能幸福成长 | 科学有利有害 | 国家承担责任 | 教育孩子努力工作 | 更加尊重权威 | 拒绝外群体 | | |
| | | | | | | | | 移民为邻 | 艾滋病人为邻 | 同性恋为邻 |
|---|---|---|---|---|---|---|---|---|---|---|
| 中国公众1995 | Mean | 1.39 | 1.80 | 1.86 | 5.53 | 1.77 | 1.44 | 2.30 | 2.83 | 2.58 |
| | Std. D. | .489 | .402 | 1.595 | 3.043 | 1.452 | .497 | 1.220 | .428 | 2.044 |
| 中国公众2005 | Mean | 2.19 | 1.03 | 1.45 | | 1.18 | 1.50 | 1.80 | 1.24 | 1.32 |
| | Std. D. | .654 | .175 | .823 | | .386 | .690 | .401 | .424 | .466 |
| T | | -38.351 | 75.619 | 9.623 | | 17.329 | -2.643 | 17.003 | 109.290 | 26.443 |
| Df | | 3171 | 3465 | 3339 | | 3513 | 2937 | 3467 | 3467 | 3467 |
| Sig. | | .000*** | .000*** | .000*** | | .000*** | .008** | .000*** | .000*** | .783 |

表4　中国公众1995年与2005年在"幸福价值观"各变量差异检验比较

| 因素 | | 妇女运动信心 | 教育孩子宽容 | 教育孩子想象力 | 生活满意度 | 健康状况 | 休闲是否重要 | 朋友是否重要 | 自由选择生活 | 大多数人可信任 | 同性恋是否合理 | 后物质主义 |
|---|---|---|---|---|---|---|---|---|---|---|---|---|
| 中国公众1995 | Mean | | 1.27 | 1.50 | 1.97 | 2.03 | 2.58 | 1.99 | 2.47 | 1.72 | 8.91 | |
| | Std. D. | | .446 | .500 | .180 | .952 | 1.335 | 1.188 | 1.949 | .450 | 23.447 | |
| 中国公众2005 | Mean | 1.97 | 1.39 | 1.79 | 6.76 | 2.22 | 2.41 | 1.88 | 7.23 | 1.48 | 1.63 | |
| | Std. D. | .642 | .448 | .408 | 2.400 | 1.038 | .758 | .684 | 2.341 | .500 | 1.630 | |
| T | | | −7.248 | −18.938 | −77.211 | −5.563 | 4.683 | 3.343 | −63.104 | 14.525 | 12.400 | |
| Df | | | 3513 | 3513 | 3457 | 3510 | 3352 | 3423 | 3346 | 3371 | 3099 | |
| Sig. | | | .000*** | .000*** | .000*** | .000*** | .000*** | .031*** | .000*** | .000*** | .000*** | |

# 三　结果与讨论

根据标准比较法计算出中国公众 1995 年和 2005 年在"传统价值观""世俗/理性价值观""生存价值观"和"幸福价值观"中各变量的综合平均值，得到表 5。

表 5 中的数据反映出中国公众的价值观在近 10 年的时间中已经发生了"现代化"维度上从"传统价值观"向"世俗/理性价值观""后现代化"维度上从"生存价值观"向"幸福价值观"的转变。也就是说，现代中国公众的价值观与 10 年前的公众相比较，已经发生了由"现代价值观"向"后现代价值观"的转变趋势，他们更加强调生活质量、主观康乐和自我表达，这与许多发达国家在几十年前所发生的价值观变化趋势一样。具体而言，他们更加愿意参与政治、不盲目崇拜权威、对自身命运有更多的掌控、包容度增大、人与人之间的信任度也越来越高，特别是人们对生活的满意度有了极大的提高，这些都是随着中国近 10 年社会的发展变化所出现的十分可喜的现象。这一研究结果与英氏"后现代化理论"中提出的价值观的预期发展变化相吻合，这验证了"后现代化理论"在比较当代中国公众近十年价值观变化时具有可靠性。

表 5　中国公众 1995 年和 2005 年在传统、世俗/理性、生存、
幸福价值观上的平均值

|  |  | 传统价值观 | 世俗/理性价值观 | 生存价值观 | 幸福价值观 |
|---|---|---|---|---|---|
| 中国公众 1995 | Mean | 0.463 | 0.325 | 0.223 | 0.496 |

续表

| | | 传统价值观 | 世俗/理性价值观 | 生存价值观 | 幸福价值观 |
|---|---|---|---|---|---|
| 中国公众 2005 | Mean | 0.436 | 0.397 | 0.149 | 0.525 |

　　归纳来看，表1和表2反映出在1995年至2005年中国公众的大多数价值观都是朝着与"传统价值观"相反而趋向"世俗/理性价值观"的方向发展的。其中最令人可喜的发现是，中国公众"成就动机"较之10年前有了极大的提高，人们认为教育孩子有责任感很重要。这一维度中唯一负向增长的价值观是公众更加愿意教育孩子顺从的品格，这是一个令人诧异的现象，因为随着社会的发展进步，人们自主意识的提高，理应在教育孩子方面给予孩子更多的自主权，而不是要求孩子更加顺从。造成这一现象的原因可能是因为现在中国教育资源相对比较匮乏，孩子从小到大都要在竞争的环境下生活，所以父母总是希望孩子能顺从听话，好好学习，考入好的学校，为未来奠定更好的基础。

　　表3说明中国公众的绝大多数价值观正在向着与"生存价值观"相反的方向变化。例如，中国公众表现出越来越大的宽容度，特别是对艾滋病的宽容度，这一点应归功于国家一直以来对艾滋病知识的宣传和普及。该组选项中值得引起关注的问题是，现代的人们对"孩子需要父母才能健康成长"的观点持更加否定的态度，这也许是造成中国近些年来离婚率持续上升的原因之一。

　　表4表明中国公众的大多数价值观是朝着"幸福价值观"的方向变化的。其中最令人惊喜的变化是，现代公众对生活的满意度有了极大的提高，这表明中国近些年社会的发展变化使得最终的受益者——广大公众在精神和现实生活中都感到身心愉悦，对

生活的满意度也随之提高。而与之相符的是人们在"可以自由选择和掌握自己生活"的选项上也给予了更多的肯定，这表明中国现代社会正在向更加自由民主的方向发展，这给人们提供了更多选择和发展的机会，大多数人对自己的生活和未来充满了信心，因此也就更能掌控自己未来的生活。另一个非常可喜的现象是，现代的人们更加认为大多数人是可信任的，人际之间信任度的提高充分说明了中国目前的生存环境是值得肯定的。该组选项中还有一个令人高兴的发现是人们普遍认为健康状况比从前更好了，这说明现代公众在身心两方面都较之十年前的公众更加愉悦。

综上所述，从中国公众近 10 年价值观变化中，我们欣喜地发现现代的中国人正在向着更加注重强调生活质量、主观康乐和自我表达的"后现代价值观"的方向发展，但我们也还需要对价值观变化中的一些负面变化加以注意，从而引导和帮助人们树立正确的价值观，促进人们更加自由和全面的发展。

载于《国家行政学院学报》2011 年第 3 期

# 从跨文化视角看中美等国的价值观变化

## ——霍夫斯泰德与费尔南德斯文化价值理论比较

郭 莲

[摘要] 本文对霍夫斯泰德文化价值理论以及其重要的后续研究之一——费尔南德斯等人的研究进行了系统梳理，通过对比霍氏和费氏两项研究所得数据，探究了费氏研究中 9 个国家 25 年后在价值观上所发生的变化及其成因；并对中国在霍氏最先提出的 4 个价值观维度上所发生的变化进行了比较分析。本文对西方重要的文化价值理论体系进行全面系统的梳理，旨在激励我们能够早日建构一个以中国传统文化为理论基础的具有中国特色的文化价值理论体系。

[关键词] 文化价值理论；霍夫斯泰德；费尔南德斯；验证性研究

## 一 引言

众所周知，价值观是构成文化的核心要素，而人们的日常行为表现及价值选择则能反映出各文化间的价值观差异。因此，自20 世纪 70 年代以来，西方许多学者都从跨文化研究角度对世界各国公众的价值观进行了全面深入的调查研究，目的在于通过对比人们价值观的差异来探寻各国文化之间的差异。这其中产生较大影响的有霍夫斯泰德（G. Hofstede）涵盖 5 个维度的价值观研究①、施瓦茨（S. Schwartz）有关 10 个价值观动机类型的研究②、邦德（M. Bond）的中国人价值观研究③以及由英格尔哈特（R. Inglehart）领导的"世界价值观调查"研究④。而这当中又以霍夫斯泰德和英格尔哈特领导的价值观研究规模最大，范围最广，影响也最大。

霍氏的文化价值理论自 20 世纪 80 年代初诞生以来，在文化价值观研究领域就一直处于主导地位，是一个对跨文化研究产生巨大影响的重要理论流派，其理论框架是有关国家文化与价值观之间关系的研究领域中被引用率最高的理论体系。⑤ 霍氏认为文化主要体现在价值观上，也会通过一些表象化的事物显现出来。他还强调，文化根植于人类各主要群体的价值观体系中，而且在各自发展的历史过程中不断巩固。他于 1980 年出版的《文化之重》一书引起了西方学界极大的关注，他所提出的 5 个"价值观

---

① Geert Hofstede, *Culture's consequences: International differences in work-related values*, Sage, 1980.

② Shalom Schwartz, "Universal in the Content and Structure of Values: Theoretical Advances and Empirical Tests in 20 Countries", In M. Zarma (Ed.), *Advances in Experimental Social Psychology*, Vol. 25, Academic Press, 1992.

③ Michael Bond, "Finding Universal Dimensions of Individual Variation in Multicultural Studies of Values: The Rokeach and Chinese Value Surveys", *Journal of Personality and Social Psychology*, Vol. 55, 1988.

④ Ronald Inglehart, *Modernization and Postmodernization: Cultural, Economic, and Political Change in the 43 Societies*, Princeton University Press, 1997.

⑤ Rabi Bhagat and Sara McQuaid, "Role of Subjective Culture in Organizations: A Review and Directions for Future Research", *Journal of Applied Psychology*, Vol. 67 (5), 1982.

维度"模型在文化研究领域中得到了广泛的应用。学者们普遍认为，霍氏对文化价值研究领域最大的贡献在于他从复杂的文化变量中提炼出了一个简洁、清晰、统一和可以进行实证研究的理论分析框架。因此，许多西方学者都对这一理论给予了极高的评价，例如，特里安迪斯（H. Triandis）认为，霍氏理论对于跨文化研究起到了里程碑的作用①。可以毫不夸张地说，至今在跨文化研究领域中还没有哪一个理论能够取代霍氏理论成为跨文化研究领域里最具权威性和影响力的理论，而且几乎所有在这一领域所进行的后续研究都是对霍氏理论进行的补充性或验证性研究。

在西方学界众多霍氏理论的后续研究中，有 3 个研究最为重要。它们分别是邦德等人的"中国价值观调查"②、斯密斯（P. Smith）和特拉姆帕拉斯（F. Trompenaars）的有效性研究③以及费尔南德斯（D. Fernandez）等人的验证性研究④。这些研究从不同的角度验证了霍氏文化价值理论在解释世界上大多数国家的文化价值体系时是有效可靠的。

虽然霍氏文化价值理论已确立了 30 多年，但目前在我们国内除有少数学者对霍氏理论进行一般性介绍和验证性研究外，几乎还没有研究是针对霍氏理论的 3 个重要后续研究进行系统介绍、评述和研究的。鉴于此，本研究将对霍氏理论以及其重要的后续研究之一——费尔南德斯等人的研究进行系统介绍，并将费

---

① Harry Triandis, *Individualism and Collectivism*, Westview Press, 1995.

② Chinese Culture Connection, "Chinese Values and the Search for Culture-free Dimensions of Culture", *Journal of Cross-Cultural Psychology*, Vol. 18（2），1987.

③ Peter Smith, Shaun Dugan and Fons Trompenaars, "National Culture and the Values of Organizational Employees: A Dimensional Analysis Across 43 Nations", Vol. 27（2），*Journal of Cross-Cultural Psychology*, 1996.

④ Denise Fernandez, Dawn Carlson, Lee Stepina and Joel Nicholson, "Hofstede's Country Classification 25 Years Later", *Journal of Social Psychology*, Vol. 137（1），1997.

氏所研究的 9 个国家的价值观数据与霍氏文化价值理论及数据进行对比分析，探寻在时隔 25 年后这些国家在价值观上所发生的变化及成因，同时也对中国在这 25 年所发生的价值观变化及其原因进行分析研究（尽管霍氏当年并没有在中国作调查，但他通过掌握大量相关信息和重复性研究的基础上给出了估测分数）。本研究的目的在于帮助我们了解西方国家构建文化价值理论的发展过程及现状，从而激励我们能够早日建构一个以中国传统文化为理论基础的具有中国特色的文化价值理论体系。

## 二 霍夫斯泰德的文化价值理论

荷兰人类学家霍夫斯泰德于 1967—1973 年通过对美国 IBM 公司设在全球 53 个国家或地区的分公司中的 11.6 万名员工进行抽样调查得出了文化价值观的 4 个维度，它们分别是"个人主义/集体主义""权力差距""回避不确定性"和"男性化/女性化"。这 4 个价值观维度可以从不同的角度反映出各个国家的文化特征。因为有学者质疑霍氏理论在设计上带有"西方研究的偏见"[1]，所以他与邦德等人又增加了第五个维度"儒家动态变量"，即长期与短期取向[2]。根据霍夫斯泰德的理论，这 5 个维度基本能反映出各个国家在家庭、学校、工作单位和组织内部所表

---

[1]　Leonard Goodstein, "Commentary: Do American Theories Apply Abroad? American Business Values and Cultural Imperialism", *Organizational Dynamics*, Vol. 10 (1), 1981; John Hunt, "Commentary: Do American Theories Apply Abroad? Applying American Behavioral Science: Some Cross-cultural Problems", *Organizational Dynamics*, Vol. 10 (1), 1981; Karlene Roberts and Nakiye Boyacigiller, "Cross-national Organizational Research: The Grasp of the Blind Men", *Research in Organizational Behavior*, 1984.

[2]　Chinese Culture Connection, "Chinese Values and the Search for Culture-free Dimensions of Culture", *Journal of Cross-Cultural Psychology*, Vol. 18 (2), 1987.

现出来的行为特征，从而可反映出各个国家的文化特征，并以可预见的方式长期影响人们的思想、情感、行为以及组织行为模式。

霍氏理论中"权力差距"维度指的是组织机构中处于弱势地位的成员对权力分布不平等的接受度，这反映出不同国家对人与人之间不平等权力关系的认同程度。认同或接受程度高的国家，如亚洲和南美洲国家，属于权力差距大的文化，这些国家的人对于由权力与财富所引起的层级差异有较高的认同和接受度；反之，像北欧和英语国家这些属于权力差距小的国家的人则不看重出权力与财富引起的层级差异，而更加强调个人权力、地位和机会的平等。"个人主义/集体主义"维度指的是个体在诸如家庭、学校、工作单位中保持个人独立或融入群体的程度。个人主义文化鼓励追求个人成就、个人权力以及自我独立性，让个性都得到充分的发挥，并认为个人利益比集体利益更重要；而集体主义文化则认为个人利益是建立在群体成员的利益基础之上的，所以集体利益应高于个人利益。"男性化/女性化"维度指的是性别间社会角色的分布。在男性化较强的国家（如日本），性别角色区分明显，人们更多地表现出男性的性格特征，例如自信、果断、追求成就等。在这些国家中，男性通常占支配地位并拥有决定权，人们比较看重成功和金钱；而女性化较强的国家（如北欧国家）则更加注重和谐的人际关系，崇尚礼让谦虚，强调男女平等。"回避不确定性"维度指的是不同文化在面对不确定性事物和状况时，会采取不同的态度和措施来规避风险。具有较强避免不确定性的国家（如日本和南美洲国家）比较注重寻求有序的社会系统，会采取各种措施减少不确定的因素，在创新和改革方面更加强调连续性和稳定性；

而回避不确定性较弱的国家（如北欧和英语国家）则对不确定的事物具有较高的容忍度和适应力，做事灵活性较大，喜欢新鲜事物，愿意面对来自未知领域的风险和挑战。"长期取向—短期取向"维度指的是特定文化中的成员对延迟其物质、情感、社会需求的满足的接受度。有着长期取向的文化（如中国、日本）通常着眼于未来，看重长期的承诺，强调尊重传统，推崇节俭和持之以恒等特性；而趋向于短期取向的文化（如美国、英国）则更加关心眼前的利益。

# 三 费尔南德斯等人的验证性研究

费尔南德斯和另外三位美国大学教授在 1997 年发表了题为《25 年后再看（测）霍夫斯泰德国家分类理论》的文章，他们在该研究中使用多尔夫曼和豪威尔设计的问卷对霍氏最先提出的 4 个文化价值观维度进行了重新测定（因所测国家较少，故略去第五个维度），他们试图验证霍氏文化价值理论是否具有可靠性以及经过了 25 年的时间被测国家的价值观是否发生了变化。这项研究的结果证明霍氏理论具有可靠性，而且被调查的 9 个国家在价值观上都发生了一些明显的变化。

费尔南德斯等人在 20 世纪 90 年代初从欧洲、亚洲、北美洲和南美洲选取了当时在世界上受到普遍关注的 9 个国家，其中包括了在霍氏理论研究中缺失的 2 个国家：中国和苏联。

这项研究中所使用的问卷摆脱了霍氏问卷不能用在个人层面上的限制，使得研究人员对数据进行更加方便和更具灵活性的分析。他们的研究数据与霍氏研究数据的对比结果如以下各表所示。

表1　　　　　　　　9 国在"回避不确定性"维度上的得分

| 国家 | 霍夫斯泰德 | | 费尔南德斯 | |
| --- | --- | --- | --- | --- |
| | 原始分数 | 标准化比数 | 原始分数 | 标准化比数 |
| 智利 | 86 | 0.65 | 14.73 | 0.48 |
| 中国 | 60 | −0.64 | 14.46 | 0.31 |
| 德国 | 65 | −0.39 | 12.36 | −1.16 |
| 日本 | 92 | 0.95 | 12.87 | −0.81 |
| 墨西哥 | 82 | 0.45 | 12.31 | −1.20 |
| 苏联 | | | 16.98 | 2.05 |
| 美国 | 46 | −1.34 | 14.88 | 0.59 |
| 委内瑞拉 | 76 | 0.16 | 14.08 | 0.03 |
| 南斯拉夫 | 88 | 0.75 | 13.53 | −0.35 |
| **总体** | | | | |
| 平均数 | 72.89 | | 14.03 | |
| 标准差 | 20.16 | | 1.44 | |

注：霍氏研究中"中国"的分数值是霍氏当年估测的分数。（以下各表同）

从表 1 费氏研究得分可看出，苏联、美国、智利、中国和委内瑞拉的得分都为正数，因此这些国家被认为是回避不确定性较强的国家。这说明这些国家的人不喜欢陌生事物，不愿意冒险，喜欢按照规章制度行事并追求终极的绝对真理和价值。而墨西哥、德国、日本和南斯拉夫在这一维度上的得分为负数，说明这些国家属于回避不确定性较弱的国家，也即这些国家的人对陌生的事物并不感到焦虑，人们比较愿意冒险并喜欢新事物等。

表 1 还显示出美国在这 25 年的时间里，从一个回避不确定性较弱的国家变成了回避不确定性较强的国家，这一变化是和美国在这些年里所经历的政治、经济和社会方面的变化，特别是经济上的不稳定因素密切相关的。20 世纪 70 年代初美国经济复苏，

呈现出繁荣景象，但受到通货膨胀的影响，经济回升仍然比较缓慢，而末期出现的石油危机使美国经济进入了"滞涨"期。到80年代前期，经济发展出现了转好的势头，但中后期突然爆发的石油危机重创了经济，这也是美国战后影响最大最广的经济衰退之一。这些变化使得美国人开始害怕不确定的环境和风险，变得不那么愿意冒险了，人们的价值观越来越朝着回避不确定性较强的方向转变了。

日本在这一维度上发生了和美国刚好相反的变化——从一个回避不确定性较强的国家变成了回避不确定性较弱的国家。这一变化也和日本经济在世界上所占地位越来越重要有关。随着日本经济实力的不断增强，日本人变得越来越自信，对于不确定性的事物采取了更加宽容和开放的态度，也更加具有冒险精神并愿意接受新事物。

墨西哥在这25年间中发生了和日本一样的转变，这是因为墨西哥一直在努力恢复日益衰败的经济状况，所以无论是国家政府层面还是普通百姓都需要更多的冒险精神，也越来越愿意接受不确定性的事物。

苏联是这一维度中得分最高的国家，这说明苏联是这9国中回避不确定性最强的国家。这可能是因为，"回避不确定性"这一概念对非西方国家（包括苏联在内）是一个完全陌生的概念，人们会采取"回避"的态度来对待它。其次，在冷战期间，苏联是仅次于美国的世界第二大经济体，但其工业发展极不平衡，重视重工业而轻视轻工业。所以长期以来苏联人主要从事的是制造业或农业方面的劳动，而这些领域是需要固定的按部就班式的工作或劳动模式，因此人们喜欢固定不变的事物和熟悉的环境，不愿意冒险尝试新的事物。其次，绝大多数苏联人都信奉东正教，东正教教徒认为《圣经》、教会传统、教宗都具有规范性权威，他们追求的是终极的绝对真理和价值，认为离经叛道的人和事具有威胁和危害性，因此不能容忍这些人和事的存在。由于这些原因，苏联在这一维度上的分数居于最高的位置就不足为奇了。

表2　　　　　　　9 国在"权力差距"维度上的得分

| 国家 | 霍夫斯泰德 | | 费尔南德斯 | |
|---|---|---|---|---|
| | 原始分数 | 标准化比数 | 原始分数 | 标准化比数 |
| 智利 | 63 | 0.20 | 12.17 | −0.01 |
| 中国 | 80 | 1.09 | 14.5 | 1.05 |
| 德国 | 35 | −1.27 | 11.89 | −0.49 |
| 日本 | 54 | −0.28 | 10.38 | −1.38 |
| 墨西哥 | 81 | 1.15 | 14.15 | 0.84 |
| 苏联 | | | 16.38 | 2.15 |
| 美国 | 40 | −1.01 | 12.70 | −0.01 |
| 委内瑞拉 | 81 | 1.15 | 12.15 | −0.33 |
| 南斯拉夫 | 76 | 0.88 | 11.81 | −0.53 |
| **总体** | | | | |
| 平均数 | 59.22 | | 12.72 | |
| 标准差 | 19.01 | | 1.70 | |

表2 显示出苏联、中国和墨西哥的分数都为正数，这说明这3 个国家属于权力差距大的国家，而苏联又是其中权力差距最大的国家。相反，日本、南斯拉夫、德国、委内瑞拉、智利和美国都属于权力差距较小的国家，其中又以日本为权力差距最小的国家。

南斯拉夫、委内瑞拉和智利在这 25 年间在权力差距维度上都发生了逆向的转变，由原来的权力差距大的国家变成了权力差距小的国家，这与这 3 个国家在这些年中所进行的社会制度的改革是分不开的。

　　日本在这一维度上发生了由原来权力差距较小的国家变成了权力差距最小的国家的转变。这是因为日本在 20 世纪末和 21 世纪初，经济发展趋于平缓，而且伴随着 20 世纪 90 年代的亚洲经济危机，日本国内企业之间的竞争加大，失业率剧增，这使得日本原有的管理模式也发生了相应的转变，企业员工不再像以前那样具有拼命工作、忠诚公司、维护团队精神等价值理念了，而是更趋向于采取凭借个人能力公平竞争的行为法则，这就造成了企业内部的上下级关系发生了转变，权力差距变得越来越小，由此发生了日本著名人类学者中根千枝所研究归类的由"纵向社会"向"横向社会"的转变。

表3　　　　9 国在"个人主义—集体主义"维度上的得分

| 国家 | 霍夫斯泰德 | | 费尔南德斯 | |
|---|---|---|---|---|
| | 原始分数 | 标准化比数 | 原始分数 | 标准化比数 |
| 智利 | 23 | −0.93 | 12.17 | 0.51 |
| 中国 | 20 | −1.03 | 10.38 | −0.96 |
| 德国 | 67 | 0.55 | 11.64 | 0.07 |
| 日本 | 46 | −0.16 | 10.91 | −0.53 |
| 墨西哥 | 30 | −0.70 | 12.23 | 0.56 |
| 苏联 | | | 9.24 | −1.89 |
| 美国 | 91 | 1.36 | 13.41 | 1.52 |
| 委内瑞拉 | 12 | −1.30 | 11.83 | 0.23 |
| 南斯拉夫 | 27 | −0.80 | 12.14 | 0.48 |
| **总体** | | | | |
| 平均数 | 50.67 | | 11.55 | |
| 标准差 | 29.67 | | 1.21 | |

从表 3 中可看出，美国、墨西哥、南斯拉夫、委内瑞拉、智利和德国属于具有个人主义倾向的文化；而苏联、中国和日本则属于具有集体主义倾向的文化。

表 3 显示出美国在这一维度上得分最高，这与霍氏的研究完全吻合，也和其他学者所做的研究相一致，特别是与在研究文化价值与自我的美国学者特里安迪斯的研究高度一致。[①] 几乎所有的研究都表明美国是世界上最崇尚个人主义价值观的国家，它从诞生之日起就强调"个人自由"概念，而且无论美国在 200 多年的历史中经历过多少波澜，个人主义价值观仍是根植于美国人思想深处的不可动摇的价值理念。

墨西哥在霍氏研究中被认为是集体主义国家，可是在 25 年之后的费氏研究中却变成了居美国之后最倾向于个人主义价值观的国家。这也许是因为墨西哥在这 25 年间经济上的快速发展，使得人们的价值观朝着更加重视个人发展以换取更多物质回报的方向转变了。

苏联在费氏研究中被证明是最强调集体主义价值观的国家，这与共产主义信仰中强调社会和谐和整体的共同利益高于个人利益的理念相吻合。

表4　　　　9 国在"男性化/女性化"维度上的得分

| 国家 | 霍夫斯泰德 | | 费尔南德斯 | |
|------|--------|--------|--------|--------|
| | 原始分数 | 标准化比数 | 原始分数 | 标准化比数 |
| 智利 | 28 | − 1.29 | 12.10 | 0.37 |
| 中国 | 66 | 0.34 | 15.27 | 2.20 |

---

① Harry Triandis, "The Self and Social Behavior in Differing Cultural Contexts", *Psychological Review*, Vol. 96（3），1989.

| 国家 | 霍夫斯泰德 | | 费尔南德斯 | |
|------|------|------|------|------|
| | 原始分数 | 标准化比数 | 原始分数 | 标准化比数 |
| 德国 | 66 | 0.34 | 10.46 | -0.58 |
| 日本 | 95 | 1.58 | 12.18 | 0.42 |
| 墨西哥 | 69 | 0.47 | 12.54 | 0.62 |
| 苏联 | | | 11.76 | 0.17 |
| 美国 | 62 | 0.17 | 10.46 | -0.58 |
| 委内瑞拉 | 73 | 0.64 | 10.49 | -0.56 |
| 南斯拉夫 | 21 | -1.59 | 11.36 | -0.06 |
| **总体** | | | | |
| 平均数 | 58.11 | | 11.46 | |
| 标准差 | 23.33 | | 1.73 | |

表 4 反映出，中国、墨西哥、日本、智利和苏联得分为正数，说明这些国家属于具有男性化价值取向的国家。这些国家的人更强调社会组织中男性应该掌握更多的权力并占据统治地位，男人、女人应该扮演不同的角色，比如，男人应该努力工作，养家糊口；而女人则应该承担照顾家庭和孩子的责任。而美国、德国、委内瑞拉和南斯拉夫则位于女性化价值取向一端。

德国和美国在 25 年间都发生了由男性化向女性化价值取向的转化，这与两国劳动市场上女性所占比例越来越大且地位越来越高有着密切的关联。

从总体上看，费氏研究中最重要的发现是，自霍氏研究之后的 25 年间，一些国家的价值观发生了明显的转变。这说明，虽然价值观是根植于人们思想深处的判断事物有无价值及价值大小的评价标准，且具有一定的稳定性和持久性，但如果长期的外部环境的变化势必会影响到整个社会发生变化，从而也会影响到生活在社会中的人们的价值观发生变化。

费氏研究中另一个有意义的发现是，中国和苏联在价值观的 4 个维度上的得分高低几乎都是一样的，也即这两个国家都属于回避不确定性强、权力差距大、集体主义和男性化强的国家。从这一点可以看出，尽管中苏两国自 20 世纪 60 年代中后期关系破裂后，经历了"冷战""热战"和"回暖"的不同时期，两国相互交往不多，关系也相对平淡，可是因为两国长期在意识形态上所具有的共同价值理念和相似的政治体制，使得两国人民的价值观仍然非常相似，这也说明了价值观具有稳定性和持久性的特点。

## 四　中国在两项研究相隔的 25 年间所发生的价值观变化

中国在霍氏和费氏两项研究前后相差 25 年的时间中，价值观所发生的变化如表 5 所示。

从表 5 可以看出，在两项研究相距的 25 年间，中国在权力差距、个人主义和男性化 3 个维度上没有发生太大的转变，也即中国仍是一个权力差距大、集体主义和男性化程度较高的国家。可是中国在"回避不确定性"维度上却发生了逆向的转变，即从一个回避不确定性弱的国家转变成了回避不确定性强的国家。笔者认为，这是因为在这 25 年间，中国经历了由计划经济向市场经济转换的巨大转变，这期间经济得到了最快速的发展，在这样的环境下，人们自然会感到工作生活压力增大，主观忧虑感也随之增强，这就使人产生一种内在的动力，促使人们加倍地工作，争取获得更多物质上的回报及事业上的成功。

表5　　　　　　　　中国在霍氏4个价值观维度上的得分

| 中国 | 霍夫斯泰德 | | 费尔南德斯 | |
|---|---|---|---|---|
| | 原始分数 | 标准化比数 | 原始分数 | 标准化比数 |
| 回避不确定性 | 60 | −0.64 | 14.46 | 0.31 |
| 权力差距 | 80 | 1.09 | 14.5 | 1.05 |
| 个人主义 | 20 | −1.03 | 10.38 | −0.96 |
| 男性化—女性化 | 66 | 0.34 | 15.27 | 2.20 |

从两项研究的数据中还可看出，中国正在向越来越倾向于男性化价值观的方向发展，这一变化也是基于同样的上述原因。首先，我们可以看到中国在男性化维度上得分最高（比位居第二位的墨西哥的标准化比数高出1.58）；其次，中国的分数由0.34（霍氏研究）上升到2.20（费氏研究），这可以看作中国经济快速发展的现实状况给人们的价值观造成影响的直接显现。生活在一个快速发展和激烈竞争的社会中的人们需要拼命地工作以获得更大的经济回报和社会的认可，人们会视金钱和物质财富为个人成功的标志，同时，人们会更加充分地施展自信、果断和竞争等个性。换言之，中国人在价值观上所发生的这些变化必然也是其他发展中国家的人们在经历同样的快速发展过程中所可能发生的变化。

本研究所存在的不足之处是，霍氏研究中所使用的中国数据是霍氏估测的数据，这在某种程度上会降低研究的信度。

从霍夫斯泰德的文化价值理论到费尔南德斯等人对其理论的验证性研究中，我们可以看到，西方学者一直都在努力探寻一个可以用来解释世界各国文化差异以及这些差异可能对跨文化研究造成影响的文化价值理论体系和框架，他们试图通过这样的理论体系和框架来预测未来各文化间价值观的发展变化以及可能对各国政治、经济和社会所产生的影响。相比之下，我国在文化价值理论建构方面的研究至今仍然不多，这有待于我们文化研究领域的学者的共同努力，争取早日建构一个以中国传统文化为基础的具有中国特色的文化价值理论体系和分析框架。

载于《马克思主义与现实》2013 年第 4 期

# 创新与文化价值观关系的实证研究

郭　莲

[**摘要**] 本文通过比较分析"全球创新指数"与"文化（价值观）维度"这两项分别代表"创新"与"文化"概念的国际学术界高度认可的研究成果，探研创新与文化之间的关系。结果显示，创新与"文化（价值观）维度"中的低权力差距、个体主义、男性化和低避免不确定性维度呈正相关关系，这一研究结果表明文化对创新具有重要的影响作用。

[**关键词**] 创新；创新指数；文化；价值观维度

创新理论最早由经济学家约瑟夫·熊彼特（J. Schumpeter）于 1912 年提出，他在《经济发展理论》一书中首次提出了"创新"这一概念。① 熊彼特认为，所谓创新，就是建立一种新的生产函数，即把一种从来没有过的关于生产要素和生产条件的"新组合"引入生产体系，其目的在于获取潜在的超额利润。他用

---

① ［奥地利］约瑟夫·熊彼特：《经济发展理论》，何畏等译，商务印书馆 1990 年版。

"创新理论"解释资本主义的本质特征，强调生产技术的革新和生产方法的变革在资本主义经济发展过程中的至高无上的作用。他认为，创新是经济增长的主要驱动力，创新能力直接影响国家各个层面的竞争力。

创新是以新思维、新发明和新描述为特征的一种概念化过程。它是人类所特有的认识和实践能力，是人类主观能动性的高级表现，是推动民族进步和社会发展的不竭动力。当今世界范围内，各国所具有的创新能力已成为提升生产力、增强国家竞争力和提高人民生活水平的基础和源泉，因此，创新也已成为各国发展战略的核心，成为提高国家综合国力和国际竞争力的必然途径。

国际学术界针对现阶段世界发展推动力的特性，把那些以科技创新作为基本战略，大幅度提高科技创新能力，形成日益强大的竞争优势的国家视为创新型国家。创新型国家的目标就是以技术创新促进经济增长，以制度创新推动社会进步，进而共同促进人的发展。那么如何衡量和评价一个国家是否具有创新能力以及具有多大的创新能力，就需要一个全面、客观的科学评价体系。通常，衡量和评价一个国家的创新能力主要是通过涵盖多层次、多维度量化指标评估的"创新指数"来完成。"创新指数"指创新能力评价中得到的分数，是创新能力的一种定量表达。在世界众多的衡量创新指数的报告中，认可度最高的创新指数报告是"全球创新指数"报告，该报告中的所有评估数据均来自各国政府或国际组织的统计或出版物，具有相当的国际可比性。"全球创新指数"报告的目的在于通过评估世界各个国家和地区针对创新挑战做出的反应，对一个国家或地区可能存在的缺失与改进方向提出建议，为各国政府决策和提升国家/地区竞争力提供参考背景和依据。已有研究表明，"全球创新指数"报告自 2007 年发布以来已经成为全球企业管理执行者、政策制定者和其他在创新方面寻求创见的人员的主要基准工具。

"全球创新指数"报告将创新描述为"导致产生经济和社会价值的发明和创造的融合"。该报告由欧洲工商管理学院于 2007 年首次公布，随后每年发布一次报告结果。2015 年的"全球创新指数"报告是由世界知识产权组织、美国康奈尔大学和欧洲工商管理学院联合发布的，共考评公布了世界 141 个经济体的创新指数得分。

"全球创新指数"报告的意义首先在于它创立了一个可以量化性全面评估世界各经济体的创新活动和创新能力的综合性指标体系。其次，从评估项目范围上看，该报告在评估全球创新活动和各经济体创新能力的因素中，不仅包括 GDP 中研发投入比重、专利和商标数量等重要传统指标，还逐年涵盖了如商业环境、人力资源、知识创新和在线创新等多元化新指标，有效拓展了研究范围并深化了研究内容，为了解和研究世界各国家和地区创新活动的发展提供了新的视角。再次，从研究方法上来看，该报告不但采用了客观定量的硬指标和综合性指标，而且还采用了主观定性的软指标等多种研究方法，这提高和加强了该指数研究报告的准确性和科学性。

最近几年的全球创新指数主要由 5 个"创新投入指数"和 2 个"创新产出指数"共计 7 大类指标体系构建而成。5 个"创新投入指数"包括：（1）制度（政治环境、管理环境和商业环境）；（2）人力资本和研究（教育、高等教育和研发）；（3）基础设施（信息/通信技术、一般性基础设施和生态可持续性）；（4）市场成熟度（信贷、投资和贸易竞争）；（5）企业成熟度

（知识型工人、创新链和知识吸收）。2个"创新产出指数"包括：（1）知识和技术输出（知识创新、知识影响和知识扩散）；（2）创新输出（无形资产、创新产品及服务和在线创新）。该报告共包括7个一级指标、21个二级指标和84个三级指标。"全球创新指数"由"创新投入指数"和"创新产出指数"的平均值计算而成，二者的比值即为"创新效率指数"。这些不同层次和维度的宏观及微观指标既相对独立又相互联系，综合反映了世界各个国家和地区在创新能力、绩效和优劣势等诸多方面的表现。

"全球创新指数"报告还将各国创新指数得分与该国人均国内生产总值进行比较，根据比较所得分数的高低，将世界各国分成三类处于不同创新阶段的国家和地区，它们分别是创新领导者国家、创新学习者国家和创新欠佳者国家。这一比较研究发现世界各国在创新能力上存在着两个明显差异的特点。首先，处于不同发展阶段的国家之间在创新上存在着明显的差距，人均收入较高的国家在所有创新表现指标方面均远远超过人均收入较低的国家；其次，世界各地区之间也存在着较大的创新差距，特别是欧美地区国家与非洲、亚洲与拉丁美洲大部分国家相比较，差距尤为突出。

这项研究报告显示，发达国家与发展中国家之间的差距，不仅反映在国家的经济发展和人民生活水平等方面，也体现在能够说明一个国家可持续发展能力的创新能力上。创新能力与经济发展之间存在着相互推动的作用，因此一个国家在创新指数中排名的高低与这个国家的经济发展水平呈正相关的关系。

"全球创新指数"报告的研究显示出一个国家的创新能力与其经济发展水平呈正相关的关系，那么各国的创新能力是否与该国的文化有关系？换句话说，生活在某个特定国家里的人们所具有的创新能力是否会受到该国文化的影响？不同国家的文化是否会导致这些国家创新能力的提高或降低？目前国内学界还没有有关创新与文化关系的实证研究，而国外则有少数学者一直致力于这方面的研究，他们从实证研究的角度探研创新与文化之间的关系。尤其是最近几年，有关创新能力与代表文化概念的价值观之间关系的实证研究更是得到了人文社科领域里学者们的关注。

文化学者认为，自然赋予每个国家社会不同的自然环境，为了在这些特定的环境里生存下去并取得成功，社会成员必须依照特定的环境采取与之相对应的行为模式，而这些与环境相适应的行为模式导致不同的社会形成了不同的文化价值观。这些长期以来作为应对自然环境而发展起来的价值观通过规章条例、权力结构和标准运作程序逐渐成为习惯，造成了不同国家的人们在行为上长期存在着差异。随后，当人们建立组织时，这些组织的特点就反映出了人们不同的价值观。组织的行为反映出整个社会对待权威、信任、忠诚、交流、合作和不确定性等的态度。因为已发现组织行为上的不同会影响创新率中由文化决定的因素的差异，这些差异可解释在创新率上所存在的国家差异。

在跨文化研究领域中，各国学者公认的具有里程碑式影响力的人物——荷兰人类学家霍夫斯泰德（G. Hofstede）将文化定义为"心智的集体程序"，它主要体现在价值观上，也会通过一些表象化的事物显现出来。他特别强调，文化根植于人类各主要群体的价值观体系之中，而且在各自发展的历史过程中得以不断巩固。他采用定量分析方法所提出的4个"文化（价值观）维度"模型在文化研究领域中得到了广泛的应用。据SSCI统计，霍氏已成为世界被引用次数最多的前100位学者之一，并在非美国学者中独占鳌头。

霍氏认为，国家之间的主要文化差异体现在价值观上，不同国家的人会在4个方面的认知和行为上存在着差异：权力与平等的价值观、个体与群体的关系、对男性和女性社会角色的预期、处理生活中不确定事件的方式。他把这4个方面的差异确定为"文化（价值观）维度"，即"权力差距""个体主义/集体主义""男性化/女性化"和"回避不确定性"维度。霍氏认为这4个维度分别从不同的角度反映出各个国家的文化特征，并以可预见的方式长期影响人们的思想、情感、行为以及组织行为模式。

具体而言，"权力差距"维度指的是组织机构中处于弱势地位的成员对权力分布不平等的接受度和预期度，这反映出不同国家的人们对人与人之间不平等权力关系的认同程度。不同国家的文化在这一维度上的得分有高低之差。认同程度高的国家属于权力差距大的文化，这些国家的人们对于由权力与财富所引起的层级差异有较高的认同和接受度；这些社会一般倾向于维持层级制度体系，社会中自下而上的交流受到限制。反之，权力差距小的国家的人们则不看重由权力与财富引起的层级差异，而是更加强调个人权力、地位和机会的平等。"个体主义/集体主义"维度指的是个体在诸如家庭、学校、工作单位这样的群体中保持个人独立或融入群体中的程度。在个体主义文化中，价值观和道德观都鼓励追求个人成就、个人权力以及自我独立性，人们倾向于对自己负责，不需要依赖集体，每个人的个性都能得到充分的发挥，并认为个人利益比集体利益更重要；而后者则认为个人利益是建立在群体成员的利益基础之上的，人们更关心集体利益而不是个人利益，群体较个人有优先权，群体负责保护个人，而个人要对群体保持忠诚。"男性化/女性化"维度指的是性别间社会角色的分布。在男性化较强的国家中，性别角色区分明显，推崇男子气概，人们更多地表现出男性的性格特征，例如自信、果断、追求成就等。在这种文化中，通常男性占支配地位，凡事拥有决定权，人们一般更加看重进步、成功和金钱；而在女性化较强的国家中，性别角色没有非常明显的区别，人们谦虚、温和且有教养，而且人们更加注重保持良好的人际关系，关心生活品质，强调工作保障，对弱者有较多关怀。"回避不确定性"维度指的是特定文化中的成员在那些新奇的、未知的、异常的和令人吃惊的情景中感觉舒服或不舒服的程度。也就是指不同文化在面对不确定性的事物时，会采取不同的态度和措施来规避风险和威胁。具有较强避免不确定性的国家更注重寻求有序的社会系统，总是设法通过种种手段和措施来减少不确定因素，相对于创新和变革来说则更强调连续性和稳定性；而回避不确定性较弱的文化对不确定的事物则具有较高的容忍度和适应力，灵活性较大，更欢迎新的变化和新事物的出现，愿意面对来自未知领域的风险和挑战。

在探研这些价值观维度对创新的影响方面，首先我们可以发现权力差距维度反映出了5种不利于创新的因素，它们分别是等级的重要性、垂直式的交流模式、权力集中、监控下属、反对权力分配上的变化。就等级重要性方面而言，Thompson 研究发现缩小等级制能够提升创新水平[1]；Maidiqu 在研究美国公司的运作时注意到一个现象，即降低一个组织中成员间的平等关系就会降低这个组织的创新率[2]。对于垂直式的交流模式，美国学者 Aiken

---

[1] James Thompson, *Organizations in Action*, New York, NY: McGraw Hill, 1967.

[2] Modesto Maidique, "Entrepreneurs, champions, and technological innovation", *Sloan Management Review*, 1980.

和日本学者 Nonaka 研究发现，在组织内部各等级间能进行自由交流的公司创新率往往都比较高。[1][2] 就权力集中而言，Hull 研究发现，在美国，管理制度上不那么集权的公司创新率比较高。[3] 对于在管理上是监控下属还是信任下属这一问题上，如果上级领导能够采取信任下属而不是监控下属的管理方式，他们的行为常常能激发下属的创新力，上级领导的信任还能使其下属更加容易克服风险计划和预测中所存在的不准确性因素；而如果上级领导对下属采取严格控制的管理方式，会阻碍创新活动中所需要的灵活性。另外，如果上级对下属实施严格控制的话，还会降低其下属的创造性思维，下属如果不受到严格规章制度和工作定义管制的话，就能有更多发挥个人能力的空间，就能提升产生新想法的可能性。最后，在反对权力分配上的变化上，有研究发现，在创新上表现较好的组织或公司都比较能够接受权力分配上的变化。例如，Knight 研究发现，创新表现突出的公司在管理上所奉行的理念是：相信任何一个人都能成为创新冠军。[4] Hofstede 研究发现，权力差距较大国家中的公司经理都不愿意接受权力分配上的变化，他的研究数据显示，在权力差距指数维度和让社会流动的措施之间有着强劲的负相关性。[5] 这些研究结果同时也支持了韦伯的观点，即等级制的社会制度降低了职业流动、技术变化和创

---

① MichaelAiken and Jerald Hage, "The organic organization and innovation", *Sociology*, Vol. 5（1）, 1971.

② Ikujiro Nonaka, "Redundant, overlapping organization: A Japanese approach to innovation", *California Management Review*, Vol. 32（3）, 1990.

③ Frank Hull and Jerald Hage, "Organizing for innovation: Beyond Bums and Stalker's organic type", *Sociology*, Vol. 16（4）, 1982.

④ Russell Knight, "Corporate innovation and entrepreneurship: A Canadian study", *Journal of Product Innovation Management*, Vol. 4（4）, 1987.

⑤ Geert Hofstede, *Culture's Consequences: International Differences in Work Related Values*, Beverly Hills: Sage Publications, 1980.

新行为。① 这些研究都证明，权力差距小的社会比权力差距大的社会更具创新性。

文化价值观中的个体主义维度包含了 3 种被认为是能够激励创新的特点，这 3 种特点分别是相信自由、外向型取向和与上级建立融洽的沟通联系。在相信自由方面，Kanter 和 Nonaka 研究发现，在美国和日本公司里，经理们认为，对创新而言，最有价值的管理理念就是让他们能够具有自由决定处理问题和采取行动的权力。② 而外向型取向对创新也是非常重要的，Utterback 研究发现，与外界人员有更多的接触就更加能够刺激团队的创造性。③ 在与上级建立融洽的沟通联系方面，Fast 研究发现，下属工作人员的创新行为需要使上级经理感兴趣，并需要得到他们的认同和支持。④ 这些研究证明了个体主义社会比集体主义社会更具创新性。

男性化价值观维度与组织行为的两个特点相关，创新能力较强的组织或公司都具有如下两个特点。首先，公司对表现好的员工予以承认、表彰和奖励。其次，公司注重员工个人的发展规划，并有组织有计划地对员工进行培训。这些特点在 Gee 的研究中得到了证实，他的研究发现，具有创新能力的经理队伍都是由物质奖励、名誉奖励和成就感等方式激励而造就形成的。⑤ 这些

---

① Max Weber, *The Protestant Ethic and the Spirit of Capitalism*, New York, NY: Scribners, 1958.

② Rosabeth Kanter, *The Change Masters*, New York, NY: Simon and Schuster, 1982.

③ James Utterback, "Innovation in industry and the diffusion of technology", *Science*, Vol. 183 (4125), 1974 .

④ N. Fast and S. Pratt, "Individual entrepreneurship and the large corporation", in *Proceedings of the* 1981 *Conference on Entrepreneurship*, Babson College, 1981.

⑤ E. Gee and C. Tyler, *Managing Innovation*, New York, NY: John Wiley and Sons, 1976.

研究证明了男性化社会比女性化社会更具创新性。

避免不确定性价值观维度与创新之间也存在着紧密联系。研究发现，愿意接受不确定性事物国家的人比不愿意接受不确定性因素国家的人对不确定性事物和因素能够采取更加容忍接纳的态度。例如，Philips 和 Wrights 研究发现，东南亚人比英国人更能接受不确定的事物，更加喜欢新想法和新创意。① Yates 发现在亚洲人和美国人之间存在着同样的现象。② 这些研究证明了接受不确定性的社会比避免不确定性的社会更具创新性。

除了上述学者对创新与文化价值观各个维度之间的关系做了大量的实证研究外，学者 Scott 还比较研究了最能体现一个国家创新率的指标——商标与文化（价值观）维度之间的关系，他分别于 1993 年和 1995 年比较了 33 个国家的文化（价值观）维度的分数与这些国家 1975 年和 1980 年的人均创新率（以"商标"为代表），他的研究结论显示，文化价值观确实影响了国家的创新率。③

对国外相关研究的梳理和分析，我们可以得到结论，文化对创新起到了重要的影响作用，这种作用是通过低权力差距、个体主义、男性化和低避免不确定性的文化（价值观）维度与创新呈正相关的关系反映出来的。一个国家想要提高国家整体创新力，

---

① Lawrence Philips and George Wright, "Cultural differences in viewing uncertainty and assessing probabilities", *Brunel Institute of Organization and Social Studies Technical Report* 76. *I*, Brunei University, 1977.

② Frank Yates, Ying Zhu, David Ronis, Deng-Fang Wang, Hiromi Shinotsuka and Masanao Toda, "Probability judgment accuracy: China, Japan, and the United States", *Organizational Behavior and Human Decision Processes*, Vol. 43（2）, 1989.

③ Scott Shane, "Cultural influences on national rates of innovation", *Journal of Business Venturing*, Vol. 8（1）, 1993.

光是靠提高在研发和工业基础设施建设上的投资是远远不够的，还需要注重对公民价值观的导向，应该提倡和培养公民具备有利于创新思维的价值观。

载于《中共福建省委党校学报》2016 年第 9 期

# 东欧的贫困

郭　莲　编写

英国《经济学家》周刊 2000 年 9 月 23 日发表未署名文章《东欧的贫困——被时代遗忘的土地》，用诸多数据揭示了东欧大多数农村地区贫困的状况。该文主要内容如下。

生活在东欧那些几乎被时代遗忘的村子里的成千上万的农民很难相信 21 世纪已经到来，新千年的到来倒像是退回到 19 世纪的标记，东欧的农民已落入求生存的困境。最便宜的农具——锄头竟成了后共产主义的象征，拖拉机已被在田间弯腰干活的农民所取代。从长远看，这种千百万欧洲人坠入第三世界的状况也许会给欧盟带来远远超过任何一场战争的花费。

## 一　贫苦状况

自社会主义末期起，东欧农村人口的寿命和城镇人口一样缩短了 5 年；文盲人数增长了 3 倍；肺结核和肝炎的发病率增长了 1 倍；农村人口普遍存在着营养不良现象，食物缺乏而且质量低劣，肉类消费自 1990 年起减少了一半。世界银行最近的调查数据表明，一半摩尔多瓦人的年收入已从 1992 年的 2000 美元降到现在的 220 美元。

人力资本，如拖拉机技师、护士、葡萄酒酿造厂经理，正以惊人的速度流失。经济的崩溃和政府的不重视已经侵蚀了农村基础社会服务。村子，作为一个能给村民提供基础学校教育、健康服务设施、有限的就业机会和基本社会生活等保障的概念正在消失。

自 1991 年以来，几乎所有的摩尔多瓦、白俄罗斯和乌克兰农村地区人民的生活水平都已下降。这些地区的经济还没有完全从苏联解脱出来，许多经济学家都在怀疑摩尔多瓦和白俄罗斯是否可被认为是独立的民族国家。

对于波兰、罗马尼亚、保加利亚，也许还有斯洛伐克，庞大而又低效率的农业是它们加入欧盟的主要障碍之一。仍有 24% 的波兰人和 36% 罗马尼亚人从事着农业生产劳动；摩尔多瓦地区的农业人口几乎达到 50%，而且农业效率低下。乌克兰拥有世界上最好的农田，但遗憾的是这个国家几乎没有任何农产品出口。波兰在农产品出口上存在着 6 亿美元的贸易逆差；而罗马尼亚则存在着 3.11 亿美元的逆差。这些地区农业原材料资源匮乏。摩尔多瓦目前只有 10% 的家畜是在大农场里饲养的，而其余部分则是由村民自家饲养，可这种每家饲养一两头的家畜体瘦多病，极不利于农产品加工。

在这些地区，原有的集体土地已被划分成类似中世纪的带状耕作土地，每块地的大小刚好可以维持一户人家的生计，但却无法参与市场的竞争。

妇女酗酒已成为一个严重的社会问题，而且还使得暴力和性虐待率上升。根据乌克兰一个妇女权利组织的统计，在乌克兰的农村，30%的妇女曾遭到过强奸。对于许多从斯大林时期和二战时期存活下来的老人来说，每月由政府发放的10美元残废补贴金已经变得越来越没价值了。

在东欧这个破碎的烂摊子中，孩子是最后的希望，可是在东欧，教育状况却令人十分担忧。许多村子里的学校由于冬天缺少暖气和电力，而不得不关闭。过去学校每天可给学生提供两至三顿饭，可现在却什么也不能提供了。

教师的情况也非常糟糕，特别是乌克兰和摩尔多瓦的教师，每月的工资不超过50美元，而且还常常领不到。其他方面的供给也少得令人同情，书籍和设备都是苏联时期的。过去从农村毕业的学生中有90%的人可以继续接受职业教育或更高的教育，而现在仅有5%的毕业生能有进一步接受教育的机会。

农村诊所的情况甚至比学校更糟糕。摩尔多瓦多尔纳村诊所去年从政府那里只得到90美元的经费，而医生的月薪仅15美元。该村人口死亡率在过去的10年里急剧增长。集体农庄时的工厂设备洗劫一空，灌溉系统等也被破坏殆尽。

## 二　农村改革

抛开同情外，欧洲为什么要关心东欧的贫困问题呢？这一问题的答案也许就在于，东欧农村已成为西欧非法移民的源头和隐患。据估计，在430万的摩尔多瓦人中，大约有60万人在国外工作，而且其中大多数都是非法工作的。在白俄罗斯和保加利亚之间地区，几乎没有哪个年轻人不拼命设法到西方去开始自己的新生活。不过东欧农村的年轻人在西欧各国所从事旅馆服务生、妓女或是建筑工人等职业。

　　东欧大量农村人口向西欧流动的趋势给欧盟提出了一个难题，而且这种非法工人的持续不断的流动也给欧洲的稳定带来了威胁。但是如果切断这种流动又将产生可怕的后果，比如，一些农民常常靠他们在国外工作的亲戚寄回来的钱维持生活。

　　在考虑怎样帮助东欧的贫穷农民时，欧盟的官员们不得不找出使东欧农村变得如此贫穷的原因。事实上，东欧农村贫穷的原因还应追究至更远久的历史。西欧农村有继承土地的古老传统，而东欧农村则仅在 1863 年土地改革时才从农奴制中解放出来，而几十年后又被共产党所接替。

　　要想使东欧农村变富，首先是实行土地改革。在整个东欧，除了白俄罗斯外，原先属于集体的土地现在已经或将要分给农民个人。但是因为这些被分割的土地太小——很少大于几公顷，所以这种私有化方式已给农民造成了一种新的依赖感。现在的任务是设法把这些小块土地合并成能在市场竞争中存活下去的中等规模的农场。应该鼓励农民把他们的分来的小块土地租给有胆识的农场主——一种新型的富农阶级，而这些农场主再以收成的一部分作为回报。

　　为了帮助解决东欧农村贫困的问题，欧盟现已建立了一项基金，该基金专门用于东欧农村的基础设施建设和农产品加工，这个项目被称作农业和农村发展特别增加项目。到 2006 年波兰计划在农村发展上花费 30 亿美元，其中 10 亿美元将来自这一基金。这笔资金中的大部分将用于加速农产品加工业的发展，因为目前波兰生产的奶制品中仅有 6%、肉类加工品中仅有 1% 达到了欧盟的卫生标准。

　　另外，欧盟的决策者们在作出决策之前，必须亲自深入农村去体察那里的贫困生活。过去决策者对东欧的决策常常是在舒适的旅馆里作出的，他们并没有真正了解占人口 1/3 的广大农村地区的真实情况。另一方面，东欧各国政府也需更加努力转变这种贫苦局面。例如，近一半的罗马尼亚人生活在农村，而且他们中一半人生活在贫苦线以下，可罗马尼亚政府到 1998 年才制定出农村发展政策。

西方超市经理们感兴趣的只是大规模生产出的产品，因此农民应发展适合农村市场的产品。在农村实行有组织的集体畜牧是一项有力的措施。旅游业也是个有潜力的行业，特别是在还没有受到破坏的喀尔巴阡山脉地区。农民只要充分运用他们的想象力，就能够从发展民间传统的项目中获益，但这些发展都需要大量的外援。

外界给予东欧农村的援助应该包括技术指导、足够启动农村储蓄贷款社的资金、重建农村公路和下水道系统、引进新科技和保障学校正常运行等方面。同时，村镇在重建社区机构、改善地方农产品加工厂的竞争机制、处理腐败问题等方面也应做好自己的工作。

但目前最重要的是不要对东欧农村的前景失去信心。东欧农民所提出的要求都是最基本的要求，例如，摩尔多瓦多尔纳村的村民曾列出了一张简单的愿望表，他们在表中列出的愿望包括便宜的药品、更多的食肉、更多的工作、给毕业的年轻人升大学或职业培训的机会、恢复农村"文化馆"活动、重新开放普希金故居供游人参观等。有位老年妇女这样说道："我过去常常靠卖柠檬汁给参观普希金故居的游客而赚些钱生活，他们不久还会再来吗？"这就是东欧农民的愿望。

载于《国外理论动态》2001 年第 3 期

# 人权与资本主义全球化

郭 莲 编写

斯洛文尼亚社会学教授塞尔吉·弗勒热在美国《每月评论》杂志 2001 年 1 月号发表题为《人权与资本主义全球化的意识形态——一种来自斯洛文尼亚的观点》的文章，认为原本是进步的人权思想已被用作资本主义向全球扩张的意识形态。该文主要内容如下。

当今世界的主流意识形态是复杂的，除了人权论，对现有的强行发展的经济体系（新自由主义的全球资本主义）以外的任何经济体系的可能性予以否定，也是主流意识形态的组成部分。

## 一　主流意识形态领域里的人权思想

人权思想其实包含着广泛适用并极具吸引力的思想内容。然而在政治话语和日常生活中，这一思想概念似乎又颇有弹性地可适应于各种不同的情景。人权思想观已在国内国际舞台上被统治者们当作一种政治工具，他们借用这一工具使他们各自不同的政治行为合法化。南斯拉夫诺维萨德地区平民被轰炸；由于禁运，伊拉克儿童得不到基本的食物和药品；南美杀人成性的军界首领（如皮诺切特）可以被逮捕，也可以像哥伦比亚军界首领那样得到巨额美元和先进武器的支持——而所有这些都是在人权的幌子下进行的。在当代主流思想意识形态领域，人权的概念几乎毫无例外地被理解为传统的政治权利（如言论、集会和普选自由等），而一些有关人的其他社会权利，如健康、福利以及工作权利，却较少被提及，而且即使被提到，也如同在流产的西雅图世贸组织会议一样，只是在口头上说说而已。在"普遍适用"和"永远适用"的权利上所发生的转变尤其耐人寻味。在大部分冷战时期，来自于"共产主义专制制度"下的难民都受到了特殊的荣誉待遇。可现在当难民大量涌入世界发达国家和地区时，对于这些难民来说，必须具有该国国籍和居住权才能享有这些国家和地区所谓的"普遍适用"的人权。因此，这一从第三世界不发达国家向发达国家的人口流动趋势受到了强制的遏制。当然这一现象是资本主义制度运作方式的结果。在这种制度下，人权的享有只限于这些国家里合法的公民，而且也往往限于政治上的权利，这些权利和国家的社会、经济和文化背景和环境相脱离。

目前占主导地位的思想体系无疑是和"自由世界"的思想体系一脉相承的。而"自由世界"一词已成为强调在共产主义社会里缺乏个人政治自由的代名词。任何反共产主义制度的国家，只要它作出反共产主义的姿态，就属于"自由世界"。要加入"自由世界"的唯一标准就是加入到反"国际共产主义"的斗争行列中去。

人们要检验新出现的人权模式的真实本质的最好方法就是观察这种模式的实际运作效果。作者有机会观察一个有意义的例子，这就是他的祖国斯洛文尼亚社会财产私有化的过程。

# 二　斯洛文尼亚的私有化过程

斯洛文尼亚过去一直是南斯拉夫社会主义联邦中经济最发达的加盟共和国，斯洛文尼亚和捷克一起被列为中东欧从前已存在的"真正意义上的社会主义"国家中最富裕发达的国家。

斯洛文尼亚从 20 世纪 80 年代末就由知识分子掀起了实施和保障人权的运动，而且这场运动很快就遍及全国。这次运动由一个市民自己组织的促进保障人权委员会引导的。当时人们渴望国家独立并不是基于民族独立的认知，而是出于渴望在最大限度上尽最大可能地实现人权的愿望。按照实施并保护人权的想法构建一个国家是独立的斯洛文尼亚最终要达到的梦想。1990 年 12 月 23 日，斯洛文尼亚议会庄严地宣布："基于南斯拉夫联邦不再行使一个合法国家的功能，并且其国内人权遭到了粗暴的践踏，斯洛文尼亚共和国宣布成为一个解放的独立国家。"

那么宣布独立和引入多元民主政治后的实际结果如何呢？这些结果无疑是剧烈而多方面的。在此我们将绕过这一复杂的问题不谈，而来看一下斯洛文尼亚实行私有化的过程，特别是在 20 世纪 90 年代初"民主变革"之后所实施的"非国有化"的情况。

通过实施 1991 年通过的"非国有化"法案，即把私有财产重新归还给以前的私人拥有者，资本主义在斯洛文尼亚得到了加强。尽管"非国有化"法案是由少数人提出的，并没经过很多的公开讨论，而且也不在斯洛文尼亚第一次举行的"民主选举"的议题之中，但这一法案在选举之后立即就得到通过。但当时，绝大多数斯洛文尼亚人除同意将可耕地退还给农民外，都反对以以物代款的方式归还个人财产的做法。社会大众对非国有化和私有化所带来的经济结果知之甚少。正如当时的斯洛文尼亚副总统所说："私有化根本就不是一个经济问题，而纯粹是一个政治问题。它是一个如何迅速摧毁社会主义，也即共产主义的问题。"

据一些估计数据表明，在这个人口约 200 万的小国家里，有总值 250 亿美元的财产被重新分配，而且主要是以以物代款的方式退还给私人所有者的。在这里谈到的财产是指自二战末期后，国家采取一系列法律措施收回国有的财产。这次大规模退还财产的行动不仅恢复了大多数资本主义所有制的模式，甚至还有些退回到了封建主义所有制的模式。例如，罗马天主教会正在成为数量可观的耕地和大面积森林的拥有者。二战后由铁托政权占有的部分财产曾给这一土地上真正意义上的农民耕种者带来过收益，然而甚至连这些财产也要纳入 1991 年民主选举权的再分配计划中。那些有权得到退还财产的人数在国家 200 万人中还不超过6000 人，而被再分配的可耕地和森林却占全国土地的 20%。

在斯洛文尼亚独立后第一个五年间所发生的明显迅速的经济萎缩现象，使得经济学家开始对私有制能带来更高的经济效率这一理论产生了严重的质疑，因而已不再使用这一理论，可仍有部分人对这一理论予以肯定。在批评 20 世纪 80 年代的社会主义制度时，所谓公有制造成经济低效率和私有制造成经济高效率这一论点被普遍认为是正确的。但 90 年代初期的现实却使人们失去了对这一理论的信任。

认为私有财产国有化不公平的人认为，拥有私有财产的权利是所有权利中具有最高价值的权利，因此不管其他任何考虑，都应该把财产以以物代款的方式完全退还给个人。

人权已成为一件世界通用的神圣外衣，它可能使任何便于重新分配现有世界的权力和财富的行为合法化，而且这部分权利总是由统治集团从偏狭的政治意义上提出的，他们并不考虑公民其他的经济和福利权利，也完全没有考虑维护人的尊严社会的一些社会先决条件。拥有各人权利的个体得到了自由，这是一种在劳动、金融等市场上竞争的自由。

# 三　人的尊严

人权的概念和国际国内保护这些人权的法律手段并不是没有可能改善人的状况，但是作为一种法律手段的人权是在某种特定的社会、经济和文化环境下实施和实现的。如果没有为改善这些条件作出成功的努力的话，那么谈论人权只不过是个无情的讽刺。公有制实现不好可能造成官僚主义以及由之产生的弊端，会影响人权的实施，但私有制所造成的巨大的社会不平等和差距从根本上限制了人权的实施，那就更谈不上维护人的尊严了，这甚至可以说是否认了人权的存在。所以，有关个人和集体的权利的概念是个有局限的概念。据观察，尽管人权给国际、国内的法律机制提供了充分的保护，但这一概念并不比思想意识形态其他的手段更有效。现在在市场竞争的舞台上，完全就业的可能性变得越来越小，福利保护措施也正在消失。在这种情况下，已存的国内、国际保护人权的合法措施，对那些被抛进市场竞争舞台里的人几乎不能提供任何帮助。在此，我们有必要注意在人权应用和实施中所存在的双重标准，而且我们还需要注意到这一双重标准的现象并不是偶然的，而是意识形态领域的主要内容。

现在，我们斯洛文尼亚正面临着这一时刻，即由于欧盟国家反对我们加入欧盟，所以它们在这一过程中设置障碍。这说明我们还没有取得足够的"不平等"（指没有充分实现欧盟要求的私有化、自由化等——编者注），而反对我们加入欧盟的不合理提议又从人权角度被认为是合理的。不过我们却有机会向我们的同胞解释清楚像他们那样提出问题的片面性和虚伪性。

载于《国外理论动态》2001 年第 6 期

# 全球传媒体系与新自由主义、文化帝国主义

郭 莲 编写

美国学者罗伯特·麦克切斯尼在 2000 年 10 月联合国教科文组织召开的讨论未来全球传媒发展方向的会议上发表了题为《全球传媒体系与新自由主义、文化帝国主义》的讲话，而后美刊《每月评论》在 2001 年 3 月号上全文登载了该讲话的内容。该文对全球传媒体系的形成和发展以及它与新自由主义、文化帝国主义之间的关系进行了分析。该文主要内容如下。

人们普遍认为当前的历史时期是一个具有全球化、技术革命和民主化特点的时期，而传媒与信息系统在这三方面起到了主要的甚至是决定性的作用。如果没有一个全球性的商业传媒体系来促进全球市场的发展、刺激消费者的价值观，那么要实现经济和文化的全球化则是不可能的；技术革命的核心就是加速数据传播；而现在之所以不可能再恢复过去的极权国家以及独裁制度也是基于这样一个事实，即随同全球化市场一起出现的新的传播技术不仅可削弱甚至还可消除那些拥有极权的领导人的权力。

那些为资本主义制度唱赞歌的人们认为，人类社会现正进入

一个新的鼎盛时期，而我们所要做的就是关起门坐下来，让市场和技术去发挥它们神奇的作用。然而社会主义者和投身于社会激烈变革的人们对这种观点则持极大的怀疑态度。在作者看来，全球化这一概念通常被用于描述某种无情的自然力量，现在人们赋予了它意识形态方面的内容，所以是一个易使人误解的概念。现在一个更好的术语是新自由主义，这一概念指的是国际国内所制定的一系列政策，而这些政策有利于商业在受到最小阻力的情况下，在所有社会事务中占统治地位。要实现这一目标，必须保持庞大的政府机构，以更好地为公司的利益服务；同时还要尽量减少任何可能破坏商业和富人利益的机构。新自由主义概念几乎总是和这种信念交织在一起，即深信市场比其他任何途径都更有能力采用新技术来解决好社会问题。实施新自由主义政策的核心问题就是要解除对商业传媒和信息市场的管理，这实际上意味着要对商业传媒和信息市场进行再调整，以更好地服务于公司的利益。

如果把当前的时代理解成是一个新自由主义的时代，而不是一个简单的全球化时代，那么这一时代就不再是一些无法控制的自然力量所作用的结果，而是资本主义制度下阶级斗争发展的最新阶段。

# 一　全球传媒体系

在 20 世纪八九十年代之前，各国的传媒体系都以拥有本国的无线广播、电视和报业为特点，同时也进口一些电影、电视节目以及音乐和图书。而现在这一切正在发生着巨大的变化。在过去几年中，一个全球性的商业传媒市场已经形成。

　　当前全球传媒市场具有两个明显而又互相关联的特点。首先，这种状况意味着占优势地位的公司（几乎都是美国公司）正在以惊人的速度向全球扩张，世界主要传媒公司越来越把它们自己看作全球性的企业。其次，集中与合并已成为当今社会发展的定式，在某些传媒领域里，权力正变得越来越集中。例如，美国现在的教育出版市场仅由 4 家公司垄断着，而在 1980 年却有 24 家公司活跃在这一领域里。传媒领域里的合并行为现在还在以迅猛的速度发展。仅在 2000 年上半年，发生在全球传媒、互联网和电讯领域里的合并活动就达到了 3000 亿美元，这一数字是 1999 年上半年的 3 倍，并高于前 10 年数字的总和。现在传媒公司寻求发展的指导思想非常明确，即要么迅速扩大，要么被其他公司合并。

　　几乎没有哪个产业里集中的程度像传媒业这么惊人，现在世界传媒市场仅由 7 家跨国公司垄断着。这 7 家公司在 15 前都不是传媒公司，而在 2001 年它们几乎都已挤入世界 300 家最大的非金融公司之列。它们拥有美国主要的电影制片厂、美国全部的电视网络公司（除 1 家外）；它们控制着全球音乐市场的 80%—85%、全球卫星广播领域；它们在图书出版和商业杂志出版业占有很大的比重；它们几乎拥有全部或大部分美国乃至世界的商业有线电视频道；它们在欧洲电视传播领域占有重要的比重。

　　传媒领域里产业集中的现象仍在扩大。正像美国新闻公司的总裁彼得·彻宁所说："在到底内容最重要还是发行最重要这一问题上，一直都存在着很大的争论，而我认为，最终规模是最重要的。"彻宁的新闻公司也许是最具向外扩展特征的企业，它所拥有的卫星电视网络覆盖了亚洲、欧洲和拉丁美洲；它的卫星通信电视占据亚洲 30 个频道，并用 7 种语言播出；它拥有中国凤凰卫视45%的股份，并通过凤凰卫视进入中国4500万个家庭；它在过去几年间的广告收入增长了80%。美国新闻公司现在拥有的资产有：20世纪福克斯电影公司、福克斯电视广播网、哈珀-柯林斯出版公司、电视台、有限电视频道、杂志、130多家报纸以及职业运动队，但这些还不能完全概括新闻公司所拥有的全部财产。

为什么会发生这样的产业集中现象呢？人们通常的解释是，这是由于技术发展所造成的，例如通信技术的迅速发展，不仅使得在过去看来不可能实现的全球性传媒帝国变成可能，而且还为其提供了有利的发展环境。这一解释与技术发展造成了全球化的解释一样，至多也只是解释了这一现象的部分原因。其实对利润的不断追求才是造成这一现象的真正原因，这是资本主义制度的显著特征。技术中并没有隐含着任何产生新自由主义的因素，例如，新的数字通信技术可被用来提高公共服务设施，如电视的质量。但是因为有了新自由主义的价值观，电视这个过去在很多国家属于非商业的领域，突然间变成了各国商业发展的对象，而且已经成为全球传媒体系的发展核心。

当传媒业在美国和英国这样重要的国家里摆脱了国家控制而自由发展后，世界各国立即加以效仿。而像北美自由贸易和世界贸易组织的成立，它们为跨国公司在国际市场上的投资和买卖铺平了道路，也为由几家大传媒公司垄断全球传媒体系的结局打下了基础。传媒市场是一个在10年内年收入可望达到万亿美元的市场，所以传媒公司必须变得更大、更加多样化才能降低风险和提高生产利润的机会。如果情况像这样发展的话，那么那些现在位于传媒领域最上层的公司就可能在将来的某一天加入20—30家世界最大公司之列。

新自由主义论点的支持者们总是争论说，在文化贸易上所设置的条例和障碍伤害了消费者的利益；他们还认为，国家的补贴抑制了具有竞争能力的传媒公司的发展。现在各国都存在着一些强大的带有商业性质的传媒游说团，他们认为，与其维持贸易间的障碍，不如打开国界，因为这样他们可从中更多受益。

也许最能理解全球商业传媒体系与新自由主义的全球资本主义经济之间的密切关系的途径是看一下广告的作用。广告是那些大公司在经济上所付出的一项重要花费。商业传媒体系是商业公司把它们的产品推向世界的必不可少的传输带，如果没有商业传媒体系的存在就不可能实现全球化。全世界广告花费的 3/4 最终都落入了 20 家传媒公司的口袋。自电视对商业广告敞开大门后，在过去 10 年里，广告花费飞速增长，其增长速度是国内生产总值增长速度的两倍多。例如，拉丁美洲在 2000—2001 年中花在广告上的费用增长了几乎 8%。

观察全球传媒体系的发展还需要注意一点，即除了几家超级跨国公司外，全球传媒市场还由 70—80 家二级地区性公司环绕着，这些公司中的 1/3 或 1/2 来自美国，而其余大部分来自西欧和日本。它们都是其各自领域里的巨匠，排列在世界千家大公司之列，年收入都在 10 亿美元之上。这些二级公司，就像一级公司一样，也需要跨出它们本国的国门。

所有二级公司几乎都不反对向全球化体系发展，这在发展中国家也不例外。例如，墨西哥联合电视公司、阿根廷的号角报集团公司等公司都在世界 60—70 家最大传媒公司之列，它们各自控制着它们国内的传媒市场；它们和世界级的大传媒公司和华尔街投资银行有着广泛的联系；它们还在世界范围内，特别是在说同种语言的地区里进行商业活动。这一现象所造成的结果是，发展中国家的传媒公司都趋向于支持商业政治活动，并且支持扩大全球性的传媒市场，而这一点却和这些国家里大众的意见相抵触。

从经济学角度来看，全球传媒领域里仅存在着部分竞争。许多大传媒公司都拥有相同的股东或董事会成员，并互相拥有彼此的股份，"合并热"和相互拥有股份已构成了"一个令人眩晕的复杂关系网"。这样做，不但可降低竞争和减低风险，还可获得更多的赢利机会。西班牙一传媒公司执行总裁曾说过，我们的策略"不是和其他国际公司竞争，而是加入到它们中间去"。从某种意义上说，全球性传媒市场更像是一个企业联合体，而不像在经济教科书里所指的那种竞争之地。

当今的传媒公司更接近于约瑟夫·熊彼特所称的高垄断阶段里的合作式竞争者，而不像大多数经济理论里所描述的那种在自相残杀的激烈竞争的传统式竞争者。这些大公司的首脑们都相互直呼其名，而且定期举行对话。即使是那些彼此不太友好的公司，像默多克公司和时代华纳公司也明白，它们为了更大的利益，彼此必须合作。而且所有的一级和二级传媒公司都是通过它们所信赖的几家投资银行，如摩根银行和高曼银行，相互连接在一起的，而这些银行操纵了大多数传媒公司的合并行为。例如，这两家大银行在2000年第一季度参与了价值4500亿美元的52起传媒电讯业的合并交易活动；在1999年全年则促成了价值4330亿美元的138起这样的合并交易活动。

这些有意识的合并行为并不仅仅影响了经济活动，它们还使得大传媒公司成为国家、地区乃至世界事务中强有力的政治说客。全球传媒体系并不是"自由市场"或自然法则的产物，而是一系列重大国家政策所作用的结果。这些大传媒公司在国家起草相关法律条文时起到很大的作用。在美国，传媒公司的游说团以他们能说服政客的能力而闻名。例如在 2000 年，大传媒公司与那些认为中国没有言论和新闻自由的人作斗争，说服政府打开了与中国贸易的大门。传媒公司还有其独特的优势，那就是它们控制着新闻业，而在一个自由社会里，民众正是期望通过这一领域看到有关传媒政策的讨论与批评。然而结果是，传媒公司通过它们所垄断的新闻业来实现为自己服务的目的。

当前互联网正越来越成为传媒和电子通信领域里的重要组成部分，这是一个真正的技术汇集之地。有人认为，互联网能使我们相互进行自由有效的交流，因此可以遏制传媒公司垄断传媒领域的能力，但这一看法并没有得到大家的共识。因为尽管互联网在很多方面都极有发展前途，但单靠它自己是不能遏制住传媒公司垄断媒体领域的庞大力量的。

## 二　全球传媒体系与新自由主义

新自由主义理论不仅是一个经济理论，而且还是一个政治理论。这一理论认为，在一个典型的民主体制社会里，商业占主导的模式将是最行之有效的。但这个社会必须是一个政治体制相对薄弱的社会，而且社会各阶层、特别是穷人和工人阶级非政治化的程度要较高。从这一点我们可以了解到，为什么现存的传媒体系对新自由主义理论如此重要，其原因就在于这样的体系可营造出一个虚假的政治文化氛围，这种氛围允许商业占主导地位的机制顺利运行，而不会冠之以极权国家，也不会遭到公众的反对。

这种观点看上去似乎和有些人的观点相矛盾，这些人声称全球性联合企业对文化事业特别是对过去一直被任人唯亲的腐败传媒体制所控制的国家（如大部分拉美国家）传媒和那些对媒体实行严格控制审查的国家（如亚洲的部分国家）的文化事业有积极进步的影响。事实上，建立全球商业传媒体系是个相当资产阶级化的主张，因为当这种体系一旦涉及利润因素，就不再遵守自由的准则了。一旦统治建立，全球传媒体系在政治上就会变得保守起来，因为大传媒公司是现在社会结构的最大受益者，任何在财产分配和社会关系上的改变，都将不符合它们的利益。

有时候这种偏见是很明显的，像默多克这样的集团霸占直接把它们新自由主义的政治观点强加于它们的下属机构。但这种偏见时常是微妙的。用户至上主义、阶级不平等和所谓的"自由主义"常被认为是自然的，甚至是慈善的行为，而政治活动、公民价值观和反市场活动则被忽视。最好的新闻定位于商业阶层，适合于这一阶层的需要和利益。除了几个例外，留给大众的新闻常常是一类由传媒大公司所提供的废话。

墨西哥一传媒公司的前任总裁说："墨西哥是一个由谦虚而且非常容易受骗的阶级组成的国家，而且永远不会停止受骗。电视有责任给这些人带去娱乐，使他们从他们悲惨的现实和困难的前途中解脱出来。"新自由主义和全球媒体文化的结合往往可以促进一个深入的非政治化体制。人们只要看一眼美国的现状就能看到这一点。

# 三　全球传媒体系与文化帝国主义

全球传媒体系和文化帝国主义之间的关系是复杂的。在 20 世纪 70 年代，大多数第三世界国家通过联合国教科文组织动员起来和西方霸权的文化帝国主义展开了斗争。第三世界国家通过发展"新世界信息通信秩序"计划，表明了他们对西方控制新闻文化领域的焦虑，他们担心这种统治会使得新独立的国家无法摆脱殖民地的地位。在欧洲也能听到类似的、担心美国控制整个传媒体系的焦虑。1999 年美国电影、电视的出口额上升了 22%，而世界最卖座的 125 部电影几乎全部是由好莱坞制作的。甚至像法国这样的"文化民族主义"国家里的 10 大卖座电影中的 9 部，都是由好莱坞的电影公司制作的。对于许多欧洲电影制作者来说，要想成功，就必须使用英语拍电影，还必须采用好莱坞电影的制作模式。

但是随着传媒领域变得越来越集中化、商业化和全球化，认为传媒公司仅是美国文化的传播者的观点也更加不可信，因为这些全球性的传媒公司都是一些跨国公司，它们的股东、总部和业务分布在世界各地。所以说最好把全球传媒体系理解成促进共同商业利益的一个整体。不管这些公司是由日本人还是法国人拥有，也不管它们的总部是设在纽约、柏林还是悉尼，它们在本质上并没有明显差异。从这种意义来说，基本分歧并不存在于国与国之间，而存在于各个国家的富人与穷人之间。

但是如果我们就此认为全球传媒体系使得国家不重要，那也是错误的。当代大部分资本主义活动，如投资和雇用，都主要是在国家范围内进行的，而且国家在代表资本利益方面起着主要的作用。实现全球一体化是执行美国政府竭力推行的新自由主义的政治方针的结果。还有一点更重要的是，美国是以其军事力量作为强制实现资本主义全球化的后盾，又以那些以美国为基地的大公司和投资者为这一计划的发号施令者。托马斯·弗里德曼曾说："如果没有一个隐藏的拳头，市场这只隐蔽的手永远也不会奏效。这正像是，如果没有 F－15 战斗机的设计者——麦克唐纳·道格拉斯，麦道公司就不可能发展兴旺。有把握使世界接受硅谷技术的隐蔽的拳头就是美国的陆军、空军、海军和海军陆战队。"总之，我们需要明白实现新自由主义的全球化是以美国军国主义为前驱的。

# 四 前景

现在已形成的全球化体系是非常不稳定的，新自由主义对世界上的富人是有利的，可它对穷人和工人阶级来说却是个灾难。全世界每天靠 1 美元过活的人的数量从 1987 年的 12 亿，上升到 2000 年的 15 亿，而且这一数字在未来的几年里还会上升。世界经济变得越来越不稳定。虽然商业化传媒体系越来越占统治地位，可现在在全世界范围内已出现了大规模的反抗浪潮。由新自由主义和商业传媒体系努力制造非政治化倾向，而由资本主义政治和文化所带来的剥削、不平等和破产现象将粉碎这一非政治化的局面。

全世界反对新自由主义的进步的政治运动正在使传媒问题成为政治讲坛上讨论的话题。瑞典、法国、印度等国家的左翼民主政党正在进行传媒制度的结构改革，例如拆散大公司、资助非营利性的广播业等。反对新自由主义的社会主义左派一致认为，传媒问题已变得越来越重要，每个试图取得成功的社会运动都会重视这一问题。如果我们要想取得成功，建立一个民主的传媒体系就是我们当前斗争中必不可少的一部分。

载于《国外理论动态》2001 年第 7 期

# 美国女权运动的变迁

郭　莲　编写

美国学者巴巴拉·爱泼斯坦在美国《每月评论》2001 年 5 月号上发表题为《美国女权运动的变迁》的文章，通过对美国第一次和第二次女权运动兴衰过程的分析，说明造成这两次运动衰落的原因，同时分析了美国女权运动今后的发展方向。该文主要内容如下。

20 世纪 60 年代后期到 80 年代，美国发生了一场震撼人心的女权运动。这场运动不仅使得部分国家机构参与了进来，还掀起了争取妇女平等权利的改革，它在文化和政治上都产生了极大的影响。这场运动包括了各种妇女解放和意识觉醒团体以及文化和基层组织。这场妇女运动使得从前被男人垄断的职业向妇女开放，给许多妇女的生活乃至人生带来了巨大的变化。这场运动还通过传媒彻底改变了妇女的形象。可以说，这场运动在某种程度上改变了人们的言谈与思维方式。

尽管这场妇女运动取得了显著的成果，它使得美国许多社会部门把解决妇女平等问题纳入自己的工作目标，但这远没有达到真正意义上的社会性别平等。例如，尽管许多妇女走出家门找到了工作，但她们中大多数人仍云集在低报酬的行业里，她们的平均收入比男人少得多；妇女惨遭强暴的事件比比皆是；照顾孩子的任务仍主要由妇女承担；女权主义者在 20 世纪六七十年代就抗议的在家庭和个人关系里存在的男女权力的不平等形象，现在仍然普遍存在。而且最糟糕的是，再也没有一场大规模的由妇女组织并参与的运动了。尽管现在也有许多为争取妇女平等权利而工作的组织，但这些过去曾是大众参与而且无须付报酬的组织，现在却变成了由带薪人员管理的官僚式的政治机构。女权主义理论现在已失去了对妇女生活的关注，变得夸夸其谈，令人乏味。眼前的状况向人们提出了这样两个问题：首先，给社会义化领域带来巨大变化的女权运动的消失为什么没有引起人们的关注？其次，什么导致了这场运动的衰落？

# 一 为什么不愿意承认女权运动的衰落

妇女解放运动的衰落是与右翼势力的攻击以及其他激进运动的衰落同时发生的。现在民权运动和争取黑人权力运动比几十年前削弱了许多；环保运动和同性恋解放运动也失去了方向。许多女权主义者反对公开讨论妇女运动的不足，她们认为这样会给右翼分子增添攻击的武器。

避免或压制在运动内部展开批评的真正原因是担心讨论这些已存在的问题会加速暴露这些问题的过程。

找出一场运动衰落的原因也许并不能使这场运动变得会像以前那样复兴起来，但却能帮助找到运动发展的新方向。

不愿意承认妇女运动的缺陷的原因还与担心第二次妇女运动会像第一次运动那样消失有关。从第一次妇女运动结束到第二次妇女运动爆发的 40 年中，第一次运动几乎已从人们的记忆中抹去。第一次妇女运动主要局限于白人中产阶级妇女。它起源于废奴运动，早期与反奴隶制运动及南北战争前的其他进步运动紧密联合在一起，具有激进倾向。南北战争结束后，当选举权扩大到奴隶身上而没有扩大到妇女身上时，妇女运动就与黑人运动脱离开来。在而后的数十年里，种族主义和反移民情绪遍及美国中产阶级。妇女运动把注意力集中到争取妇女选举权的问题上。虽然妇女运动中还有其他流派坚持把女权主义与激进观点联系，但已不能成为妇女运动的主流。到最终赢得妇女选举权时，妇女运动已完全摆脱了它原有的广泛目标，也失去了和其他进步运动的联系。

第二次妇女运动的影响比第一次更加广泛深远，它在多方面拓宽了运动的关注点。不过，这场运动早期有一定的局限性，因为虽然运动的参与者包括了不同肤色的妇女，特别是工人妇女，但事实上，有色和工人妇女的加入并不意味着妇女运动已被这些阶层里的所有人所接受了。

随着时间的推移，第二次妇女运动拓宽了它的组成成分与视角。在 20 世纪六七十年代，女同性恋者出现在这场运动中；有色妇女开始发表她们对女权运动的见解；工人妇女也开始组织起来，争取在工作岗位中，在教育孩子和生育权方面获得平等权利。妇女运动越来越重视与其他进步运动的联合。

## 二　从一场运动变成了一个理念

妇女运动的全盛期是在 20 世纪 60 年代末 70 年代初，到了八九十年代，妇女解放的观点已广泛流传，男女平等的意识现在几乎随处可见。无数社团的目标都受到了妇女运动的影响。有些妇女组织把目标集中在工人和有色妇女所关注的问题上，但是这些基层民众组织并不在妇女运动中占主导地位。公众对女权运动的理解还是来源于那些由正式的行政人员组成的机构以及学术界女权主义者出版物的宣传而形成的机构。这些机构所关注的是由组成这些机构的中产阶级妇女所关心的问题。主要妇女机构的官僚化以及妇女运动的学术化对妇女运动并不利。女权主义被制度化的同时，也被边缘化了。

男女平等的观点已被妇女运动以外的其他运动和包括男人在内的组织所接受，这一事实本身就是妇女运动所取得的一个显著成果。但是遗憾的是，这些活动并没有帮助树立起女权运动在大众中的形象，而那些帮助大众形成对女权运动理解的组织和学术出版界，已离曾经鼓舞她们斗志的支持者们越来越疏远了，因此也失去了斗争的焦点与活力。

女权主义现已更多地变成了一个理念而不是一场运动，它失去了它曾拥有的充满了梦想激情的内涵。我们现在的确拥有一个相当大而且有名望的舞台，在这一舞台上我们可以自由地讨论男女平等和其他进步的观点，可是我们在整体上却没有对美国政治的发展方向产生多少影响，而且一种"消沉"的情绪似乎已弥漫开来。这是近几十年中左翼运动自身弱点所造成的，是人们普遍接受了"对资本主义别无选择"这一观点的反应，也是由于对"集体联合行动就能造成社会变迁"这一现实的可行性失去信心而造成的。

## 三　妇女运动为什么会衰落

在20世纪60年代和70年代早期，妇女运动中占主导地位的是激进女权主义。它主要包括两种倾向。其一是号称社会主义或马克思主义的女权主义,支持这一主张的人把社会对妇女的压迫和其他形式的压迫,如种族和阶级压迫视为一体,她们试图建立一个同时向所有这些压迫挑战的政治体系。而另一种倾向则自称激进的女权主义,其代表人物认为,社会对妇女的压迫是最主要、最基本的压迫,其他形式的压迫都是在此基础上产生的。

妇女运动的这两种派别都强调,公共领域里的性别不平等是与个人生活中的不平等分不开的,因此她们在这两个领域中都在争取妇女的平等权利。激进女权主义的奋斗目标就是要建立一个平等的社会,包括建立在平等基础上的新型社区。

一场运动所提出的要求一经达到,就可能产生与预期不同的结果。尽管劳动妇女已进入较高报酬的工作领域,但这并不能抵消越来越大的阶级差异。自20世纪70年代早期开始,工人阶级的生活水平普遍下降,而妇女,这个从一开始就比较贫穷的阶层,遭受了更严重的后果。

激进女权主义者的梦想随着派性之争和激烈的宗派主义意识形态的冲突而分裂破灭了。到20世纪70年代后期,一个文化女权主义运动——一个更加致力于建立一个争取妇女权力的亚文化而不是从整体上改变社会关系的运动——取代了原来激进女权主义的位置。艾丽斯·埃科尔斯在《敢于犯错:1967—1975年的美国激进女权主义运动》一书中对这些发展进行了准确而同情的描述。

其实妇女运动变得有些狂热的原因和这一时期的其他激进运动狂热的原因是相同的。在20世纪60年代末70年代初,许多激进分子认为革命在美国是可以实现的。越战危机使很多人相信建立一个新社会已成为可能。而当越战结束时,支持激进运动的人数减少了。不过，许多女权主义比其他激进主义持续的时间要长。但到了80年代末，女权主义也从美国主流政治中退离出来。

尽管妇女运动一直在为劳动领域里的社会性别平等而斗争，但具有讽刺意味的是，运动在成功地为妇女打开就业机会的同时，却缩窄了它的视角和目标。当运动变得和具有激进思想的年轻人的联系越来越少时，这场主要由中年的中产阶级职业妇女领导的运动就变得自满起来了。

尽管当前的女权运动避免了使第一次女权运动陷入困境的种族偏见和只关注单一问题的弊病，但在另一方面它却仍和第一次运动一样，没有脱离它自身的中产阶级的立场。美国社会已变得越来越个人化，充满了冷漠与自私。然而女权运动并没有向这一现状提出挑战。

在20世纪七八十年代，许多女权主义者认为，如果她们能使更多的妇女进入大学，那么大学的环境就会改变，将更加充满人情味、更加关注解决社会问题。现在确实有许多妇女进入了大学，可是学校在许多方面却变得更加糟糕了。到目前为止，不管是一般的妇女还是学术界的女权主义者在要求更人性、少竞争和削弱等级制方面，都没有突出的表现。在现阶段里，经济和社会领域的分工越来越明确，人们为追求越来越大的利润而变得越来越贪婪，甚至整个这一代人都被跻身于最高阶层的欲望所左右着，女权主义者也不例外。

当工作以外的社会关系变得越来越淡薄，而且社会价值观只趋向于工作上的成功的时候，人们很难保持一套不同的价值观体系。我们的社区已经缩小，我们虽然对此表示遗憾，但我们中的大多数人仍然在使自己投身于不停地工作中。我们需要对我们现在无拘无束的资本主义制度进行批评，或者实行另一种选择，因为这一制度加深了社会的分工，并给每样东西都贴上价格标签，它把生活的所有方面都卷入到它的旋涡中。人们可以把激进女权主义者对平等及和谐相处的要求看作是不合情理的，人们也可以把它看作进行一场当代激进运动的先决条件。

载于《国外理论动态》2002 年第 11 期

# 世界经济的"沃尔玛化"现象评析

[美] 瓦迪·哈拉比　著

郭　莲　译

美国《政治事务》期刊 2004 年第 5 期刊登美共经济委员会委员瓦迪·哈拉比题为《全世界沃尔玛员工团结起来》的文章，分析了当今在世界范围内出现的"沃尔玛化"现象产生的背景原因，以及这种趋势对中国和世界其他国家所造成的危害。作者特别指出，沃尔玛从中国输入大量廉价商品，付给中国工人极低的工资，却将长期社会成本（养老、医疗、公共设施等费用）转嫁给中国，本质上是对中国的掠夺，应加以调控。（中国政府已经在努力使沃尔玛建立工会，改善这一状况。——编者注）文章主要内容如下。

如果世界上有一家公司能单独激励国际劳工间的团结的话，那就非沃尔玛公司莫属了。众所周知，沃尔玛、耐克和家乐福等公司的繁荣，是靠世界劳工的贫困滋养的；而这些大公司的反社会行为同时也激起了劳工的反抗。如果要使这些反抗行为变得更加有效，就需要世界各国工人政党的领导层和各国工会之间进行主动积极的合作。

# 一 危机的本质

"沃尔玛化"是资本主义全球化的一个侧面。如果不在资本主义"生产过剩"以及由此而产生的工人大范围失业这一全球问题的背景下观察沃尔玛化现象，人们就无法真正认清这一现象的本质。

自"二战"结束以来，在世界资本主义经济发展不平衡的1973—1975年、1980—1982年、1989—1992年、1997—1998年和2001年，生产过剩都分别遭遇了恶化局势。在资本主义制度下，技术的提高和垄断的增长对这些不平衡起到的是加大而不是纠正的作用。沃尔玛正是垄断、"生产过剩"以及失业所导致的贫穷现象的共同产物，而同时"沃尔玛化"又反过来对社会造成更大的不平衡、贫穷和失业现象。

# 二 华尔街造就了沃尔玛

垄断是如何产生沃尔玛的？半个世纪以前沃尔玛并不存在，当时的零售业大部分被希尔斯这样的大公司所垄断。而现在的沃尔玛早已使希尔斯等公司相形见绌。难道沃尔玛的成功不是一种竞争机制的胜利，不是一个对美国经济活力的明证吗？不，完全不是。因为在沃尔玛身后站立着垄断资本的中心——华尔街。

为了解释这一现象是怎样发生的，让我们看一下日本战后的工业是怎样奇迹般地恢复起来的。在二战后的十年里，华尔街将技术转移到日本，他们或直接投资或通过借出大量贷款等形式悄无声息地投身于日本工业的重建中。而华尔街这一行为的直接目的是为了避免社会主义在亚洲的前进。在解决日本工业复兴这一难题时，需要考虑的关键一步是日本工业如果不进入美国市场就不能存活下去。尽管美日之间有许多所谓"自由贸易"的谈判，但一段时间内美国一直通过限额、关税和其他方法将自己国内的市场封闭起来。而最终美国有选择地对日本开放国内市场完全是因为华尔街要赢利——它要通过技术转让收入、直接所有权收益以及贷款利息等形式赢利。但与此同时，"来自亚洲的进口"也摧毁了美国钢铁业、汽车制造业和其他领域工人工会组织的根基。美国劳工力量遭到削弱，劳动力价值下跌，种族主义重又兴起。

当然沃尔玛产生在不同的历史背景下，但是华尔街的痕迹存在于所有的沃尔玛公司里。当今沃尔玛正在侵蚀着美国食品商业工会以及其他工会的根基，它甚至对庞大的中华全国总工会以及中国国家本身提出了挑战。

关于沃尔玛公司发展的历史都喜欢描述其创立者萨姆·沃尔顿是如何拼命扩大其公司。1962年沃尔顿在阿肯色州的罗杰斯小城开张了第一家沃尔玛商店，当时全美的最低工资标准是1.15美元/时，而沃尔顿仅付给其女员工每小时60美分的工资。进入20世纪60年代后期，沃尔玛在其他小镇已开了十多家分店，成为当地主要的地方零售商店，但它的销售额却根本无法与希尔斯公司相提并论。这时沃尔顿开始以贷款的形式从达拉斯国家共和银行借钱，而该银行与华尔街银行的"代理"关系说明这笔贷款实际上是华尔街银行的贷款。而最重要的是，1969年马萨诸塞州信托保险公司以及怀特－维尔德公司投资了沃尔玛。至此，华尔街已将其利齿插进了沃尔顿的"婴儿"——沃尔玛公司的体内。

在《金融帝国》一书中，维克托·培罗把怀特－维尔德公司看作 20 世纪 50 年代早期美国五大投资银行机构之一，是和波士顿第一集团及其附属银行如著名的洛克菲勒财团有着紧密联系的公司。该公司除投资活动外，还经常支持国内统治阶级反对劳工及对外扩张的活动。因此当人们获悉以反工会著称的沃尔玛仍与美国国防部保持着工作联系时，就没有什么可惊讶的了，而且沃尔玛还牵扯进许多它开有分店的国家的一些臭名昭著的事件中。所以华尔街几乎在沃尔玛创建之日起就参与其事业了。

沃尔顿经营了一个高度集权的组织机构，但同时他在达成任何决议之前也给其经理人员以充分表达意见的自由。他及时提供给经管人员甚至工人有关他们商店乃至整个沃尔玛集团的业绩状况，以便使他们能发表更多有见识的看法，例如，如何解决保持低成本高利润问题等。但是沃尔顿特别注意不让工会介入劳动力成本等问题。约翰·塔特是名工会的破坏分子，他在沃尔玛的崛起中扮演了重要角色。华尔街杂志记者鲍勃·奥特伽曾报道说："对塔特来说，破坏工会不仅仅是一项工作，他甚至强烈地仇恨工会。"他在 1970 年组织召开的反工会研讨会"为成为沃尔玛公司的企业文化奠定了基础"。沃尔玛公司的企业文化的主旨是通过持股的方式，对其经管人员和长期雇员压榨其下属的行为给予支持，所以商店经理为了得到奖金会强迫其工人只工作不休息。公司还通过宣传和持股的诱惑，使一般合同工人也相信他们能在成本降低的经营活动中获益，尽管他们也清楚这样做的同时就意味着会剥削那些临时工人和转包工厂如中国沿海的工厂的工人。

# 三 "生产过剩"现象剧增

20 世纪 70 年代初，资本主义"生产过剩"的问题愈演愈烈。利润空间缩小，亏损加大，劳动力价格被迫降低，流通成本削减。此时沃尔玛的时机到来了。华尔街开始通过贷款、投资技术和宣传广告等方式推动沃尔玛公司扩大规模。公司债务也迅速增长，至 2003 年 1 月，公司负债达 553 亿美元，其中长期债务达 156 亿美元，这一数字甚至高于许多中等国家的债务水平。从 70 年代中期开始，尽管主流新闻开始宣传沃尔玛作为商品销售价总是最低的公司，但这种宣传只是有利于沃尔玛大规模违反劳工法。

在随后不到 30 年的时间里，沃尔玛从零一跃成为《财富》杂志所列的世界 500 强中的第一名。

沃尔玛在 2003 年的销售额高达 2580 亿美元，比位居第二的埃克森美孚公司多出 450 亿美元。但埃克森美孚公司 215 亿美元的利润却使沃尔玛 90 亿美元的利润相形见绌，而且《财富》500 强公司中的其他 200 多家公司都有增大利润的空间。华尔街对沃尔玛这一后来者的"支持"是付出极大代价的。

# 四 全世界的"沃尔玛化"现象

沃尔玛现在拥有 130 万名雇员。2005 年沃尔玛可能要招聘 70 万名雇员，但由于辞职、解雇和人员调整等原因，它大概也要失去这么多雇员。由于在沃尔玛工资报酬少，工作条件不好，人们需要同时做第二份或第三份工作以维持家用。

美国表面上的富裕和孟加拉或肯尼亚的赤贫是一个强烈反差的对照，可是无论是美国国内还是国外的沃尔玛公司的员工却遭遇到惊人相似的待遇。以晚间锁门现象为例。沃尔玛公司的工作手册中规定要把夜间员工锁在店内。也许世界上没有哪一项规定比沃尔玛的上夜班的规定更卑劣，因为这些规定严重损害了员工的健康。

《纽约时报》于2004年1月报道了有关沃尔玛一次内部审计的结果，审计发现该"公司大范围地违反了美国劳工法律以及该州要求工间休息和吃饭的规定"。加州众议员乔治·米勒估计因为如此多的沃尔玛员工的工资低于贫困线，所以一个200人的沃尔玛商店在医疗补助、住房补贴、食品补贴和其他补贴上，每年会花费纳税人42万美元。由于沃尔玛平均每个店雇有350名员工，所以这一数字很可能是个低估的数字。仅在2002年这些被沃尔玛推卸掉的费用就占据了沃尔玛总利润的15%。这种社会成本的"外部化"实际上正是沃尔玛在世界范围内所采用的公开策略。

米勒还指出，尽管所有的宣传都说沃尔玛的商品价格是最低的，但事实是它的价格并非总是最低的。因为即便它的一瓶洗洁剂的价钱比其他商店低10%，但如果它降低了工人工资的20%，难道实际上它不是提高了其商品的价格了吗？况且自2001年经济萧条以来，美国就业趋势已从高薪收入工作转向低薪收入工作。例如在新罕布什尔州，尽管还没有恢复在萧条时期失业的工作人数，但新工作仍比原来工作的薪水低35%。

"沃尔玛化"现象仍在世界范围内继续着，这包括对妇女的歧视、强制无报酬工作、超时工作和对超时工作不付报酬、严格限制上洗手间时间、雇用并奴役移民劳工等行为。沃尔玛还拼命反对工人有组织的抗议活动，有的地方给工人上黑名单，有的甚至动用杀人手段。

# 五　沃尔玛与中国

沃尔玛对美国劳工的消极影响是巨大的，虽然它在中国遇到了对手，但它在中国通过增加商店数量并利用供应商和转包商等途径对中国实施的影响也是巨大的。不同于其他带给中国技术的外国公司，几乎没有任何证据显示沃尔玛对中国做出了大的贡献。相反，证据表明沃尔玛不但掠夺中国的工人，而且还掠夺中国国家本身。

虽然中国沃尔玛员工每小时的工资收入是沃尔玛在印度尼西亚、孟加拉国和非洲一些国家员工工资的两倍多，可是沃尔玛在全世界的 6000 家供应工厂中的 80% 多都在中国。其原因之一就是因为中国工人（无论工程师还是生产线工人）都受到较好的教育，而且这些人的教育没有花费沃尔玛一分钱（而花费的是中国政府的钱）。而且中国已建起了从高速公路、海港到高压输电网等相当规模的基础设施，这些基础设施极大降低了沃尔玛的实际成本。沃尔玛在中国 150 亿美元（这一数字约占中国国内生产总值的 1%）年采购的社会实际成本极其巨大，它逃避了包括中国工人未来的养老、医疗费用，对环境、基础设施的耗费，这表明，沃尔玛正在掠夺中国。

美国同意中国加入世界贸易组织的条件之一是，要求中国对沃尔玛和其他零售商打开市场，这也将损害中国劳工。这是因为沃尔玛店的扩张能迅速毁坏中国相对比较原始的销售系统，这包括数百万家家庭经营的小零售店和百货商店。这样会造成中国更大规模的失业和不稳定，损害中国劳工，乃至削弱国力。

但这样的结局绝对不是不可避免的。中国劳动法规定，有25人以上的工作单位就要有工会组织。所以沃尔玛商店以及它的大多数供应商、转包商都违反了这一法律。事实上，沃尔玛的转包商都以其血汗工厂的恶劣条件、违反劳动标准和法律甚至体罚工人和逃避付工资等行为而臭名远扬。《商业周刊》在2000年的一项调查记录了在中国的好几起这样的违法行为，而且把责任直接归咎于最终应承担责任的沃尔玛公司一方。

中华全国总工会现在正面临着挑战。2003年秋天召开的全国总工会第14届全体会议修改了工会章程，把保护工人的权利定为工会的基本职责。总工会一直在号召在沃尔玛店内建立工会组织，而沃尔玛管理层却一再拒绝这一要求或采取不予理睬的对策。沃尔玛的这种无视行为表明中华全国总工会还需要和开设有沃尔玛商店的其他国家（也包括美国）的工会之间进行更紧密的合作。

中国是沃尔玛这个世界最大的公司能遇到其对手的地方。世界劳工通过解决共同利益和共同关心的问题（如好工作、好住房、看管孩子、接受教育、避免由夜班引起的混乱），将结束沃尔玛等公司的卑劣行径。世界上最大的公司——沃尔玛这一违法者将激起国际劳工间日益增长的更加紧密的团结。

载于《国外理论动态》2005年第4期

# 新宗教政治运动："原教旨主义"
# 何地、何时以及为什么出现？

[美] 尼柯·凯迪　著

郭莲　译

美刊《社会和历史比较研究》第 40 卷第 4 期刊登了美国学者尼柯·凯迪题为《新宗教政治运动："原教旨主义"何地、何时以及为什么出现？》的文章，论述了新宗教政治运动的定义以及其出现的地点、时间及相应的原因。文章认为，新宗教政治运动是指这样一种社会现象：人们重新重视传统宗教，认为其能解决现代社会日益严峻的危机，并力图取得政权，其意识形态既非自由主义也非社会主义，而是保守主义。作者认为，新宗教政治运动是 1970 年之后发展壮大的，其产生的原因主要是：传统的社会主义遭受到历史性失败，而自由主义主导的世界政治经济体制却在全世界导致越来越多的人对政府不满和失望，于是人们转而回到传统宗教中去寻找认同和解决办法。文章内容如下。

# 一　有利于宗教政治运动发展的世界趋势

当我们讨论宗教政治运动时，常常会列举一些有利于这些运动在近期产生和发展的世界趋势，下面就列出了在许多地区出现的一些这样的趋势，人们几乎在任何地方都能强烈地感受到其中的一些趋势，而对于另一些趋势，人们在一些地方却感受得不那么强烈，例如，一直持续到1998年的发生在东亚的最初两次宗教政治运动。这些趋势如下。

第一，虽然近期资本主义的发展扩大（这是造成全球化的主要因素）提高了世界生产的总产量，但是不同的地区、阶级、种族和性别却发展得不平衡。在大部分地区，伴随着工作不稳定和被迫移民现象的出现，收入分配之间的差距日益加大，这些因素都造成了公众的不满情绪和对身份认同的担忧。

第二，出现在发达国家、中东、南亚大多数国家、非洲和拉丁美洲国家的经济减缓、停滞和不稳定现象，加大了公众的不满情绪，激发了右翼民粹主义运动的产生，这样使得一些地区的人民趋向于民族主义，而另一些地区的人民则趋向于宗教政治思想（常常与民族主义混合在一起）。

第三，日益增长的移民现象可以提升人民的生活标准，但是却造成了一些其他紧张压力。城市化的移民和国际移民都经历了偏见和歧视，这就激发他们产生了反对现有思想体系的思想。如同印度锡克教徒在加拿大开展了宗教政治运动一样，有些宗教政治运动最早都聚集发生在国外。对于那些离开家园由农村转入城市的移民来说，"原教旨主义"看上去似乎比世俗的民族主义更加熟悉。有些地方还发生了反对移民的宗教政治运动。

第四，妇女在生活方式、工作、婚姻和母亲角色上有了更多的选择，这在减少了男权制所带来的问题的同时，也造成了一些新的压力，例如，离婚率的上升、妇女不能很好地照顾孩子以及对男性特权提出了具有争议性的挑战。这些现象激发一些人产生了对事情原来样子的怀旧情绪，而近期在家庭结构上出现的一些其他变化也使得年轻人更加独立，更加渴望找到新的身份认同。

第五，世俗国家权力的持续增长在带来了一些社会效益的同时，往往会偏重照顾了一些群体，但却又建立了一些被许多群体反对的规章条例。政府常被公众指责应该对国家发生的社会、经济变化负责，而无论是实行资本主义制度还是社会主义制度的政府都没有成功地解决国家内部所出现的一些问题，所以公众中就转向去寻找一个新的但又熟悉的思想体系来取代对政府的期望，无论这种思想体系是右翼的民族主义还是宗教政治思想。

第六，受教育程度的提高和城市人口的增长使得许多人能够更加有效地表达他们的不满情绪，这一点有利于宗教政治思想体系的产生，因为这些宗教政治思想体系让人们觉得似乎比较熟悉，而且追随这些新的宗教政治思想的人还能够声称自己的观点在道义上占优势，并且还可不受无信誉的国家和政党的控制。

第七，全球文化的同质化使人们在基于"认同政治"的基础上对社会作出了一些反应，其中包括更多地拥有民族主义和宗教政治思想，因为人们认为这些思想比现行的世俗制度能更好地表达他们的需求，而现行的世俗制度则比较赞赏"普世"的西方现代价值观。在一些地区（如斯里兰卡和前南斯拉夫），宗教、民族、语言的分裂几乎同时发生，这更加加大了分裂的程度。许多人还从道德的角度来看待和理解危机现象，他们认为道德危机是需要用宗教的方法来解决的。

第八，南半球国家人民健康状况的改善导致了那里的人口数量的增长，而人口的增长又带来了新的压力，也使得人口特征呈现出由更多非常年轻的群体构成的趋势，而这些年轻人也正是这一地区宗教政治运动的主要支持者。

在这些运动中，没有一个运动是具有了上述所有的趋势才发生的，而这些趋势因素又都包含在每一个以不可预期的方式积极发展的运动中。为了能够比较这些运动，本文必须强调这些运动所具有的普遍因素而不单独阐述每一个运动所具有的独特特征。

## 二　为什么宗教政治运动会出现在它们现在所出现的地方？

如果我们要寻找那些最能表现"新宗教政治"思想的运动，我们会发现这类重大的运动主要都发生在美国、南亚、伊斯兰世界和以色列。在伊斯兰世界，最强大的运动发生在中东，而到目前为止，发生在东南亚、非洲和中亚的运动还不那么突出。在拉丁美洲最盛行的解放神学与那一地区的国教及国教教义相比是不同的，它在思想意识上不那么传统，而是表现出更加（不是更少）自由主义或社会主义。无论是自由主义运动还是社会主义运动，都与"新宗教政治"运动强调保守主义和遵循具有不变的一致性的宗教教义的理念不吻合，所以尽管基督教民主党和其他那些接受现存的自由主义或社会民主主义国家制度的党派与温和的原教旨主义者之间的区别界限并不严格，可我们仍不把这些党派包括在"新宗教政治"思想和运动中。

基于对原教旨主义概念的不同定义，有一些学者把这一概念限定后特指那些只信奉一个圣典经文的一神教宗教，所以他们把印度教和佛教复兴主义运动都归入另一类别。鉴于我所强调的不是一神教的圣典经文至上主义，而是宗教政治、保守主义和民粹主义思想理念，所以我把信奉民族主义的印度教徒、印度锡克教徒和佛教徒都包括在原教旨主义概念中了。在南亚地区发现了一些信奉种族集团主义或宗教民族主义的人，他们和那些最近为夺取政权和国土共同斗争的国家中的一神教教徒有许多相似之处，这些人包括以色列的犹太人，以及东南亚、巴基斯坦和其他一些地区的穆斯林。尽管没有规定说什么是可比较的，但是因为印度教教徒、南亚佛教徒和部分信奉圣典经文的锡克教徒所参加的宗教政治运动符合"新宗教政治"运动的定义，所以把这些人和他们所参加的运动都包括在"新宗教政治"思想和运动中是十分有用的。如果去掉了南亚国家就意味着不能全面理解新宗教政治运动，因为我们可以从研究南亚地区的宗教民族主义（种族集团主义）而获得对新宗教政治运动更多的理解。伊斯兰教原教旨主义的第一个重要思想家——毛拉毛杜迪（赛义德·阿布·阿拉·毛杜迪）就来自同时也反映了这样一个种族宗教复杂的环境和背景（而早期出现的埃及穆斯林教友会并没有产生出如此全面系统的思想学说）。毛杜迪是第一个把如像"伊斯兰国家"这样的主要概念理论化的人，他极大地影响了埃及和阿拉伯宗教政治运动的主要理论活动家——赛义德·库特卜。

看一下美国、南亚、以色列和伊斯兰世界，人们会对这些地区所存在的主要差异感到非常震惊，而且这种震惊远远大于对这些地区的相同之处的震惊。正像这些地区国家的发展水平和历史都非常不同一样，这些地区也存在着一些不同的宗教。美国是一个经济发达的超级大国并控制着其他地区；以色列经济发达，有着一个受迫害与处于统治地位两者混杂的历史经历；

南亚和大多数穆斯林世界的国家更加贫困而且也更加欠发达，并且都经历了殖民地或半殖民地的历史阶段。尽管发生在这些地区的宗教政治运动反映出了这些差异，但是伴随着第三世界国家反对西方化，并把犹太教和基督教看作新殖民主义侵略的文化武器，这些地区的宗教政治运动也呈现出了一些主要的相似处。在这些非常不一样的地区都发现了新宗教政治运动，特别是这些运动的出现似乎都不是因为某一个原教旨主义文化对另一个文化的直接影响而造成的，所以人们会问，这仅仅是一个偶然现象还是一个时代的发展趋势呢？或是我们没有在恰当的地方寻找可比性的特点呢？

导致新宗教政治运动产生的特点包括上文列出的那些特点，例如，在面对快速发展的社会、经济和文化变化时，人们试图寻求一个安全的认同感；日益加大的收入差距；妇女地位、家庭和性道德标准的变化；世俗的中央政府的权力不断加大可又常常不受国民的欢迎，以及这些政府未能满足他们国家国民的经济和文化需求。我们是在讨论新宗教政治运动时强调了上述特点，可是其中的许多现象就如同它们存在于新宗教政治运动发展强大的国家中一样，也存在于那些新宗教政治运动发展不强大的国家中。因此，这些特点因素并没有回答为什么这些运动会出现在它们现在所出现的地方这一问题。所以，尽管这些特点因素很重要，我们也不再重述它们，而是把它们假设成许多出现了重大的新宗教政治运动和没有出现重大的新宗教政治运动国家所共有的背景。

我先提出一个解释性的假设：到目前为止，重大的新宗教政治运动在最近几十年中仅发生在那些大部分人口都信仰和强烈认同超自然的一神教的地区。而且，这些地区近期还必须具有下述其一或者两者都有的现象。第一，该地区有相当高比例的人口认同他们宗教传统中有关神或众神的基本教义以及其他经文文本内容等。唯一一个适合描述这一现象的词就是"笃信宗教"，这个词通常的用法与在这里的用法不同但还是可知道其意的。第二，还会有另一种现象，即起码有两个强大的宗教团体同时存在，人们对自己的宗教团体具有广泛的类似于民族主义的认同，但都反对其他宗教团体。我们将把这第二种现象称为"宗教民族主义"或"种族集团主义"，这一称谓就像"原教旨主义"一词一样，至今仍被大家（甚至包括许多不喜欢它的人）所使用，因为这一词汇是在提到原教旨主义时唯一的一个恰当的词。

笃信宗教或宗教民族主义因素常常是区分某些地区有没有重大的新宗教政治运动发生的主要因素，例如，是否存在着上述笃信宗教现象将美国和西欧、伊斯兰国家和佛教国家区分开来。除了在讨论一神论的经文至上主义是否是产生原教旨主义所必需的这一问题时，学者们很少讨论笃信宗教或宗教民族主义这两个因素的，而讨论第一个问题并没有解释为什么美国和西欧在原教旨主义的发展程度上存在着差异这一现象，美国人信仰宗教的程度比较高而且教会成员多，而西欧则与之相反。尽管在讨论关于宗教信仰和认同的程度会受到时间和地区因素的影响而有所变化这一问题时会遇到一些困难，但是在新宗教政治运动发展的现阶段，人们能够很明显地看出这些差异程度，因此也就可以对这些宗教信仰和认同的差异程度进行归纳概括。

种族宗教群体和原教旨主义群体的形成都是由世俗化的政府和占社会统治地位的精英们逐步刺激而造成的。政府和精英们总是提出一些让这些群体中的许多人感到厌恶的议案措施，这些包括自 1962 年以来的美国最高法院的判决案例、发生在美国和印度的积极行动计划、伊斯兰世界以及其他地区在法律、教育、性别和家庭事务上的改革变化。另外，在许多世俗政府刚开始上台掌权的地区，不管这些政府是倾向于社会主义还是资本主义，它们都还不能解决当地的一些主要问题，所以公众对政府普遍感到失望。

无论是近期所发生的快速而且常常不受欢迎的社会、经济和政治变化，还是笃信宗教或宗教民族主义，似乎都是原教旨主义运动变得更加强大所必需的条件。笃信宗教和宗教民族主义两个因素强烈影响到一个强大的新宗教政治运动是否会在某一个社会、经济和政治环境都非常适合的地区发展起来，但是社会、经济和政治原因似乎又是解释新宗教政治运动什么时候会发生的最重要的因素。而且，主要的宗教政治运动都是在 20 世纪 70 年代之后才出现的，这一时期，在那些已经出现笃信宗教或宗教民族主义现象的地区，都已经发生一些具有近几十年典型特征的社会、经济和文化变化。

拉丁美洲地区（和其他一些地区）可能是未来将出现新宗教政治运动的一个地区，因为这一地区既有笃信宗教现象，又有许多所需解决的社会经济和政治问题。但是，这一地区的原教旨主义者大多是还没有打算要推翻旧的权力中心的新教教徒。而至今为止，甚至在信奉罗马天主教的地区，除了产生了一些政治上不那么重要的"整体论主义"的传统主义运动外，罗马天主教徒一直都在抵制原教旨主义。一个具有成熟的思想体系的运动很有可能会挑战罗马天主教会，所以对于那些具有传统主义思想而且只关注于教皇所强调的问题的天主教教徒来说，他们可以支持天主教原教旨主义运动所提出的政策纲领而不加入这个运动。罗马天主教是仅有的一个具有一个教义领导人的主要宗教，这是一种能抑制产生地方原教旨主义运动所需的灵活性的力量。这些抑制因素也许也存在于其他地区，所以如果一些强大的原教旨主义运动出现的话，那么之前所提到的那些因素似乎就是必需的，但是即便那些因素已经存在了，也并不保证一个强大运动就已经出现了。

笃信宗教或宗教民族主义现象有助于解释为什么在经济比较发达的国家（美国）和经济不那么发达的国家（第三世界）都发现了新宗教政治运动。截至 1998 年，一些地区的新宗教政治运动发展得非常迅猛，与这些地区相比，东亚地区的新宗教政治运动发展得相对比较弱，这既反映了这一地区人们的笃信宗教程度较低，也反映了这一地区的经济发展程度较高，也比较平衡的特点。笃信宗教现象使得大多数新宗教政治运动都带有保守主义的性别思想理念，这种理念认为男权主义对人们具有宗教和经文教义上的约束力。

上面列出的大多数社会、经济和政治因素都存在于新宗教政治运动发展强大的国家中（这不包括一些国家状况和发展都不稳固的非洲国家，也不包括部分收入分配差距没有明显加大的东亚和欧洲的一些国家）。截至现在，强大的新宗教政治运动的出现既需要一系列具有近几十年全球化特征的社会经济和政治发展因素，也需要一个强大的笃信宗教和宗教民族主义的背景因素。

许多参加宗教政治运动的人也许主要具有宗教思想和动机，或是主要具有政治思想和动机，而他们所参加的运动则是两者兼备。并不是我们在这里讨论的所有运动都在持续发展壮大，因为各种原因，使得其中一些运动已经被压制下去或是变弱了，这些原因包括一些政府行动、已经改善的社会、经济或政治状况，人们对极端行动的反感，以及这些运动内部出现的政治错误等。

## 三  新宗教政治运动的共性与差异

至此为止，我们的讨论具有三个主要特点。第一，为宗教政治运动的产生和发展提供了一系列社会、经济、政治和文化因素。第二，给新宗教政治运动下了一个定义，这一定义并不仅仅是基于经文至上主义的一神论基础上的定义，而且它既解释了民族主义运动，也解释了更加基于笃信宗教基础之上的运动。第三，认为笃信宗教和宗教民族主义现象是区分新宗教政治运动将会在哪些地区出现的两个主要因素，在此基础上，评论这些运动之间的差异。

尽管这些宗教政治运动之间存在着一些主要差异，但令人惊异的是这些运动中的许多运动都同时起始于 20 世纪 70 年代后期，并迅速发展。下列这些事件与这些运动有着密切的关系：在 1973—1975 年，因德拉·甘地颁布的"紧急事件条例"，这一条例推动了锡克教和印度教政治活动的发展，也促进了穆斯林运动出现在克什米尔地区；1979 年伊朗革命的出现以及这次革命所造成的影响；1979 年苏联入侵阿富汗以及伊斯兰教领导的爱国武装力量的反击；巴基斯坦总统齐亚·哈克推行实施伊斯兰教法律并支持伊斯兰教团体；以及 1979 年杰丽·福尔韦尔在美国建立了道德多数派。

造成这些事件同时发生的原因之一是公众对该国社会经济状况的不满情绪和混乱局势的加剧造成的。尽管在东亚和欧洲各国的收入分配已经更加平均，并建立了社会安全网，而且近期出现的一些受人们欢迎的经济变化也帮助减少了一些公众的对抗情绪，但是世界上几乎没有哪个地区能不受到发展迅速且不平衡的社会、经济变化的影响。在某些国家，一些特殊的原因促进了强大的新宗教政治运动的出现，例如，发生在南半球的反对帝国主义运动；中东地区国家和以色列的关系问题。但另一方面，我们很难确定其他因素在多大程度上促进了新宗教政治运动的出现，例如妇女及妇女同盟向男权制提出挑战等因素。因为这些因素既出现在有新宗教政治运动的国家，也出现在没有新宗教政治运动的国家，所以很显然这些因素是不能单独解释新宗教政治出现的原因的。但是有一个因素似乎在有新宗教政治运动的国家中显得更加突出，那就是无论是在被称作社会主义的福利国家，还是自由市场国家或是其他国家中，人们对其世俗政府的近期政策都感到失望。在许多印度教、伊斯兰教、基督教和犹太教国家，到处都能感受到人们对政府的社会、经济政策的不满情绪，而且还时常发生反对政府对宗教采取明显的敌视态度的反抗活动。

而且在最近几十年中，共产主义和社会主义运动已经失去了广泛的国际支持和号召力。在伊斯兰世界和其他一些地方，不仅原教旨主义者通常都来自原来常会产生共产主义者的人群（如学生和专业人士），而且许多前左翼知识分子也加入新宗教政治运动中，他们的人数也显得十分突出。

从历史角度看，笃信宗教和宗教民族主义是个发展和变化的现象，是随着时间的变化而变化的，虽然它们近几十年在世界许多地方都遭受了一些挫折，但现在仍呈上升趋势。如同许多可被称作原因的因素一样，笃信宗教和宗教民族主义同样既是其他原因作用的结果，也是许多因果关系相互作用、相互渗透的结果。在一些仅有少数宗教政治运动发生的地区也有宗教民族主义和笃信宗教现象，如发生在前南斯拉夫、中亚、爱尔兰和非洲伊斯兰国家的民族宗教斗争，或是在拉丁美洲出现的宗教政治趋势。

在试图回答为什么有些国家比其他国家出现了更多的宗教政治运动这一问题时，我们可以先从回答为什么无论是在先进的工业化国家还是在基督徒占大多数人口的国家中，只有美国才出现了一个重大的新宗教政治运动这一问题开始，尽管上述许多国家也具有构成这些运动的因素，例如基督教民主、天主教整体论主义、解放神学和非政治性的原教旨主义运动。

对于为什么美国比其他基督徒占大多数人口的国家有更多的原教旨主义运动这一问题，最具有说服力的回答是，这样的基督教宗教政治运动似乎只可能发生在像美国那样多宗教派别同时存在的环境中，特别是公众在信仰上帝、相信《圣经》文字的真实性和宇宙万物是由上帝特别创造等信仰的程度上远比任何其他基督徒占多数人口的工业化国家高得多。这里仅引用众多民调数据中的几个数据为例，72%的美国人表示《圣经》是上帝说的话，其中39%的人指出《圣经》应该被逐字逐句地理解接受，还有44%的人声称他们相信是上帝在一万年前创造了几乎跟现在一样的世界。在大批去教堂的人中，许多人都属于相信《圣经》是准确无误的福音教派。自19世纪晚期宗教现代主义和达尔文主义兴起之后，这些人就成为美国原教旨主义运动产生的巨大的群众基础。而在欧洲，人们对上帝、《圣经》和基督教基本教义的信仰程度远没有美国那么广泛，欧洲人不像美国原教旨主义者那样在《圣经》中看到了大量反对达尔文学说、堕胎、节育等内容。

　　我们现在还没有比较好的有关发展中国家宗教信仰的民调数据，因为在许多发展中国家是不能够调查人们的信仰问题的，但是毫无疑问，当代伊斯兰国家的人们是强烈信仰伊斯兰教并坚信圣典经文是非常重要的。在以色列，尽管国家的创始人都是世俗主义者，而且世俗主义思想仍旧非常强大，可是仍然有一股越来越强大的推动力，使得人们对犹太教的认同成为对以色列国家认同中一个更加重要的组成部分，这股强大的推动力是由于宗教信仰更加强烈的东方犹太教徒的大量移入所形成的。南亚地区情况也是如此，人们对种族或民族主义的强烈认同主要集中在对宗教传统的关注上，这在某种程度上能够起到如同信仰所起到的一样的作用。

　　在伊斯兰世界，尽管一些产生原教旨主义运动的社会、经济和反世俗的背景和其他地方的相似，但是许多受此影响的人群却和美国的不同。在那里，伊斯兰运动与其说是由拘泥于教义的东正教的保护者发起的，不如说是由一些早几十年可能会转向民族主义、社会主义或共产主义信仰的专业人士、知识分子和学生发起的。埃及总统纳赛尔是埃及民族主义的象征，人们对于他没能打败以色列，也没能解决国内的许多问题感到失望，也对于他既没有使国家实现社会主义，也没有使国家实现资本主义的做法感到失望，这使得人们转向去寻求一个昔日理想化的伊斯兰教国家，并认为这样的伊斯兰教国家比民族主义或马克思主义更能明显地体现出一种民族的认同性。在这一地区，特别是当一些国家的政府被认为太世俗、太倾向西方，以及在处理以色列问题方面太妥协时，人们就会普遍认为，伊斯兰式的解决问题的方法一定能够解决现代社会出现的问题。

　　在大多数新宗教政治运动发展势头强大的国家中，尽管存在着一些背景上的差异,但我们却可以找出这些政府在过去的四分之一世纪中所采取实施的一些主要世俗法案,这些法案的实施导致大量宗教政治运动的产生。在美国,政府的那些受到自由主义者无条件热情欢迎的法案同样遭受到了忠实于《圣经》教义者的鄙视。这其中有《平等权利修正案》和一些重要的最高法院法案,特别是1962年颁布的禁止在公立学校祈祷的法案和1973年颁布的准许堕胎权利的法案。这些都是自20世纪30年代之后出现的一种不断增长的趋势的一部分,这种趋势就是赋予最高法院比各州更多更大的权力。尽管追溯到两个多世纪之前,让教会和国家分离的想法还是一种理想,但是到了20世纪60年代,这一理想就得到了实现,因为最高法院制定了一些重要的法案,这些法案扩宽了《人权法案》所包含的内容,并在各州加以实施。原教旨主义基督徒认为,《圣经》是禁止堕胎的,而且国家禁止在学校里祈祷也是一件令人憎恶的事。他们中的大多数人都还反对教授进化论,他们在战后还发明了被他们自己称为神创说的理论,他们还试图把《圣经》中有关上帝创造宇宙万物的内容包含在公立学校的正式课程中。在当时他们确实取得了相当大的成功,实际上,通过他们的不断努力,在美国许多地方的学校都禁止教授进化论。特别是在南部的许多地方,尽管最高法院早已宣布禁止在学校祈祷,可这一现象仍然继续存在。最高法院权力的加大反映出中央政府的地位得到了明显的加强,可最高法院所具有的非代表性特征(不像议会那样)使得它很容易成为平民主义者攻击的对象。

在伊斯兰国家,公众对政府的不满情绪主要集中在政府所颁布的多项法案上,这些法案改变了被公众普遍认为是符合伊斯兰教教义的传统法律和习俗。许多非伊斯兰国家所具有的一个共同特点是，中央政府的权力日益增大，而且公众认为政府权力的增大是以损害宗教和传统的方式进行的。伊斯兰教的组织机构和乌力马（穆斯林学者或伊斯兰教职人员等。——译者注）控制了大多数教育、法院和社会服务机构，所有这些领域对于正在实现现代化的国家来说都是至关重要的，而且一旦国家要夺走这些权力时，冲突就必然会发生。传统的对待性别、家庭和社会习俗问题的方式越来越被认为是伊斯兰教式的方式，而一些新的方式则被认为不是伊斯兰教式的方式，这些新的方式包括政府不断扩大控制教育和法律领域，特别是政府在家庭和妇女角色方面所进行的法律上的改革。印度不但经历了不同形式的国家世俗化和政府支持穆斯林和其他少数民族的过程，而且也经历了国家把一些教育机会和工作岗位留给社会等级较低人群的过程。在印度和伊斯兰世界，政府以现代化的名义干预社会习俗的现象是十分突出的，例如在伊斯兰世界，公众的担忧主要集中在政府对婚姻家庭法的改革上，鼓励妇女平常不戴面纱去工作和上学，以及无论是政府还是个人都轻视传统的着装和行为方式。

殖民地时期之后，许多国家的政府都没能解决国家的社会、经济和文化问题，这就造成了人民和政府之间的隔阂越来越深。在伊斯兰世界，政府常常发现很难把一些伊斯兰运动压制下去，这是因为这些运动具有许多优势，例如它们有分权制的组织机构，使用清真寺和宗教广播电视网络系统进行相互联系，而且因为它们给社会，特别是穷人提供了许多社会服务，所以受到越来越广泛的欢迎。

伊斯兰世界的一个特别之处就是以色列的存在。在穆斯林和许多第三世界国家人民的眼中，以色列是一个殖民主义者的移植物，以色列人是在西方政府的保护之下进入伊斯兰世界的。作为反抗西方占领伊斯兰国家运动的最后一步，伊斯兰国家的人们似乎一时没有理由不认为，就像法国人在阿尔及利亚被赶走一样，他们也能使用武力把以色列人赶走。可是仅在几次军事行动失败之后，许多穆斯林就开始认为，他们无法倒转那股支持以色列继续存在的势力。而不相信这一点的人则是那些拒绝接受像以色列这样一个国家的伊斯兰教徒，他们认为以色列占领了原本由穆斯林控制和居住的土地，而且也正是这些人在穆斯林中推动了宗教政治运动的产生和发展。

一些伊斯兰国家和南亚国家（也不仅仅只局限于这些国家）所特有的另一现象是被我称为"两种文化"的现象，也可被称为文化二元论。尽管当今常把文化与民族种群的概念联在一起，但也有其他一些同样重要的区分方式。在 1979 年以前的伊朗和现在的中东及南亚地区，我们大体上发现了两类群体。一种群体的人具有"西化"或现代化的（常常也是世俗化的）教育背景和文化习俗及志向，以及西方式的衣着打扮和行为方式。另一种群体的人则遵循被认为是传统的文化方式（尽管"传统的"一词具有误导性，可是它仍表明它主要是包含了"地方的"和"现代化之前"两种因素的意思）。在"两种文化"这一现象中，双方之间的差距显得特别明显和突出。现代化的文化包括西方式的着装和消费，大量依赖西方文化资源，并掌握（常常是每天都使用）一门西方语言并将其作为日常交谈的方式。这种文化的追随者往往是世俗化的（不信宗教的）、具有世界主义精神和倾向西方思想观念的。他们中的大多数人常常认为遵循传统的文化方式是落后的、迷信的、狂热和非理性的。而生活在传统文化中的那些人遵循的则是更加接近现代化之前时期的那些性别关系模式，例如，特别典型的是在社交场合男女分开，给予男人更多的权力去控制他们的姊妹和妻子，坚持严格限制妇女的两性关系。尽管最先提出对这两种文化的划分是为了描述伊斯兰国家的情形，可现在南亚地区也存在着许多这类情形，甚至美国也有类似的情形存在。在美国，原教旨主义基督徒常为当代的道德习俗感到愤慨，他们把那些按照当代道德习俗行事的人看作有害的罪人，而世俗主义者则把原教旨主义者看作是非理性和愚昧无知的。

这两种文化的分裂现象发生在新宗教政治运动兴起之前，同时也为这些运动的出现提供了沃土。那些遵循传统方式的人常常憎恨现代的模式，特别是那些生活在南半球的人，他们把这种现代模式与他们所厌恶的西方人联系在一起。他们中的许多人从来没有经历过现代化，这些人的存在为那些有着良好教育和思想观念的原教旨主义者提供了广泛的大众基础。而这些原教旨主义者通常都来自农村、小城镇或城市的传统家庭，他们感到夹在西方和传统方式中左右为难，所以他们非常看好可以同时促进技术和传统主义发展的运动，因此他们中的许多人都成了这些运动的追随者。这些受过良好教育并选择"传统的"、原教旨主义和平民主义身份认同的人，常常会发现一个比他们本可以在现代化时期发现的还要更加庞大和热情的大众基础。

宗教政治运动所具有的另一个共同特点是，这些运动对世俗的中央集权国家权力日益增长的现象都持有敌对的态度。人们很少给予原教旨主义和国家之间的关系这一问题以应有的重视。在埃及，人们指责和反对纳赛尔实行的社会主义制度，因为这一制度由中央统一调控经济，并控制乌力马和穆斯林的最高学府，人们也指责萨达特和穆巴拉克实行的开放的资本主义制度以及他们的外交政策。在巴列维国王统治的革命前的伊朗，他提出并实施了许多反对宗教的措施，其中包括土地改革、给予妇女选举权以及与美国和以色列建立合作关系。处于后殖民地时期的国家领导人常常比殖民者还要更多地干预人们生活的方方面面，而殖民者在干预个人和家庭事务上却比较谨慎小心。在中东地区，伊斯兰教徒的反抗行动主要是指向那些被人们认为是带有专制性的和反伊斯兰教的政府行为上。在印度、以色列和美国，国家对社会问题的干预行为在战后时期变得越来越多，而且无论这些国家的保守主义者是不是原教旨主义者，国家的这些干预行为都已成为保守主义者不满的原因。

原教旨主义学者比其他学者更经常地强调社会经济中所发生的变化，他们认为这些变化给人们带来了新的紧张压力、收入差距和混乱，其中的一些变化还削弱了人们对现代社会进程所具有的先进性的信任，造成了人际间的疏远感，增加了人们对寻求相同群体的需求。对于一些人来说，参加宗教政治运动就能满足他们的这些情感和需求，而另一些人，特别是处在笃信宗教和宗教民族主义意识比较弱的国家中的那些人，则转向寻求民族主义或其他形式的认同政治了。

使得宗教政治运动传播扩大的另一原因是榜样的力量。正如共产主义革命在 19 世纪和 1917 年之后迅速传播扩大一样，宗教政治运动在一定程度上也通过榜样力量的影响得到了人们更加广泛的支持。早期的埃及穆斯林同胞会就刺激其他地区也产生了类似的团体组织，而伊朗革命则激励了什叶派和逊尼派的宗教政治运动。自 1967 年以色列打败埃及之后，宗教政治运动在阿拉伯世界中迅速传播，这一传播在某种程度上是因为以色列对宗教的认同而形成了一种力量所造成的。在南亚出现的宗教政治运动的发展过程中，也能发现这类模仿另一宗教团体的现象，其实在某种程度上可以说，在南亚所发生的这些模仿行为都是在模仿先前发生在印度的民族主义运动。而在英国出现的如反堕胎运动和其他运动也是受到美国类似运动的强烈影响才产生的。

载于《国外理论动态》2010 年第 9 期

# 互联网与资本主义(上)

〔美〕R. W. 麦克切斯尼　J. B. 福斯特　著

郭　莲　译

美刊《每月评论》2011 年发表了罗伯特·麦克切斯尼和约翰·福斯特题为《互联网与资本主义的邪恶联姻》的文章。作者指出，因为互联网是在资本主义社会中发展起来的，所以在很大程度上受制于资本的积累过程，后者与数字通信所具有的许多民主潜能相抵触。互联网这一过去看上去似乎脱离了商品交易领域而越来越开放的公共领域，现在却似乎正在变成一个越来越封闭、越来越被少数私人大公司垄断的领域。文章内容如下。

现在美国和世界进入互联网革命或所谓的信息时代至少已 20 年了。过去的一代人经历了信息通信上巨大的令人难以置信的发展，现在人们讨论的话题已经不再是互联网是否如同电视和电话一样被认作一个技术上的发展，而是正在逐渐转向去讨论这一信息革命是否更加类似于印刷机出现时的革命。

在这篇文章中我们将把分析的重点放在美国，这并不仅仅是因为美国是我们最了解的国家，又是互联网的发源地，还因为我们相信在美国，人们能更加清楚地发现垄断金融资本与互联网的完整结合，而这正代表着全球资本主义制度未来发展的主要趋势。但这并不意味着美国当前在互联网领域的主导地位不会发生变化，或者其他国家不会选择其他的发展途径，而这仅仅意味着在未来互联网的发展变化中，因为美国所具有的强大的全球影响力和权力，其他各国在作出自己的所有选择时都必将与美国资本主义制度现在所制定的发展途径进行抗争。

当人们回到20世纪80年代末期90年代初期，读到有关互联网以及其未来发展的描述时，会惊奇地发现那时几乎所有有关这方面的描述都是清一色的乐观主义的描述。每个人都可以以光速的速度且不受审查地获得所有的信息，那么所有现存的机构制度都将会变得更好。在世界范围内将要出现一个过去不可想象的双向或是多向的信息交流的民主化趋势。商业公司再也不能欺骗消费者和挤压新出现的竞争者；政府部门再也不能凭借由自己操控新闻宣传渠道的方式而暗中运作了；来自最贫困和最遥远地区的学生也将有权使用过去只能被精英们所独享的那些教育资源了。总之，人们将拥有前所未有的资源和权力。人类历史上不仅第一次出现了所有地区的人们之间的信息平等，并可进行不受限制的即时的信息交流，而且还有权使用一个不受限制的知识宝库，而仅在几年前人们想要使用这一资源宝库都是不可想象的，甚至对于那些世界上最有权力的统治者和最富有的亿万富翁们来说也是不可想象的。而且不平等和剥削现象不久将遭受到最有力的打击。

互联网，或者更广泛地说，数字革命确实正在多层面地改变着世界，但是互联网也没能实现它的许多承诺，这些承诺曾被看作互联网技术本身所带来的。如果人们当初期望互联网能给社会提供更具竞争性的市场和更加负责任的公司企业，能够提供更加开放的政府管理模式，能够去除腐败和减少不平等现象，或是更加大胆地说，互联网能够提升人类幸福的话，那么它现在已经令人们十分失望了。换句话说，如果互联网真的像它的拥护者们曾经预言的那样，在过去的 20 多年中极大地改善了世界的话，那么我们都不敢去设想，如果互联网从没有存在过的话，世界将走向何方。

我们在这里不是要争论互联网最初的承诺是否仅仅是幻想，尽管其中的一部分承诺可能是由于人们乌托邦式的热情而引起的，而每当重大的新科技刚一出现时常常会激起这种乌托邦式的热情。（这可能会让人们想起 20 世纪初期诺贝尔奖获得者、热力学化学家和哲学家威廉·奥斯特瓦尔德的观点，他声称"飞行器"的出现是人类发展进程中关键的一部分，这一发明能够消除与国家、语言和金钱相关联的国际间的界限，"带来了人类的兄弟情谊"。）相反，我们要争论的是，在这场信息革命中曾有过并仍然存在着的一些非同寻常的民主和革命的承诺还没有兑现。尽管科技具有巨大的能量，但是它不能不顾历史的环境而发展，它的发展是在社会、政治和经济环境下进行的。这一点强烈影响并决定了信息革命的发展进程和模式。

因为互联网是在一个资本主义社会中发展起来的，所以这一特定的经济环境表明了互联网所具有的矛盾性。互联网在很大程度上受制于资本的积累过程，这一过程具有自己清楚的逻辑体系，并与数字通信所具有的许多民主潜能相抵触。而且互联网越向前发展，这一现象就会越严重。互联网这一过去看上去似乎脱离了商品交易领域而越来越开放的公共领域，现在却似乎正在变成一个越来越封闭、越来越被私有独占，甚至是越来越被私人垄断的领域。

我们要论证的观点不是从一个社会主义的角度去反对资本主义制度本身所具有的反民主倾向，然后再延伸讨论互联网的案例。尽管我们也不会因为采取这一角度而感到不舒服，但是这会使得像数字革命这样具有特殊性和唯一性特点的事物成为一个过于主要的因变量，因而使得那些反对社会主义的人断然拒绝接受这一观点。而我们是把观点建立在传统的经济思想基础之上，这一传统的经济思想从总体来说是由那些赞成把资本主义作为一种制度的学者们提出来的。我们将通过采用分析学理论中的主要经典术语进行分析评论，再一次论证由利润动机控制互联网的发展所产生的弊端。

我们特别提出的是，运用古典政治经济学理论中的"劳德代尔悖论"（或公共财富与私人财富之间的矛盾）能充分证明下述论点是正确的，即对于任何一个社会来说，最审慎的做法就是从一开始就假定互联网从根本上就应该置身于资本领域之外。我们希望提供一个必要的而且是可以选择的方式让人们去想象，相对于资本积累这样的商业化和私人化的世界，互联网可以怎样得到最好的发展。但这并不意味着在数字化领域中就不能有商业甚至是大量商业的存在，而仅仅意味着这一系统中的最重要的逻辑准则以及所有相关政策讨论的出发点，都必须基于是在讨论一个运作于公众利益价值之上的机制体系，最低限度上也如同一个公用设施体系一样。

任何一个资本主义社会确实都将面临强大的，有时甚至是巨大的需要打开一些能让资本获利性地开发利用的区域的压力，而且这些获利性的开发利用还不顾及社会成本的消耗，或是像经济学家说的那样，不顾及所产生的"消极负面的外部经济效果"。鉴于资本家本质上所具有的经济权力，他们最终也会实施过度的政治权力。但是，实际情况是，并不是所有领域都将受限于市场的支配。自然界和人类生存的许多领域的确不可能在不破坏生命本身的整体结构下而仅受限于市场的支配，资本主义社会的许多领域在历史上曾经，甚至现在也仍然在很大程度上并没有加入资本积累的过程中。人们可以想到社区、家庭、宗教、教育、爱情、选举、研究和国防等领域的这些例子，尽管资本也正竭力想将这些它可能进入的领域占为己有。在一个资本主义社会中，许多重要的政治讨论都是关于决定在哪些领域可以允许追求利润的规则存在，而哪些领域不允许这一规则的存在。资本主义社会处在其最理性和最人性的状态时，往往会在其社会中保留一些非商业性的领域，这些领域包括卫生保健和养老退休金，而这些领域一旦变成与商业利益相关的话，就会是赢利极高的领域。所以，一个资本主义社会越是民主，那么至少在那个社会中就越可能就这些问题展开令人信服的公开讨论。

然而具有讽刺意味的一点是，在美国从来没有进行过与互联网相关的重要讨论。整个数字信息领域都是通过政府资助及指导的研究活动而发展的，特别是在战后的几十年间，这一领域的发展主要是通过军事学院和顶级的研究性大学的研究活动进行的。如果这一领域当初留给了私营部门来研究管理，或是留给"自由市场"而任其自行发展，那么互联网就永远都不会存在了。联邦政府对互联网资助的总额度是很难精确测定的。

如同极具影响力的政策问题研究专家萨沙·梅恩拉特说的那样：如果要计算历史上政府对互联网的资助总额，那么"要看怎样分析政府的花费了，而仅以直接的现金支出来计算这一花费是比较保守的计算法。但是一旦把免费赠送的可以直接进入互联网的通行权以及整个研究计划（通过美国国防高等研究计划署和国家科学基金会等实施的计划）考虑在内，这又是一笔相当庞大的花费。如果再把投入无线设备的花费以及减税优惠（例如，对网上购物不征收营业税）等计算在内的话，那就远可达到几千个亿的数额了"。根据这一分析，并考虑到通货膨胀的因素，梅恩拉特估计政府投入互联网所花费的数额起码比对投入曼哈顿研究项目的花费多出 10 倍。

这还远不是政府投资的全部花费。早期的互联网不仅是非商业性的，而且还是反商业化的。在 20 世纪 90 年代初期之前，美国国家科学基金会的网络，也就是互联网的先驱，曾明确地限制计算机网络只能用于非商业用途。如果任何一个人敢在网上销售东西，那么这个人将很有可能被"燃烧"，"燃烧"的意思是指其他愤怒的互联网用户可以用刻薄的语言或辱骂性的电子邮件阻塞住这个人的邮箱，要求他把销售广告删除掉。这一由互联网用户所实施的内部监督措施是基于一种假设的基础之上的，这一假设认为商业主义行为和一个诚实、民主的公众领域是不能混淆在一起的。如果企业媒体采取这样的商业主义行为变成一个问题的话，那么互联网就是解决这一问题的方法。好的互联网公民需要是诚实的，他们不应该采取任何手段去极力争取获利。

之所以在有关互联网应该怎么发展的问题上缺少讨论，在某种程度上是因为数字革命恰好是在新自由主义理论占主导地位及其有关"自由市场"的华丽浮夸言辞最盛行之时爆发的。新自由主义的核心精神就是应该总是允许在任何能够发现利润的地方发展商业行为，就某一经济而言，这也是对资源最有效的利用。新自由主义理论认为，任何干扰和妨碍资本主义剥削行为的理论都是一些意识形态色彩浓厚的糟糕的经济学理论，这些理论通常都是由一个过时的"特殊利益"群体提出的，这一群体不能适应自由市场的竞争社会，所以要从由政府管制的腐败社会和官僚体制中寻求庇护。这一新自由主义的信条导致在整个经济领域中展开了"放松管制"运动，并使得曾经是公共部门的活动私有化。

在20世纪90年代初期，当万维网似乎在一夜之间就把互联网变成了一种大众传媒的手段时，就信息通信问题进行讨论的各方都接受了上述有关自由市场理论的浮夸言辞。对商界和政客来说，互联网就是所有朝气蓬勃的企业家为了消除垄断、促进改革、创造一个像比尔·盖茨名言所说的"没有冲突摩擦的资本主义"而做的一切。这一领域可创造出很多钱。甚至那些对公司企业和商业主义行为持怀疑态度的人，如果不是对资本主义入侵互联网的行为感到乐观的话，也都对此漠不关心，因为他们认为，互联网具有魔力般的科技能力，它显然能够压倒大型公司想要控制它的力量。这一点对每个人都留有很多想象的空间。20世纪90年代后期的互联网泡沫无疑刺激了资本主义市场对互联网的控制欲望，美国的新闻媒体也几乎控制不住它们对这种美好结合的热情，资本主义和互联网仿佛是天作之合。

## 一 互联网服务的提供商

如果有人把所谓的"自由市场"因素看作是造就了互联网发展的因素，那么他就是忽略了一个事实，那就是互联网本身的存在就是政府对公共部门投资的证明，然而，通过更加冷静的分析，我们还能够找到某些不协调的现象，如果这些现象还不能被称为矛盾的话。三个领域中的不协调现象最早就已凸显出来，或是说在随后的若干年中，已经很明显地显现出来了。

首先，由互联网服务提供商为美国人提供的宽带接入的主要电缆线路过去和现在都是由少数几家统治着电话和有线电视的公司控制的。这些公司都是一些地方垄断集团，它们因为有了政府颁发的垄断性的许可执照才得以生存。事实上，它们通过政府所给予的垄断性特许权已得到了大量间接的政府资助。如果政府在私下不予支持的话，这些公司就不会知道什么是所谓的"自由市场"。尽管这些公司常常受到消费者的鄙视，可由于它们的生存主要取决于政府的授权和支持，所以在美国，在游说国会方面，这些公司大概仍是最具有非同寻常的影响力的公司。因为这些公司意识到互联网就是它们的未来，而且还是一个利润非常丰厚的未来，所以在整个 20 世纪 90 年代，首先是一些电话公司先把电话线路借出用于互联网信息传递，随后不久，一些有线电视公司也随即加入了这一行列。如果考虑到互联网服务提供商所提供的是进入互联网和数字网络的唯一入口的话，情况就更是如此了。

这些电话和有线电视的巨头公司开始长期支持被称作是企业的"放松管制"的行动，这一行动到 20 世纪 90 年代发展到了顶峰。其实这些公司这样做的目的不是因为它们热切期望会出现一些新的激烈竞争，而是因为它们觉得缩小国家干预的范围或解除国家干预可以使它们发展得更加强大，并会拥有更大的垄断权。但这是一个愤世嫉俗的时代。证明"放松管制"行动是合理的理由就是这一做法允许那些传统的电话和有线电视垄断公司在本地市场使用它们自己的线路进行竞争，从而建立起真正意义上的市场竞争。作为交换，国家也放宽了公司合并上的限制，这样所有公司就可为将要到来的竞争状态做好准备。有人援引西部蛮荒网络的形象指出，这是一场电信领域中新的竞争者所发起的猛烈攻击。

因为现在那些具有强大势力并已参加了竞争的公司手中握有足够的商业和政治垄断权，这一点确保了不会再有新的强大竞争对手的出现，所以在这种情况下，其他一切都是没有意义的。现在的结果是，尽管几乎没有新的竞争产生，可是却出现了一个公司合并的浪潮，这一浪潮把电话和有线电视领域里原来就强大的公司的数量减至6—10家，而且这一数字还要取决于采用什么样的计算标准。总之，从20世纪90年代中期以来，这些公司的数量大概缩减了一半，剩下的大公司中又以美国电话电报公司、威瑞森电信公司和康卡斯特电信公司3家公司占据了主宰地位。

放松管制政策导致了政治、经济两个领域里出现了最糟糕的现象，即市场上仅剩下越来越少的超大型公司，而这些超大型公司又受到越来越少的控制。更严重的是，在华盛顿地区，这些公司所拥有的政治权力和国家资本已达到了极大的高度。这些垄断企业成了权贵资本主义的典型代表，在理论上这是新自由主义者所鄙视的，而在实际中又是他们始终支持和捍卫的。

这一现象可能会给美国互联网宽带的发展带来灾难性的后果。不像许多其他国家的公司一样，美国政府没有要求这些电话和有线电视公司必须允许其他互联网服务供应竞争对手使用它们的线路，所以事实上在当今极其重要的互联网宽带服务供应产业中几乎没有真正意义上的竞争存在。美国至少有18%的家庭只能通过唯一的一个宽带供应商，也即一个垄断公司，进入宽带。根据美国联邦通信委员会的数据（该委员会承认他们大概夸大了实际竞争的程度），另外78%的美国家庭在进入有线宽带时最多也只有两个选择，这构成了一种由地方垄断的电话和有线电视两家公司垄断市场的局面。经济学理论提出，在由两家公司垄断市场的局面下，其中任一家公司最明智的做法就是效仿另一家公司，而两家公司出于自身利益的考虑都会给出极高的价格。有证据显示，在未来的几年中，这种垄断的局面很可能会向更加竞争同时又更加垄断的方向发展。与此同时，现在美国有4家公司控制着迅速增长的无线市场，其中两家领头公司——美国电话电报公司和威瑞森电信公司——各自都正在容纳累积起来近1亿的用户。所有这些公司都怀有梦想，梦想着要将互联网变成一个有线电视的复制延伸版本，所以它们都尽可能地采用巨大的刺激手段来使互联网"私有化"，并把控制宽带入口作为一个瓶颈来控制用户，这样它们就能够从用户那里收取额外附加的通行费。而且，正像联邦通信委员会承认的那样，在这一领域中几乎没有任何实质意义上的竞争存在，所以这些公司也没有任何特别的刺激动力要去升级它们的网络系统设备。

令人惊异的是，美国这个第一个创建和发展了互联网，并在整个20世纪90年代在世界互联网的连通性上排名也接近第一的国家，现在在全球大多数测量宽带进入、网络服务质量和每兆位流量的花费的评估体系中仅位于15—20的位置上。在美国的穷人和农村人口中没有连接宽带的人数比例远远大于其他发达国家的人数比例，而且美国也没有任何刺激因素要结束这一"数字差距"的迹象，因为这一数字时代的下层阶级的存在反而刺激了其他人去付联网所需的费用以避免不能被连接到互联网上。这一现象与美国的医疗保健体系非常相似，因为寄生虫似的医疗保险业的存在，使得美国人每人平均花费在医疗保健上的费用远远高于任何其他发达国家，而得到的却是极其糟糕的服务。美国总统巴拉克·奥巴马曾经说，如果美国一切都从零开始的话，那么显然更明智的做法（也即从社会公益的立场出发）就是建立一个公共管理的医疗保健体系，而不要一个私人的医疗保险业。同样的道理也完全适用于宽带互联网的接入体系。

有一点是值得注意的，那就是参议员阿尔伯特·戈尔在其任职期间非常了解这一事态的发展，他当时主张政府要出面资助互联网的建设。他在1990年提出，为"信息高速公路"建立天然地基就如同为洲际高速公路系统建立天然地基一样，它应该是一个公用网络。国家可以先从电信公司那里租借线路，随后却不要让这些公司介入。可是，一旦当华尔街把目光投到这一方向时，戈尔这一通常被认为是无可争议的观点就被一片反对声所淹没了，这也导致了后来成为副总统的阿尔伯特·戈尔开始换成了另一个腔调，他原来的观点也早已被人们所遗忘了。

## 二　多个领域的市场集中度

现在出现了许多不同程度的互联网活动，而且这些活动都正在朝着被商业化的方向发展。互联网活动所产生的第二个方面的问题就是互联网相关企业的资本主义发展是怎样迅速且不可阻挡地造成了几乎各个层面上相当大的市场集中度，而且常常超出了非数字化市场的程度。对于这一现象，传统微观经济学理论即使没有予以警告也是持怀疑态度的。这就意味着在许多领域，私人的利益是能够遏制互联网的发展并从中获得垄断利润，而这些都是资本主义正在追求的东西。例如，谷歌公司占据了搜索引擎市场70%的份额，而且这一份额还在进一步增加，其抢占市场份额的速度与当年约翰·洛克菲勒的美孚石油公司在其顶峰时期的抢占速度一样迅速。微软公司、英特尔公司、亚马逊公司、电子港湾（易趣）公司、脸谱网、思科公司和其他几家巨型公司也分享着互联网所带来的巨大垄断权力。例如，生产无线上网技术中的关键芯片的市场就是一个由两家卖主垄断的市场，这两大公司的市场占有率达到了80%。苹果公司通过 iTunes 这一最热门的音乐软件控制了数字音乐下载87%的市场份额和 MP3 播放器市场70%的份额。

这一现象也直接违背了创建互联网的初衷，这一初衷就是要把互联网建设成一个激发竞争和增强消费者权利的发动机，以及一个可以选择替代原来让企业公司发展的那种自上而下的管理模式的地方。像克莱·舍基和约柴·本科勒这样的作家都明确表示，互联网在让人们可以在网上进行协作和合作方面具有创新性的潜力。通过努力，一些这样的网上合作项目已经在互联网上占据了重要的位置，这可以提醒人们，让人们真实地看到互联网完全不同的一面。这些合作项目包括对等网络技术行为、开放源代码运动、火狐浏览器、维基解密网和维基百科等。我们发现这些工作十分具有启发性和激励性，同时这也表明了互联网未来所具有的强大潜能，而对于这一巨大潜能我们现在才仅仅刚开始加以开发和利用。

这一具有合作性潜能的特点可能也使得互联网具有了民主的特点，但是却遭到了来自资本要尽可能巩固垄断权力、建立人为的物质稀缺和建立防护措施的压力。互联网相关企业几乎在每个转折时期都立刻从竞争状态转变成市场供应垄断的状态。这一情景在很大程度上是人们所熟悉的，即任何理智的资本家都想尽可能地掌握大量的市场支配权，同时又面对极少的竞争。根据传统的经济学理论，在一个经济体制中，市场的集中度一般而言是不利于资源的有效配置的。垄断是竞争的敌人，而竞争是保持体制公正可靠的重要因素。

极为具有讽刺意味的是，互联网长期宣传自己拥有使消费者权益增长和具有卡脖子竞争机制的冠军头衔，但最终似乎却更加变为了促使垄断产生的势力。这里需要说明的是，互联网作为资本主义发展的一个领域现在仍处在形成阶段，所以从历史发展的角度看，它仍显示出非凡的活力，因此现在就给其定性显得有些为时过早了。不过，整个经济领域里的垄断趋势是非常强大的，而互联网在这一竞争与垄断的混合态势中又有一些其本身自带的困难。

在一个技术占主导地位的领域，商业利益会驱使利益集团去获取衡量某一系统的技术标准的所有权，而这一技术标准对该系统用户来说是非常期盼了解，甚至是必须了解的。想一下由"活动图像专家组国际标准"（MPEG 标准、专利技术管理机构。——译者注）拥有的 H.264 型编解码器，它的生产经营许可证是由微软、苹果和其他一些公司拥有的。这一编解码器的标准迅速成为网上录像机的统一标准，目前这一型号的编解码器已经占领了市场份额的 66%。正是像这样的设备在互联网通信中起到了瓶颈的作用，所以 H.264 型编解码器的拥有者才能够创造出他们非常渴望得到的"计费时刻"。经济学家常常把像这样的"经济收益"定义为勒索，用它去指代经济行为的参与者不考虑生产或再生产成本而仅凭对稀缺资源的拥有而获得的（本不应得的）收益。

最重要的是，互联网把经济学家定义为"网络效应"的概念加进了这一竞争和垄断相混合的趋势中，其意思是几乎每一个人都可通过分享使用某一特殊的服务或资源而获益。尤其是在经济规模上升时，信息网络制造产生了与抢夺消费者相关的"需求方规模经济"，而不是与成本优势相关的"供给方规模经济"（这是传统的市场供应垄断工业时期所盛行的模式）。就如同一股飓风在一个炎热的夏日穿过大海时增加了行驶速度一样，当某一产业中的最大公司得到了更大的市场份额时，因其规模的增大对消费者的吸引力也随之上升，这也使得那些份额正在降低并与这家公司竞争的其他公司几乎不能再对消费者保持吸引力，因此就失去了竞争力。《连线》杂志的编辑克丽丝·安德森简洁明了地阐述了这一问题，她指出："事实上，垄断现象甚至更加可能出现在像网上世界这样高度依靠网络系统的市场中。网络效应的阴暗面是富者愈富。麦特卡夫定律指出，网络的价值随着连接点（用户）的平方值比例的升高而增长，它创造了赢者通吃的市场，通常在这一市场中居于第一名和第二名参赛者之间的差距较大，而且这一差距还在变得越来越大。"

谷歌公司是一个规模经济和垄断力量的典型例子。当谷歌公司的规模变得更大时，它的搜索引擎功能也变得越来越超过了过去所有的竞争者，更不用说谷歌公司还获得了建立长期的准入壁垒的能力，这使得任何想要搅乱其发展的竞争者都望而却步。谷歌公司的网络效应是如此巨大，以致压倒了所有其他的搜索引擎系统，它靠把从自己网络上得到的数据卖给其他公司（以及在突出的位置安置一些有偿的"赞助商链接或付费链接"）而蓬勃发展，并推销可受其随意支配的庞大的数据资源。在过去，这样"赢者通吃"的市场被定义为"自然垄断"。

同样想一下微软公司，它能够在其基础操作系统中，利用用户对大量应用软件的依赖性而达到让用户似乎必须永久锁住这一操作系统的目的，从而使其享受到长期的垄断价格。任何一个试图引进一个可以与其形成竞争的新操作系统的竞争者都面临着巨大的"应用软件进入壁垒"的屏障。因此，拥有"应用软件"已成为建造进入壁垒和垄断权力的关键一步，这从总体上来说不仅与信息技术有关，而且对于当下而言，更重要的是这还与互联网有关。

按照这种思路，像 iPhone（苹果手机）和 iPad（苹果平板电脑）这样的新设备自身都携带了专门为这些设备设计的应用软件，为某一特定设备专门设计相应的应用软件的目的就是要把用户锁定套牢在一个整个的商业产业链中，这一商业产业链完全不同于万维网，它不但能在用户与互联网之间起到连接作用，同时还能引发"网络效应"，为设备的生产者提高销售量。某一产品设备越是成为整个网络系统应用软件的接口，就会有越多的用户被吸引进来，随后呈指数型增长的需求方规模经济模式就会占主导地位，这种状态可以直接转变成巨大的经济实力以及决定许多技术发展前景的能力。一旦当这样的经济实力得到充分的巩固，人们也越来越依赖这种新产品设备时，网络价格就能够调整提高了。

对安德森来说，所有这些仅仅不过是事物发展的自然规律而已，他说："一项技术被发明了，然后被传播开来并结出无数的硕果，而后有人发现了独自拥有这项技术的方法，这就可以把其他人锁在门外。这种现象每时每刻都在发生……的确，几乎从来就没有任何财富的创造是不带有某种程度上的垄断成分的，或者起码也是寡头垄断的形式。这是（资本主义）工业化进程中的必然途径，即发明、传播、采用、控制……在物物交换的经济模式中，开放是一件极好的事情……但是，我们对无止境竞争所产生的混乱局面的忍耐程度最终到达了极限。"在这里我们被给予了一个虚假的选择，选择的一方是无限的不受控制的并带有经济上不确定性因素的私人竞争或私人垄断，另一方则是巨大财富的形成。这一把公共领域及利益排除在外的选择还被人们认作一种信条。

安德森说垄断力量"甚至更可能"出现在使用互联网的高度网络化的市场上，正是这种垄断力量引起了所有的这些问题。这些垄断公司积累了大量的现金，它们能够利用这些现金吞食掉任何其他潜在的竞争者，或是那些新出现的试图在互联网上建立一个新的商业领域的颇有前途的竞争者。这些大型公司利用它们在互联网上已垄断的领域为基地，开始去探索征服新的领域，特别是那些与它们已垄断的领域相邻近的领域。例如，谷歌公司自称握有330亿美元的现金可以用于互联网的发展。在过去的几年中，它已花费了几十亿美元收购了几十家互联网公司，平均每一个月大约收购一个公司。在刚刚过去的2010年的前三个季度，谷歌公司就报告已完成了40起公开的收购。而手头握有430亿美元现金的微软公司也有相似的收购记录。苹果公司也握有510亿美元的现金可投入市场。

有观点认为，技术上的新突破将能引起网络上的竞争，但这一观点变得越来越荒谬了，而且即使这一现象以某种方式真的出现了，那也仅仅是在通向更加垄断化的道路上一个临时性的停歇。这种例外的情况并不是真正意义上的竞争，甚至也不是竞争的结果。但是，当一个新的应用软件要上市时，为了要避免被一个已存的大型公司所控制，它就要创建另一个新的强大的垄断集团（例如，新出现的脸谱网），因为这一新出现的公司必须能够避免受到一个已存的握有巨额现金的大型公司的控制和诱惑，并建立起具有自己经济价值的"围墙花园"。在这样具有自己经济价值的"围墙花园"中，公司活动的主要目的就是要开发利用现在有时被经济学家称为"增强的盈余提取效果"，也即提高诈取那些被围在墙里面人的能力。

按照传统经济学的标准，这样一种局面甚至更加严重，也就是这种垄断力量允许那些巨型互联网公司在几乎没有公众的"干涉"的情况下，有效地控制政策制定的过程，并巩固自己的权力。不过在某种程度上也有一些有关政策方面的真正的争论，但这是因为强大的公司与部门之间，就像是巨猿与恐龙一样，要相互攻击与自卫的结果。这种政治权力在电磁波频谱事件中表现得最为突出，电磁波频谱可被定义为"所有形式的无线电信息交流所依靠的资源——一系列可用于信息传递的无线电振动频率波段"。现在还有大量未被使用的频谱可以被使用，事实上未被使用的频谱比正在被使用的频谱的量还大，但是现在正在使用频谱的用户却情愿人为地将其变成稀缺资源，这样不但对他们有好处，而且政府也支持这样做。美国电话电报公司仅在 2011 年就单独从政府那里得到了价值 100 亿美元的对现在闲置频谱的许可经营权，而且该公司还在游说政府，让政府转给其更多的频谱许可经营权。

一些经济学家承认现在仍然显现出这种垄断的趋势，但是同时他们还断言，由于数字世界中技术革新的动力，这种垄断趋势仅仅是暂时的。在熊彼特"创造性毁灭"的长波理论中，通常的假设认为新技术的出现将摧毁任何建立在垄断市场周围的围墙。但是如果考虑到这些巨型公司影响整个市场的能力，以及它们巨大的规模和随之增长的金融、政治权力，现在几乎还没有证据可以支持这一断言，起码是在人类社会发展的现阶段中还没有证据支持这一断言。也许会出现一些重新洗牌调整的机会，但是这些巨型垄断公司仍会长期存在。

许多经济学理论都认为，自然垄断或是应该归国有，或起码也要由国家严格管理控制以防其被滥用，特别是当这些自然垄断经常要去垄断重要的公共职能领域时就更应该由国家控制管理了。而在互联网领域选择自由市场的模式似乎太荒谬。这一点无疑可从现在统治着互联网宽带服务提供领域的电话电报公司看出来。（安德烈·西夫林提出，这是我们应该就谷歌公司的问题所讨论的话题）。然而这些公司企业所拥有的政治权力已从根本上消除了来自公有制的威胁，与此同时，政府又极力强行实施反垄断法，如果这些反垄断法早在一代或两代人之前就以这样的方式普遍实施的话，那么几乎可以肯定政府早已试图解散许多这样的公司了。现在仍然保留下来的政府规章条例，无论是反托拉斯法或其他法规，在确保这些赢利的公司和企业的生存方面，与其在必须保护和保留受到商业利益威胁的公共利益价值方面做得一样多，甚至更多。

在互联网领域中，政府和企业之间的联盟已发展到也许只有在金融和军事领域上的联盟才可以与之匹敌的地步。为了顺应一个竞争的市场，政府主要的联盟对象是独立的私人企业，这一现象不但嘲弄了传统的经济学理论，而且也嘲弄了传统的自由主义观念。传统的自由主义观念认为，资本主义民主之所以有效是因为其经济和政治权力是掌握在两组截然不同的人手中的，而且双方的利益有很大的冲突，这些冲突可以保护公众不受到专制政府的统治。这类大型通信公司和国家安全部门是怎样携手合作的例子现在已经开始变得越来越多。其中所暴露出的一个最令人毛骨悚然的例子是有关美国电话电报公司在过去 10 年中的大多数时间里是怎样以国家安全局的名义非法秘密地监听了该公司用户们的电话通信内容的。而最近发生的一个例子，即有关亚马逊公司和贝宝/易趣公司在维基泄密事件中是怎样与政府合作共事的事件，也许还不属于这一范畴，但是这些例子都表明了公共利益和私人利益分离的理论现象已经消失了，而这种公共利益和私人利益分离的理论是自由主义民主理论的核心部分。

在此虽然没有轻蔑或杞人忧天的意思，但是我们很难不注意到，现在正在出现朝着右翼社团主义（把整个社会纳入极权国家指挥下的各种组合的理论与实践。——译者注）传统定义中的法西斯主义方向的转变，即政府和大企业利益集团携手合作，目的是为了提高企业的利益，而政府则主要负责军事、秘密安全和监督方面的事情。在这种环境下，"政治自由"这一概念除了被认为没有意义和不具危险性外，也更加得不到保障了。

企业和政府的这一结合导致我们要对互联网所声称具有的许多优势中的一个优势进行重新评估，这就是互联网不受管制和审查的影响，而且是民主主义活动家手中可使用的工具。同样的互联网，出于商业和政治上的原因，可以成为监管部门的一个无法比拟的工具，但这并不意味着民主主义活动家就不能使用互联网去做一些特殊的组织工作，而如果仅仅是可能的话，他们必须考虑到下述看法，即互联网很难使个人的隐私不受到政府和企业利益的影响。互联网正向着垄断资本主义的方向发展，这更加加重了其反民主的倾向。

# 三　作为一项公益事业的信息产业

如果互联网已被证明是产生垄断的滋生地，那么当我们特别审视资本主义的传媒产业是怎样处理数字世界所出现的问题时，就会发现互联网还存在着另外一些问题。这是经济理论和互联网之间所存在的冲突的第三个方面，可能也是最根深蒂固的冲突。对于资本主义经济学来说，传媒产品一直都是一个最基本的问题，这一点可追溯到书籍刚刚问世的时候。这不像使用其他有形商品和服务一样，一个人使用了某一信息并不会阻碍其他人也使用这一信息（在经济学术语中，这一现象是非竞争性和非排斥性的）。许多经济学的教科书中都有对于有形产品使用形式的解释，即一个人消费了某一产品或服务就会妨碍或阻止另一个人消费同一种产品或服务。两个人不能同时吃同一个汉堡，或是开同一辆车。所以需要生产更多的产品或服务来满足更多的追加需求。

而信息的使用却不是这样。卡尔·马克思不需要给每一个读者都单独写一本《资本论》，同样，无论是两百人还是两亿人读《资本论》都不会减损任何其他读者读这本书的感受。对图书出版业来说，这一点意味着任何买了某一本书的人随后都可能再印出更多的副本，然后卖掉它们。因为资本主义是自由的市场竞争机制，所以这本书的价格就会下跌到出版一个副本所花费的边际成本。但是写书的作者们却仅仅得到了那些他们自己亲自授权出版的书的复印本的补偿。消费者得到了便宜的书籍，这对营造一个民主的文化是非常有利的，但是作者却未必得到了足够的补偿去继续写书。在这种情景下，市场就没有发挥其作用。

这就是版权法产生的起源，而且这一法律是如此重要，以致它的规则条文立即被载入美国宪法。这样，作者们就得到了暂时的垄断专利权，可以决定由哪家出版商来出版他们的书籍，这样就可以保证每个作者都得到了足够的补偿。托马斯·杰斐逊仅仅勉强地同意了这一版权法，他非常讨厌这一法案，因为他认为这是政府制造出来的一种对知识实行有效征税的垄断手段。美国宪法明确地指出，版权许可证不可能是长期的，版权最初允许的年限是 14 年。(更准确地说,推动版权法产生的幕后推手与其说是作者倒不如说是出版商,因为这些出版商的商业前景取决于他们能够得到多少政府所授予的垄断特许权。)

当新的传媒技术在 20 世纪迅速发展起来时,一些强大的传媒公司也随之涌现出来,这些强大的传媒公司按惯例能够给议会施加强大的压力,要议会延长和加大版权法保护的期限和范围,或是直截了当地说,就是要从政府那里得到垄断保护许可权。对于这些公司的基本利益来说,这一政府的许可权完全是天赐之物,也确实是这些公司企业自身生存的一个非常宝贵和极其有用之物,但是这一许可权却让消费者花费了高昂的费用,这些艺术家希望他们受版权法保护的作品能够得到远远超出一百年以上的版权保障。现在一般按照惯例版权都能得以延期,所以事实上我们以分段延期的方式使作品有了永久的版权,例如自 20 世纪 20 年代以后出版的作品都还没有进入公有领域的范围。版权在很久以前就已经失去了保护作者利益的初衷目标,而已经成为使得我们共同文化得到大规模私有化保护的一项主要政策。

但是这并没有消除核心的经济问题,而新技术只能使其变得更加严重。现在让我们回想一下无线电台的广播节目。无论是一个人还是 100 万个人收听电台的某一个节目并不影响制作这个节目的成本。这一节目对额外增加的听众的边际成本为零,因此按照传统市场经济的理论原则,这一节目的合理价格也应该为零。同样,广播公司也不能因听众锁定某一个电台的节目而收费,因为他可以免费收听任何节目。其他国家是通过建立国家资助的公共广播系统来解决这一困境的,在这些国家,任何人只要拥有一台收音机或电视机就可以收听或观看广播或电视节目。而美国是通过允许播出商业广告补助广播或电视节目来解决这一问题的，这些播出的广告都是由那些以盈利为目的的公司制作的。在 20 世纪 30 年代早期，有关广播电视是否应该成为一个资本主义的产业这一问题是美国传媒史上最重要的讨论话题之一。后来，有线电视和卫星电视故意建造了人为的稀缺性，强制人们去购买有线产品和服务，这样才能看到像 HBO 或秀场这些频道的电视节目。

互联网提出的这一市场问题是由成倍增长的电台、电视的节目所引起的。现在只要按一下按钮，所有的数字内容就能立刻传播到全世界，而且是免费的。像亚当·斯密在《国富论》中所说的那种"因充足而减弱的稀缺"现象现在已不再存在了，可是稀缺现象仍是发展资本主义市场经济所需的必要条件，似乎很难设置一些有效的障碍去防止这一现象的出现。一旦有大量的宽带存在，那么音乐、电影、图书和电视娱乐节目等都会出现在计算机的信息空间里，任何人都可免费获得。商业媒体对于这一对它们来说是最可怕的噩梦的现象所作出的直接反应就是逐渐加大对版权法的实施，这一措施已被证明是相当有效的，尽管这种做法加大了互联网用户使用的费用，而且还逐渐降低了这些用户连接互联网并从互联网的其他功能中获取信息的能力，而正是互联网的这些其他功能才使得互联网具有如此创新的吸引力。商业媒体的另一个主要反应是发展数字版权管理技术（信息安全技术），这些技术对数字设备和软件的功能性方面实施了人为的限制。

但是这仍没有回答一个问题，那就是如果娱乐媒体要转向一个数字化世界，那么它的钱将从哪里来。商业媒体再一次转向求助于麦德逊大道（美国广告业中心——译者注），这样广告开始在网上发展起来，尽管这一发展还远没有达到"旧媒体"的发展水平。同时，最大的传媒企业集团也在秘密地与大型的电信及互联网公司合作，努力寻找在网上有效地销售它们产品内容的途径和方法。苹果公司最热门的音乐软件（iTunes）的出现开始为这些公司指明了出路，那就是淡化开放网络和环球网的重要性，建立产品的专有系统。

所有不同层面的分析数据都发现，当今的互联网正在见证一个一些超大型公司进行合并的浪潮。而设立强大的屏障和制造稀缺性则是这一合并行为的主要目的。2011年康卡斯特公司（美国最大的有线系统公司——译者注）和美国国家广播公司（环球电影公司的拥有者）的合并似乎就是21世纪第一宗最大的合并行为。未来看上去越来越像是一个无线的互联网世界与传统的有线宽带系统平起平坐或是前者超过后者的世界，这将是一个产品专卖专用的系统，这一系统不实行"网络中立性"原则以及互联网长期奉行的开放性原则。在康卡斯特公司和美国国家广播公司合并行为之后，我们预期未来还会发生更多类似的超大型传媒、电信、计算机和互联网公司之间的大型合并行为。

正像新美国基金会发布的一项2011年报告的作者所说的那样，我们正在进入一个数字封建主义的世界，在这个世界中，少数庞大的超大型公司统治着所有的私人活动的空间。广告业将得到所有的机会去开发利用这一系统，而任何有意义的想要保护人们隐私的想法和打算都不得不被舍弃。最早提出要捍卫互联网民主性的倡导者之一最近评论说："互联网本身具有公平公正性，它制定了自己的规则，并具有促进社会和经济改革的能力，可是一旦当它的命运落入政策制定者以及资助他们的那些公司的手中，那么网络就失去了实现变革的力量。"这一数字封建主义的世界本是一个不久前被认为是不可能出现的世界，但是如果资本主义是这一世界的幕后推手的话，那么这就是资本主义必然要达到的目标。（未完待续）

载于《国外理论动态》2012 年第 3 期

# 互联网与资本主义（下）<sup>*</sup>

[美] R. W. 麦克切尼斯　J. B. 福斯特　著

郭　莲　译

## 一　新闻业的问题

尽管付出了高昂的代价，而且也没有其他替代方案可考虑选择，但看上去那些商业娱乐传媒似乎已经找到了一条通向数字化未来的途径，可是新闻业就不是这种情况了，这里提到的新闻业也即言论自由。传统经济学在发展新闻评论体系上提供了有益的帮助，但是人们也能听到依据自由民主的基础理论和美国历史经验所做的新闻报道。正像最初设想而随后又由最高法院解释说明的那样，美国的管理体系是以拥有一个可信赖的新闻媒体系统为基础的，这一系统的目的是告诉国民一些紧急事件并监督那些现在正在执政或是希望未来执政的执政者们。互联网可能给新闻业、言论自由和民主重建带来了比任何其他领域都更大的希望，所以在这一领域的失败也会是十分巨大的失败。

---

＊　本文（上）刊于本刊 2012 年第 3 期。

在互联网出现的最初兴奋时期，互联网往往会使人们想到它能够打破进入旧的传媒垄断领域的障碍，从而到达一个全新的充满竞争性的传媒时代。正如老牌乐队"感恩而死"的词作者和"网络自由论者"约翰·佩里·巴洛的名言所说的那样，当许多大型传媒企业集团在 1995 年进行相互合并和收购时，它们其实只不过是在"重新安排在泰坦尼克号船上的折叠式躺椅的位置"而已，它们不久都将被拥有无数网站的互联网所淹没。各种各样的新来者都能够进入曾经被限制进入的区域，而且如果这些新来者能够找到其追随和拥护者，他们就能够创造足够的收益而获得成功。

可是无论是娱乐媒体还是新闻业都没有完全按照这样的方式发展。要把一个大多数人愿意访问和支持的具有吸引力的网站整理装配起来是需要大量资源的。如果那些握有所有有利因素的大人物们正在努力奋斗去获得成功的话，那对任何其他人都会是一个噩梦。事实上，尽管表面上似乎人人都有机会越过现存的准入屏障，但是至今没有一个创建网上信息的新来者能够以任何有效的方式进入这一领域并赚到钱。现在这些超大型传媒企业集团还仅仅处在将数字领域变成可以创造丰厚利润来源的娱乐产品的过程中，所以，现在的利润与"旧媒体"经营时期所创造的利润相比仍然相形见绌。

新闻业的情况则完全不同。它不像娱乐媒体行业，而是一个版权在商业运作中起着很小作用的领域。它也不像图书、音乐和电影行业，因为新闻所生产的内容常常是为了即时消费的。而且，新闻业有一个稍微与商业娱乐不同的经济问题，一个不依靠互联网而且比互联网信息超前的问题，这就是要给市场提供足够大量的而且质量又有所保证的新闻报道，这永远都是一个难题。

几乎没有证据显示历史上曾有过哪一家最终购买新闻媒体的买家拥有足够大的收入基础可以支撑办好一个令大众满意的新闻媒体，而这一点又正是民主执政管理体制所需要的。

在美国建国后的第一个百年中，新闻业得到了来自于政党以及联邦政府印刷和邮政系统的大量支持。如果美国联邦政府在2011年与19世纪40年代一样，以占GDP百分比同样的额度来资助新闻业的话，那么联邦政府将花费300亿—350亿美元在新闻业上。（形成对比的是，联邦政府在2011年仅给予公共广播行业大约4亿美元的拨款。）

尽管联邦政府对新闻报刊的资助从来都没有停止过，但资助经费已锐减，到了20世纪末，一个商业性的新闻报刊体制已经完全成熟。现在新闻业的主要收入都来自于商业广告商，这些广告商对新闻业本身几乎没有什么兴趣，而对把他们的产品卖给报刊的读者倒是抱有极大的兴趣。

由资本主义控制新闻媒体永远都是有问题的，因为资本主义的商业经济价值观往往与以为公众服务为目的的新闻业是不一致的，而且报刊的拥有者们总是喜欢利用报刊所具有的政治影响力来达到自身的利益。一般而言，这一特权有利于提升特权拥有阶级的利益。事实上，在20世纪上半叶"专业新闻业"就以一种产业自我调节和约束的形式出现了，这在某种程度上减缓了人们对公共信息领域中存在的垄断和商业控制的担忧。新闻业的这一做法是把报社和广播电台的新闻编辑部的掌控权非正式地交给了接受过专业训练的编辑和记者。这一由专业人员管理的新闻体制大概在20世纪60—70年代到达了顶峰，尽管当时这一管理体制还远非那么完美。

新闻业领域现在面临的危机起始于20世纪70年代，造成危

机的原因部分是因为商业公司对新闻业所有权的控制越来越巩
固，这一现象到 80 年代到达了顶峰。在垄断市场中，媒体的拥
有者们总是假装他们是为了要保住客户和广告商，所以会有目
的、有动机地向新闻编辑部虚假低报他们的现有资产和可用资
源。这些公司企图将利润最大化，而新闻业只不过是一个他们要
到达这一目的的手段而已。

随后，专业新闻业的体制开始萎缩。那些传媒公司的拥有者
们越来越发现要发展占有新闻业在他们看来太昂贵了。所以尽管
在 20 世纪 80 年代后期新闻传媒公司的利润仍在急速提高，可是
按人头计算，从业新闻记者的人数却开始下降。在 21 世纪的第
一个 10 年中，新闻记者的人数跌至低谷。1960 年公关人员与从
业新闻记者人数的比例大约是 1∶1，而 2011 年这一比例则接近了
4∶1。所以，现在大部分的公众生活几乎都得不到报道，而那些
被报道出来的新闻在很大程度上也是依据公关公司未经调查核实
的信件来报道的。此外，商业性媒体中还充斥着狂热偏激的右翼
党派人士的一些漫无限制的思想言论，所以从许多方面来看，我
们现在都正处在媒体宣传的黄金时代中。

互联网并没有引起新闻业的危机，但是它肯定是加剧了这
一危机。互联网在 10 年中卷走了数以百亿美元的广告收入，而
仅仅克雷格斯利斯特一家网站就从报纸分类广告中掠走了 200
亿美元的收益。广告商对报纸并没有比对新闻业做出更多的特
别承诺，而数字世界却为它们创造了新的更好的选择。互联网
还给年轻人提供了另一个可以不去阅读或观看越来越没有活力
的报纸和电视新闻的理由。新闻媒体过去做过的一件非常独特
的事情就是对自己社区所发生的事情进行原始性的独家报道，
但是这些报道现在已被删减了许多，取而代之的是报道一些有

关体育和娱乐方面的新闻以及一些生活中的琐事。这样的报道随处可见，但却和"硬"新闻（或纯消息报道，与软新闻相对，指题材比较严肃，具有一定时效性的客观事实报道。——译者注）没有了关系。

新闻业具有一个公共物品的许多特点。它是社会所需要的，也是一个自治社会所需要的。但是光有市场是不能够产生足够数量和质量的新闻报道的。公共物品一般需要有政府的补助和政府明确的公共政策支持才能生存下来。这一点在美国历史发展的第一个世纪中无疑已被人们所理解，但是此后广告业在支持新闻业的发展上所扮演的角色掩盖了新闻业作为公共物品的特性。在过去的一个世纪中，媒体批评家的批评主要集中在市场是怎样消极地影响新闻报道质量的，而现在当尘埃散去，在受到资本主义赞助和保护的大众新闻业自身的生存中，新闻报道的数量问题则成了首要问题。

在过去10年中，我们遇到的最大问题是：互联网将会给市场的基础提供足够的信息资源以产生出一个切实可行的独立的大众新闻业吗？我们现在已经有了答案，这个答案就是不会，甚至答案也不是可能会。即使某一公司企业的新闻媒体部门在网上将发布要大幅度裁员的消息，也绝不意味着公司可能要招聘临时替补人员，这甚至也不涉及这个公司的新闻质量是否有问题。如果在未来的几年中，在世界范围内将出现一些独立的具有竞争性的新闻编辑部门的话，这将要求新闻业从目前的发展轨道上发生一个巨大的转变。我们必须认识到新闻业所具有的特殊的经济学特性，我们还需认识到运用"自由市场"的方法处理新闻业的问题时可能出现的一些枝节问题，甚至会出现捏造虚假新闻的现象。总之，这正是公共政策讨论中最重要的话题。

互联网的一个长处（如果你愿意也可称为精髓）就是，不管怎样，任何一个人在一天结束的时候都可以打开一个网站，不经审查地进入并连通全球任何一个地方的连线者。这是一张反对专制的民主王牌。我们现在能够看到的是，当访问一些网站时，我们能惊喜地发现这些网站上登载了一些具有特色的而且是我们在主流媒体或公司企业的网站上从来都看不到的消息和信息，但遗憾的是仅有这些是不够的。正像研究互联网的学者马太·辛德曼说的那样，我们不应该把有权利说话（发言权）和让别人听我们说话的能力（被倾听的权利）混淆起来。

现有证据显示，尽管互联网上有无数的网站，可是人们一般仅能有目的地访问其中的一小部分网站。谷歌公司的搜索机制强烈支持促进隐性审查的功能。就像迈克尔·沃尔夫在《连线》杂志上说的那样："2001 年排行前十位的网站占美国综合页面浏览量的 31%，2006 年时占 40%，而 2010 年大约占到了 75%。"沃尔夫引用互联网投资商尤里·穆勒纳的话说："大公司从小公司那里抢走了信息流量。从理论上说，你可以让几个非常成功的人去控制其他成千上万的人。这样你公司的规模可以迅速变大。"而一旦你的公司变大后，就会一直保持强大下去。

在这一方面，辛德曼对新闻业、新闻媒体和政治性网站的研究成果是显著的。现在出现了"幂定律"分配的现象，也即少量的政治或新闻媒体网站得到了绝大多数的信息流量的现象。这些网站是由传统上具有知名度和拥有大量资源的超大型公司所控制的。虽然互联网上也还是存在着许许多多的"长尾"网站，但是它们却得到很少的信息流量，甚至得不到任何信息流量，而且几乎很少有人知道这些网站的存在。因为这些小网站的创建者没有刺激动力和资源来维持网站的正常运转，所以大多数这类的网站都已衰退消失了。(这不是在贬低这些"长尾"公司,因为它们的存在在价值意义和政治上是相当重要的;这里要强调的是,这些"长尾"公司被阻止在外而没能拥有足够的资源进入互联网系统的核心区域并得到广泛的曝光。)而且也没有所谓"中产阶级"式的比较强有力的中等规模的网站,新闻媒体中这一层次的网站在网上已被清除掉了。辛德曼就此得出结论说,现在的网上新闻媒体体系比旧的媒体体系更加集中化。在自我吹嘘而实际上已经僵化的博客圈中情况也是如此,这里的信息流量也都高度集中在少数几个网站上,而这些网站都是由一些非常具有知名度的精英们经营管理的。尽管人们仍然有权在互联网上开设网站向全世界的人说话,但其在真实世界里的意义正在缩小,因为无线的互联网越来越变成了私有和独占的领域,这使得原本开放的网络变得越来越没有实际价值了。

总而言之,互联网作为留给资本主义的猎物在其追求利润的同时就决定了它的发展,它在其发展方向上已发生了突变,它已不再能开发利用和强调其技术中最具创新和民主意义的部分,而是贬低和削弱了这些部分。只要互联网被假定为是一个主要以产生利润为目的的媒介,而且所有的政策和规章制度的制定也都是基于这一假设前提之上的,那么就很难想象出一条与这里所描述的不同的发展路径。对于一些像《连线》杂志的克里斯·安德森这样的人来说,这就是市场的发展路径,因此也就是世界的发展途径。但是,正像我们已描述的那样,按照市场经济学的标准来衡量,互联网的资本主义发展趋势已造成了一些严重的问题。大量证据表明我们需要寻找另一条发展途径。幸运的是,我们仍然可以从经济学领域自身出发找到另一条互联网未来发展的途径。

# 二 劳德代尔悖论

为了更深层次地解释与资本主义邪恶联姻的互联网未来发展的命运，有必要介绍一个有关差异的概念，这一概念在当今新古典经济学理论中是不存在的，但是在古典经济学理论建立的初期阶段却是个核心概念，这就是公共财富和私人财富之间的差异概念。

在"财富"一词的流行概念中存在着一些矛盾，这些矛盾由经济学发展历史中为众人所知的"劳德代尔悖论"给出了最好的解释。詹姆斯·梅特兰德是劳德代尔伯爵八世（1759—1839），他是《对公共财富的本质和起源以及增长手段与原因的探究》（1804）一书的作者。在这一最终与他的名字联系在一起的悖论中，劳德代尔提出在公共财富和私人财富之间有一个反向的关联性，也即后者的增长常常起到降低前者的作用。他在该书中写道："公共财富可以准确地定义为是包括了人类所渴望得到的所有对他们有用或让他们快乐的商品。"这些商品具有使用价值，所以就构成了财富。但是与公共财富对立的私人财富则需要有些附加的内容，这就包括"人类所渴望得到的所有对他们有用或让他们快乐的商品，而这些商品是在一定程度上的稀缺状态下存在的"。

换句话说，稀缺是某样商品具有交换价值和增加私人财富的一个必要条件。但是，这与公共财富的情况是不一样的，公共财富包含了所有的使用价值，所以这不仅包括了稀缺时的使用价值，也包括了充足时的使用价值。劳德代尔在悖论中提出，当一些原本充足的生命所需的元素，如空气、水和食物变得稀缺时，而且如果随后这些元素又被赋予了交换价值之后，那么这些生命所需的元素就会增加个人的私人财富，这样也确实会增加国家财富，因为国家财富常被认为是"个人财富的总和"，但是这却是以损害人类共同财富为代价的。例如，某个人靠给水井收费的方法可以垄断原先大家可以免费得到的水资源而致富了，那么国家测量出的财富就会增加，但这却是以其他人变得越来越干渴的结果为代价的。

劳德代尔强调说："人类所具有的常识表明，任何提出要靠制造通常对人类有用和必需的商品的稀缺来增加个人财富的建议都会令人厌恶的。"不过，他也意识到他生活于其中的资本主义社会在很多方面已经在这样做了。他举例解释说，在一些特别丰收的时期，荷兰殖民者烧掉了"香料"或是付费给当地人，让他们"收集肉豆蔻树的绿叶或新开的花朵"，然后毁掉它们。在美国的一些丰收年里，"弗吉尼亚的烟草种植园主"按照法律规定，按照在田里农作的奴隶的比例烧掉"一部分烟草"。这些行为是靠故意摧毁或人为限制构成公共财富的商品（这里是指地球的产品）来提高稀缺性，从而增大私人财富（主要是少数人的财富）。劳德代尔在书中写道："那些被利益驱使要充分利用这一稀缺原理的人是完全理解其中的道理的，所以只有当商品的稀缺性和私人财富的增长这两种因素不能连接在一起时，才能保护公共财富不受到私人贪婪欲望的掠夺和侵害。"

劳德代尔还明确地把他的悖论延伸至艺术和文化领域，他在书中写道："一幅绘画或任何其他艺术作品被卖出了昂贵的价钱可以使艺术家本人发财"，并能使任何有幸拥有这一艺术作品的人的财富得到增加，但是，这一现象同时也可以被认为是由于"从事这一类绘画作品创作的人员匮乏"造成的，因为绘画作品的价值是根据作品的稀缺性和得到作品的难易度进行评价的。不可否认，造成艺术品生产领域中的稀缺性现象的原因部分是因为这是"由于艺术家的技能、才能和天才而产生的垄断"所制作出的产品，而且这一垄断所造成的稀缺现象已经达到了可以向公众征收合理的税费的程度。在这类情景中，为了提高艺术作品的交换价值而将这些作品人为地加以限制和垄断，使得大多数公众根本买不起这些作品，可是显然绘画领域的其他人也没有从中获益。在文化的艺术兴盛时期，大量艺术人才的涌现使得艺术作品价格降低，这主要是因为艺术作品能够得到更加普遍的普及，公众也更容易分享到这些艺术作品，因此也就提高了公共财富。基于亚当·斯密在《国富论》一书中的理论，劳德代尔做出了自己的分析，他意识到正像斯密说的那样，富人所拥有的大量财产体现在"住房的便利和房屋的精美装饰、奢华的服装、高级的化妆品和华丽的家具"以及所收藏的艺术复制品之中，这些物品被富人所垄断而且只供他们独自享受，而且他们对这些奢侈品的欲望是"完全没有止境的"。在劳德代尔看来，这些因对艺术的垄断而给私人增加的财富正好与其给公共财富所带去的损失成正比。

在古典政治经济学中，与纯粹的钱财不同，"财富"一词从一开始就与约翰·洛克称为"内在价值"而后又被政治经济学家称为"使用价值"的概念联系在一起。当然，使用价值过去也一直存在，而且是人类生存的基础。但是在资本主义制度的背景下，为了生产在市场上销售的商品还包含着另外的意义，即交换价值（或价值）。因此每一件商品都被认为具有"双重性"，即包括了使用价值和交换价值。劳德代尔悖论就阐述了财富和价值的这一双重性，而这就引起了总的公共财富（使用价值的总和）与私人财富（交换价值的总和）之间的矛盾。

最伟大的古典自由主义政治经济学家大卫·里卡多对劳德代尔悖论作出回应，他强调要在概念上把财富和价值（使用价值和交换价值）区别开来的重要性。里卡多和劳德代尔的看法一致，他强调说，如果水或其他原本可以免费得到的自然资源因为稀缺性增大而获得了交换价值，那么即便是私人财富增加了，也将会有一种能够反映出使用价值损失的"财富的实际损失"现象。

与此相反，新古典主义经济学的先驱之一、亚当·斯密在法国的主要追随者让·巴蒂斯特·萨伊对劳德代尔悖论作出了完全不同的反应。他提出财富（即使用价值）应该包括在价值（即交换价值）中，而且要有效地让后者涵盖前者。因此，在《论政治经济学和商业停滞现象——写给马尔萨斯的信》中，萨伊公开反对"劳德代尔伯爵给财富下的定义"。在萨伊看来，最重要的是要彻底抛弃把财富混同于使用价值的观点。萨伊并不否认确实有些"东西是对人类非常珍贵的天然财富，但是这些却不是那种能使用政治经济学理论解释清楚的东西"。但是，政治经济学在其对价值概念下定义时，从严格意义上来说要用价值的概念完全取代财富的概念，而且这一价值概念应该只包括可交换价值的概念。

在古典自由主义政治经济学中，没有一个理论比由劳德代尔悖论所引起的矛盾更引人注目了，而且比约翰·斯图尔特·穆勒的《政治经济学原理》一书所造成的逻辑原理上的费解之处还多。穆勒在该书的"序言"中宣称（继萨伊之后）"财富可以定义为是所有拥有可交换价值的有用的或令人愉快的东西"，由此从本质上把财富降低和简化成为交换价值。但是穆勒所具有的独特的折中主义思想以及所受的古典政治经济学教育的基础，也使他在阐述这一观点时暴露出了更大的不合理性，从而削弱了他自己的论点。因此，我们发现在该书的同一章节中，穆勒对劳德代尔悖论进行了深刻的论述，他指出在资本积累和公众的财富或公共财富之间存在着冲突。

穆勒指出："那些在交换中不能换回任何东西的物品，无论它们是多么有用或必需，用政治经济学术语来解释都不能算是财产或财富。例如，尽管空气是绝对的必需品，可是它在市场上却没有价格，因为它是能够免费得到的，也就是说囤积空气不会给任何人带去利润或好处。有关空气的生产和分配法规是一个与政治经济学完全不同的学科研究的。尽管空气不是财富，但是人类靠免费得到空气而变得更加富裕，这是因为原本需要花费在供给这一最迫切需要的东西上的时间和劳动能够用在其他目的上。我们能够想象到如果空气将成为财富的一部分的话，情景会是什么样子。如果人们已经习惯了长期居住在空气不能自然进入的地方，如像沉入海中的潜水钟，那么，人工供应的空气就会像接入住户的自来水那样具有了价格。如果由于自然界的剧烈变化，空气变得极为稀薄，不足以满足人们的消费，或是空气被垄断了的话，那么空气便可能获得一个非常高的市场价值。在这种情况下，除了自己的需要外，对空气的拥有对其拥有者来说就是一笔财富了；而人类的普遍财富乍看之下似乎增大了，但其实这样的财富对人类是一个巨大的灾难。得出上述错误认识的原因在于人们没有考虑到，无论空气的拥有者在牺牲了社会其他人的利益下变得多么富有，都会使其他所有人变得更加贫穷，因为他们被迫必须要为以前无须付费就可得到的东西付费。"

在这里穆勒同劳德代尔的观点一致，他指出在资本主义经济发展日益垄断的基础上，个人为了单纯地追求私人财富可能会与社会和公众的公共财富之间出现巨大的分歧。尽管穆勒给出了这些深刻的见解，可是他却用上述"序言"中的这些话结束他对这一问题的讨论，而把财富仅仅定义为是可交换的价值，最终否认了劳德代尔悖论。

与之相反，马克思如同里卡多一样，不仅坚决支持劳德代尔悖论，而且还将其融入自己的理论中。马克思坚持认为，使用价值与交换价值以及财富与价值之间的矛盾是资本主义生产中内在固有的矛盾。在《哲学的贫困》一书中，马克思在回应蒲鲁东混淆了使用价值与交换价值这一对立矛盾时指出，劳德代尔用最令人深刻的语言解释了这一矛盾，劳德代尔"是将他的理论体系建立在这两种成反比的价值基础之上的"。马克思所建立的整个有关政治经济学批判的理论大部分都是围绕着使用价值与交换价值这一矛盾论述的，他指出这一论述是他在《资本论》一书中所阐述的主要论点的重要组成部分之一。

在分析美国的政治经济状况时，马克思批评性地引用了爱德华·吉本·韦克菲尔德对殖民地的政治经济状况所提出的观点。韦克菲尔德声称，在新的殖民地国家，如美国、加拿大和澳大利亚，资本主义面对的主要问题是他们拥有大量的公有土地，这是发展雇佣劳动的一个障碍。因为到处都有大量免费的土地，工人迅速而彻底地逃离了被剥削的劳动环境和商品领域，成为自耕农和小业主。韦克菲尔德坚持认为，在这种环境下国家优先要做的事情就是通过人为制造土地价格上涨和推行"缺席所有权"找到使土地变成稀缺的方法，从而有效地阻止大多数人得到原本是公有的土地的机会。马克思评论说，韦克菲尔德"在所谓的国家财富的名义下"，寻求的是"保证人民贫穷的人为手段"。

而对于劳德代尔的观点，马克思则表示出强烈的认同，他强调资本主义制度是一个以交换价值的积累为基础的制度，这一交换价值积累的过程甚至是以牺牲真正的财富或使用价值为代价的，这包括人类劳动本身所具有的社会特点（和幸福感）。"我死后，哪管洪水滔天！"（路易十五的名言。——译者注）这句话就是每一个资本家和每一个资本主义国家的口号。在 20 世纪 20 年代，索尔斯坦·凡勃伦也用同样的方式把一个要开发资源的"美国计划"说成是"一个按照合法的掠夺计划稳定地将所有公共财富转换成私人所得的做法"，在这一计划的实施过程中，将毁掉大量真正的社会财富。

伴随着新古典经济学的崛起，所有有关财富的古典经济学概念都将被完全颠覆，这一点可以在新古典经济学的创始人之一卡尔·门格尔的著作中看到。在门格尔的《经济学原理》（1871）一书中，他直接抨击了劳德代尔悖论，他认为劳德代尔悖论"乍看上去非常令人印象深刻"，但是它是以错误的区别为基础的。在门格尔看来，最重要的是要否认使用价值与交换价值以及财富与价值两者之间的区别。财富是基于交换基础之上的，这一点现在被看作源于主观效用理论的。门格尔的观点与劳德代尔的观点完全相反，他提出从纯粹经济学的观点来看，一个国家明智的做法是鼓励"长期持续性地降低大量随处可得到（非经济型的）的商品（例如，空气、自然风景）的数量，这样最终一定会使这些商品在某种程度上变得稀缺，这样，财富的组成部分就增加了"。同样，门格尔还声称说，由于矿泉水的稀缺，我们也可以把矿泉水看作是一个具有经济价值的商品，换言之，只要矿泉水不能大量地流出，就可以在数量和质量上将其与一般的淡水区别开来。劳德代尔（以及里卡多和马克思）将其作为一个悖论甚至是一个祸根所提出的理论（即通过人为创造稀缺性以达到个人财富的增加），被门格尔这一倡导新自由主义经济学理论的先驱者之一的人看作一种扩大财富的手段，因此，就其本质而言也被看作一个期望到达的目标。

结果，占主导地位的新古典传统理论逐渐远离了古典经济学关于社会财富或公共财富的概念，将社会（和自然）成本这一整个问题都排除在其核心分析之外了。墨西哥湾的一个油井漏油了，因其清洁和诉讼费用的增加而提升了该国的 GDP，但人们却几乎没有注意到在经济方面所造成的损失。正如生态经济学家赫尔曼·戴利评论的那样："劳德代尔悖论似乎是我们要按照交换价值而不是使用价值来测量财富所付的费用。"

## 三　互联网悖论

我们把在资本主义社会中出现的"互联网悖论"看作劳德代尔悖论的一个必然结果。在一个个人财富的增长是以牺牲公共财富为代价的世界中，虽然互联网所具有的巨大潜能就如同发现了一个全新的大陆一样，它代表着一个可以创造公共财富的崭新领域，同时它还表明互联网所具有的巨大潜能可能产生一个巨大的交流不受限制的新的民主空间，但是如果发生了这一开始看上去具有很大潜能的互联网在几十年内就消失了的现象，也不会令我们吃惊。互联网领域所采用的竞争策略都是以锁定客户和改变需求面的经济规模为目的的，这使得资本大量集中在私人公司手中。

就像美国当初取消了自由土地制度一样，互联网现在也正在被转变成由一些公司统治支配的空间，因此这些空间的稀缺价值就能够被这些公司所充分利用。实际上，现在互联网上似乎正在出现一种"关闭"或取代大多数免费公共空间的现象，这意味着如果按照使用价值来衡量，曾经在可能出现的新的交流空间中无疑是一种公共财富形式的互联网，也就是在全人类所产生的新的力量空间中似乎非常有前途的互联网，正在转变成一种完全不同形式的体系。在这一体系中，交换价值占了主导地位，而那些可以进行比较自由交流的使用价值则正在消失，而因为使用价值的消失迅速制造产生了大量的私人财富，所以这被认为是一种财富的增长现象。

从资本主义的观点看，正是互联网大量的存在而阻挠了其创造更多利润的空间。劳德代尔在书中写道："没有任何一种商品像空气或水那样大量存在而不失去其价值属性的。因此，商品的充足并不一定会降低其价值，但是过于充足则必将损害其价值。"

既然必须要在互联网领域制造稀缺性，而且是人为地制造稀缺性，就像《连线》杂志的安德森写的那样："人为的稀缺性是追求利润的自然目标"，那么就需要全部采用约瑟夫·熊彼特称之为"垄断行为"的做法来实现它。采取这一做法所产生的结果是互联网由一些相互之间充其量是"合作互利者"（与完全的竞争者概念相反）关系的公司所统治和控制，这些公司具有相当大的垄断权/寡头垄断权，因此，能够得到剩余价值或垄断租金。这些公司仅仅依靠找到一种"圈隔"公共财富并有效地将其私有化和垄断化而得到巨大回报的方法，使创新得到了商业化的发展并建立了市场。信息作为一种公共商品，就其本质而言是所有人都可以得到的，而且即使被一个人消费了，其他人也仍然可以得到，但是如果按照上述方法，仅凭发挥市场支配力的作用，信息就变成了一个稀缺的私有商品。

但是，这所有的可能性都需要在国家公共部门的合作下才能完成。互联网的私有化和垄断化需要在这样的一个国家里才能发生，这是一个具有大量资本的国家，这个国家既不给其居民提供任何需要发展进入互联网这一公共领域的可供选择的途径，也不保护其居民免于遭受强盗式的互联网资本家的欺诈掠夺。事实上，当这个国家看到从"什么都没有"中也可以制造出经济财富的新领域时，它就会采取对上述情况视而不见的态度，而且不会去反对资本的快速聚集，甚至还会使其变得更加容易。

美国联邦通信委员会在 2011 年同意康卡斯特（美国最大的有线系统公司——译者注）和美国国家广播环球公司两大公司合并的例子就是一个例证。正如美国联邦通信委员会委员迈克尔·考伯斯在对合并案投出唯一的反对票时曾说：这一合并"打开了互联网电缆化的大门"。按照考伯斯所言，这一合并案"为建立围圈网上公共空间（'公共花园'）、收费平台、内容优先化以及对终端用户收取进入费创造了可能性"。而对增加公共财富、保证免费进入、保持网络的中立性和建立一个民主的交流信息等领域都将产生严重损害。这样，互联网就像是一块新发现的但还没有被挖掘探索的土地一样，在人们能够意识到甚至想象到它如果按照对公共利益有利的方式进行管理所具有的全部物质性的使用价值之前，它所具有的真正财富就已让位于私人利益了。

信息通信业远非一个普通的市场，事实上，它完全不是一个严格意义上的市场。它更像空气和水，是一种公共财富、一种共有资源。当亚里士多德说人类是"社会性动物"时，倒不如说我们是交流性的动物。我们知道人类的大脑是和语言共同进化的（一种社会生活的特征）。社会关系、民主形式以及科学、文化等方面的发展都是依靠交流完成的。因此，互联网这一看上去似乎没有任何限制的自由交流形式的崛起，为建造广阔的人类社交活动的新领域以及提高民主的可能性提供了美好的前景。可是，互联网非但没有成为一种扩大人类社交活动的手段，反倒正在朝相反的方向转变，变成了一个新的使人类相互疏远的手段。其实这一转变过程绝非是自然的，而是一个社会的选择。

现在整个互联网发展的势态是很清楚的。美国和全世界的人们必须加倍努力，根据这里所提出的各个分析层面来处理互联网所出现的矛盾和问题。虽然努力的结果还远不能保证，问题也仍在加剧，但是建立一个抵抗互联网私有化的全球性网络既是必需的也是可行的。事实上，由于互联网的本质以及它所包含的利益因素，我们似乎可以公正地说，在未来的几年中，这些问题只会变得更加包罗万象。我们如何把这一战斗进行到底将对决定作为社会性动物的我们的未来大有帮助。

载于《国外理论动态》2012 年第 4 期

# 政治广告的牛市<sup>*</sup>

[美] 罗伯特·麦克切斯尼 约翰·尼古拉斯 著

郭 莲 译<sup>**</sup>

[**内容提要**] 文章认为，美国的政治竞选活动获得的捐助资金大部分都花费在了通过政治广告所做的宣传上，宣传的大部分资金又花在了电视广告上，而这些花费是能够产生一定的影响。作者将政治竞选广告与传统商业广告进行了比较，指出政治广告区别于传统商业广告的重要一点就是负面政治广告的存在，并进一步分析了这种负面广告对选举制度的负面作用。文章提出，商业电视广播是政治电视广告的最大受益者。

[**关键词**] 政治广告；竞选活动；负面广告；商业电视广播

现在美国正处在每四年一次的总统选举中，看起来这将会是一个永远延续下去的程序模式了。与过去相比，现在的竞选活动

---

* 本文原载美刊《每月评论》（*Monthly Review*）2012 年 4 月号（总第 63 卷），译文有删节。

** 罗伯特·麦克切斯尼（Robert W. McChesney）：美国伊利诺伊大学香槟分校传播学院；约翰·尼古拉斯（John Nichols）：美国《国家》杂志编辑部；郭莲：中共中央党校文史部。

更加浸透在由少数亿万富翁所捐助的更多的金钱中了。自 20 世纪 70 年代以来，几乎每一个选举周期所花费在政治竞选活动上的金钱数目都在急剧增长。这一现象导致了我们称之为"金钱与媒体联合竞选企业"的形成，这一联合竞选企业每年有数十亿美元的竞选活动捐款的收入，实际上它已成为美国选举政治的根基。而且，现在总统选举活动的花费的增长率自 2008 年至 2012 年已达到了一个前所未有的高度。

2010 年 1 月，最高法院作出了对"联合公民"诉讼案的裁决，这一裁决正在改变美国的选举制度，并给其注入了动力。该诉讼案的获胜取消了对企业和个人在捐助竞选活动时钱数上的限制，特别是那些不受候选人控制的企业的捐助，这就造成了大量"超级政治行动委员会"的产生，这些带有神秘色彩的具有隐蔽性特点的组织团体不需要遵守捐款不能超过 2500 美元这一限制，而且也能很轻易地逃避法规条例中给竞选活动捐款需要报告捐款来源这一规定的管制。

如此一来，这种现象导致了两个问题。其一，所有这些捐助的钱款都花费到哪里去了？其二，这些花在选举上的钱都起到了什么样的效果？对于第一个问题的简短回答是，正像所有美国选举活动的参与者和观察者都知道的那样，这些钱中的大部分都花费在通过政治广告所做的宣传上了，而宣传的大部分钱又花在电视广告上。为竞选活动而投入到电视广告上的花费在总花费中所占的百分比在过去 40 年间急剧增长。如果在这一点上有一个规律可循的话，那就是离竞选活动的日期越近，花费在竞选活动上的钱就越多；同时，花费在付费的政治性电视广告上的钱所占的比例也会越高。尼德汉姆投资银行的一份新出炉的报告说，电视台的收益将从 2008 年的 28 亿美元达到 2012 年的 50 亿美元。对于第二个问题的答案是，花费在竞选上的钱是有一些效果的。

对于 20 世纪 50 年代后期出生的美国人来说，现在充斥着美国政治竞选活动内容的洪水般的电视商业广告，无论好坏，看上去似乎都像是一件天经地义的事，但是在这种状况成为常态之前，美国的竞选活动的状况在过去的 175 年的时间里是完全不同的。现在当读到西奥多·怀特（Theodore White）所写的那些系列丛书《总统的诞生》（*The Making of the President*）时，人们会发现怀特在书中反复提到电视在选举中所扮演的新角色这一话题，但却几乎完全没有谈到政治性电视广告的内容。根据怀特的描述，尼克松在他 1960 年那次没有成功的总统竞选活动的整个过程中，几乎完全没有注意到他的广告顾问所提出的一些建议。乔·克莱恩（Joe Klein）所做的研究显示，在 20 世纪 50 年代和 60 年代，总统候选人通常也会雇用一些广告和民意测验专家，"但是这些人都是非核心的次要的顾问，他们并不管理和负责整个竞选活动"。

但是这种状况很快就改变了。乔·麦金尼斯（Joe McGinn-iss）在 1969 年出版了他的极富创造性的著作《推销总统》，他在书中记录了所说的"一个新的引人注意的现象——政治候选人如同是消费品一样正在被市场营销化"。麦金尼斯在书中记录了尼克松运用美国广告业的营销规则，以政治性的电视商业广告宣传作为他竞选活动的基础支架的整个过程。麦金尼斯在书中预见性地推断说："这是一个全新概念的开始。这是一种未来总统候选人被选举出来的永久的方式。"

截至 1972 年，花费在所有竞选活动的政治性电视广告上的总金额比 1960 年几乎增长了 4 倍，达到了 3700 万美元，这一数字不但让麦金尼斯、罗伯特·雷德福（Robert Redford）等人感到震惊，而且也让包括总统、众议院、参议院、州长、市长、各州立法机构和市议会等相关组织机构在内的整个国家都震惊了。这一数字大概相当于 2012 年的 2 亿美元；如果考虑到通货膨胀的因素，那么 1972 年总统选举所花费的费用仅仅是 2012 年费用的 3%。

2010 年以众议院、参议院以及州长候选人的竞选活动为内容的政治性电视广告的总数达到了 287 万条，这比 2002 年增加了250%。在花费金钱方面，如果严格地与 2008 年相比的话，2010年花费在众议院竞选活动上的电视广告费用增加了 54%，而参议院竞选活动的花费则增加了 71%。现在已经可以清楚地看到，2012 年花费在竞选活动上的费用将比 2008 年有一个更大的飞跃，出现了史上最大的增长，而且其中许多钱都将花费在政治性电视广告上。

# 一 政治广告与传统广告

20 世纪 60 年代和 70 年代早期，当政治性电视广告开始在竞选活动中的作用变得越来越突出时，人们对这一现象普遍持批评的态度，认为这些政治广告之所以糟糕是因为它们正在用广告销售业经常使用的兜售和欺诈方式取代政治辩论和民主治理这样重要的手段。有人甚至失望地说："麦迪逊大道就像推销肥皂一样推销政客。""麦迪逊大道"一词本身就是这一简短的方式表达了对广告业缺少道德、真诚和信誉的行为的批评，它概括了许多人在政治性电视广告的冲击下所体验到的感受。

广告业在 21 世纪成为一个价值数十亿美元的产业，在此之前，其拥护者们常常因有人把政治广告比作商业广告而生气，因为他们认为后者比前者具有更高和更多的信誉和社会价值。广告业的泰斗大卫·奥格威（David Ogilvy）称政治性地插播广告是"所有广告中最具有欺骗性、误导性，且是最不公正和不真实的"。当广告总监罗伯特·斯佩罗（Robert Spero）听到"电视广告就像推销肥皂一样推销政客"这句话时，他回答说：不幸的是，这句话不是事实，因为推销肥皂的广告是具有非常高的水准的。在斯佩罗看来，商业广告与政治广告之间最主要的区别是政治广告不像商业广告，它受到美国宪法第一修正案的保护而不受限于禁止播放具有欺骗性和误导性节目内容的法规的监管。

从像奥格威和斯佩罗这样的行业知名人物那里发出的反对政治广告的争论声这些年来已经减弱了。从某种程度上来说，这也许是因为新自由主义通过监管体系发挥了其神奇的作用，所以自20 世纪 70 年代之后，国家对商业广告所实施的严厉的监管标准慢慢降低了，因此反对的声音也就不再那么引人注意了。从更大程度上来说，"金钱与媒体联合竞选企业"的出现就意味着广告业将采取一项大规模的行动，所以会有很大的刺激动力让人们去接受现状并顺应潮流，而无论这一现状是好是坏。人们不禁会问，政治广告真的会比垃圾食品、药物或烟草广告更糟糕吗？回答是，无论怎样改头换貌，有一点都是非常清楚的，那就是政治广告与诚信和质量几乎没有任何关联。

政治学家和政治传媒学者普遍认为政治广告首先是政治竞选活动的衍生物，这一点是可以理解的，因为政治广告就是从竞选活动中产生的，但特别要注意的是不要把现在的情况与较早年代的情况联系在一起讨论。因为美国当前的政治活动中一直都存在着奉承、恐吓、欺骗、人格诋毁、操纵、愚弄等行为特点，所以有人认为，美国人对于上述行为特点现在被打包进竞选候选人的电视广告中这一现象不应该感到如此惊讶。过去，美国的民主制度最终总能有效地运转并发挥其作用，而选民也能够克服那些政治上的糟糕行为，并利用这一制度准确地表达他们主要的政治价值观及关切，所以几乎没有理由认为在政治广告泛滥的时代，情况就会不一样。这一民主制度仍然有效，因为事情变化越多，它们保持不变的地方也就越多。

但是，认为政治广告和商品广告关系密切的看法淡化了当前由政治性电视广告打造出的政治竞选活动中所存在的一些重要的差别。首先，一个候选人要成功地参加竞选，需要大量的资金，以及与这些资助资金联系在一起的附带条件。其次，这种政治广告本身就体现着权力，具有复杂性和无处不在的特点，而事实上这些特点几乎到了可以替代竞选活动中一切其他事物的程度。再一个问题是，在相当程度上，人们是厌恶政治广告的，而且对这些广告的厌恶程度是美国政治竞选活动中前所未有的。我们现在得到的印象是，无论多大年纪、来自何种背景、对政治选举活动持有何种态度，人们都期望生活在原来没有政治性电视广告的世界里。

在我们看来，通过把政治广告仍然理解为是商业广告的一部分，可以使我们更加准确地理解现在的政治选举活动。而这一看法几乎没有被学者们注意到，这也许是因为没有多少学者对这个问题给予足够的重视。现代商业广告并不是经济学家们所说的"竞争的市场"具有的一个功能，"竞争的市场"是指新的企业能够顺利地进入现存的可获利的市场中，并能增加产量，降低价格，从而使消费者从此幸福地生活下去。在这样的市场中，广告常常相对较少，这仅仅是因为生产商能够以市场价卖掉他们生产的所有产品，如果高于市场价，他们就对市场完全失去掌控了。

这就是为什么以过去的 100 年作为比较标准的话，在 19 世纪后期之前，美国竞争性的本土经济中很少有广告的原因。

现代说服式广告作为经济学家所认为的缺少竞争的市场的一个功能而发展繁荣起来，这种市场通常被认为是寡头垄断性的。在这样的市场中，少数公司控制和主导着商品的产量和销售量，这些公司拥有很大的市场权力，因此它们能够按照它们的产品销售价来确定市场的价格。一个寡头垄断市场最主要的特征就是，无论这个市场可能是多么有利可图，后来者都很难进入这个市场中。在寡头垄断下，市场有着很强的抑制因素，能阻止竞争者投入价格战中以扩大自己的市场份额，这是因为所有的主要参与者都足够强大，能够在价格战中存活下来，而价格战所能做的就是缩小各个参与竞争的公司为之争夺的行业收益份额。在一个由少数寡头公司垄断的行业中，价格常常趋向单个寡头垄断的行业里的价格，所以市场里的竞争者们都会为了使收益份额最大化而斗争。

乍一看，这就是 20 世纪和 21 世纪美国经济最准确的写照，美国的经济在过去 30 年间变得更具垄断性。这虽然并非是唯一的但起码也是一个比较好的了解广告业为什么会出现在现在并占据着统治地位的途径。尽管各家公司并没有处在经济学家们所谓的"竞争的市场"里，但是它们为了将各自利益的最大化，都肯定会竭尽全力地投入相互的垄断竞争中。广告最先出现时是为了成为增加和保护市场份额的主要方式，而不是要参与具有破坏性的价格竞争。

选举活动非常类似于经济领域，因为在普选中，选举也常常会变成一个双头垄断的市场，也就是说通常只有两个候选人可能获胜。就像在单个寡头垄断的市场中一样，这种双头垄断者已利用了他们的"市场权力"——在选举的例子里就是指控制了选举法——使得第三方几乎不可能成功地确立自己作为一个合法的竞争者的地位。

麦克弗森（Crawford Macpherson）是最早从寡头和双头垄断的市场行为来了解当代两党制的选举政治的人之一。关于政党问题，他曾写道："在仅有少数卖方的市场里，卖方并非像是在一个存在充分竞争的系统里必须做的那样，他们不需要也不会对买方的需求作出反应。"这就是说这些政党就像寡头垄断公司一样，可以"创造出人们对政治商品的需求"，并在很大程度上可以制定"对于这些政治商品的需求计划"。麦克弗森认为，在现代资本主义社会中，一个由两大主要政党控制的政党体制，例如美国的两党制，常常会形成"两派精英之间竞争的环境"，这不只是一种驱动力，同时也会"出现一些问题"。在麦克弗森看来，这种两党制的形式很容易让老百姓产生对政治的冷淡情绪和脱离政治的倾向，而且这种形式也最适合维持精英的统治，这种现象就是通常所讲的"弱势民主"。政治学家凯伊（Valdimer Key）在20世纪50年代所做的一项研究证明，在20世纪前半叶的选举，投票人数中存在着阶级偏差——富人参与投票的比例几乎达到了穷人的两倍。

麦克弗森是在20世纪70年代提出这些深刻见解的，在那个年代，政治广告还没有达到政治学里的里氏震级强度。如果说那时和现在有什么不同的话，那就是现在两个政党与精英阶层在经济利益方面的联系比那个年代更加紧密了。但是这种把选举比作经济现象的做法仅仅适合来进行粗略的比较，因为选举制并不是商业市场，而且由两党垄断的选举制远在政治广告出现之前就已存在很长时间了。政治广告要成为选举制的一个主要构成因素，需要有许多的发展条件，特别是商业广告的出现。

看看广告的内容，我们就能理解为什么这种把说服式广告比作寡头垄断市场的比喻对理解政治广告是至关重要的。在寡头垄断的情况下，各个公司都愿意生产相似的产品，并以相似的价格销售这些产品。那些只强调价格和产品信息的广告即使不是起到反作用的话，也是没有效果的。因此，各个公司会不惜余力地去创造被认为是和竞争对手不一样的品牌，而广告在让这些品牌彰显其特色方面至关重要。

但是情况往往并不是那么清晰。具有传奇色彩的广告商人罗瑟·里维斯（Rosser Reeves）之所以这么著名就是因为，20 世纪 60 年代，在他的达彼思广告公司新招收的广告文字撰稿人面前，他总是举起两只手，每只手里拿着一枚完全相同的银光闪闪的银币，然后告诉他的听众说："永远不要忘了你的工作是非常简单的，那就是要使人们认为你左手里的银币比你右手里的银币更值得拥有。"里维斯就是这种带有欺诈性广告策略的提倡者和支持者，这种欺诈性的广告策略就是要把某种产品本身既陈旧又普通的产品描述成一种独特的新产品。而且，许多产品加上某个品牌后产生的差异其实都是表面上的，与这种产品本身所提供的功用没有真正意义上的关系，但是这种差异却为广告宣传活动提供了有用的素材。

如此一来，注重广告的内容就意味着广告商需要永无止境地去探寻一些能够吸引消费者注意力的方法，并利用一切可能去设法区别各种商品的差异，而这些差异与商品所能提供给消费者的用途也许完全没有任何关系。这种做法还会导致出现一些类似的广告，这些广告的目的就是设法从某个商品所具有的那些不重要的、也不是其特有的特性中编造出这个商品的一些优势来。看一下那些播个没完没了的啤酒、香皂和无数其他商品的广告就能发现，这些广告传递了多少虚假空洞的信息。

同样，广告常常擅长利用人的感情或恐惧心理作为一个刺激武器。特别是电视广告能在不到 30 秒钟的时间里，使用本文化中所特有的信息线索传递出相当复杂的信息，并利用其文化中所固有的模式和文化元素将商品所包含的许多内涵意义塞进几秒中的广告瞬间里。电视广告还通过使用视觉的特殊效果达到宣传的目的，也就是如果人们只是阅读或收听这些广告中的文字，他们就会错过这些广告所要传递的核心意思。总之，电视广告可能是世界上被应用的宣传手段中最高级和最复杂的系统模式了。

由寡头垄断的广告所具有的特性最终会导致两个矛盾。其一，所卖的商品越相似，价格也就越相同，那么广告公司就必须做更多的广告去说服人们相信他们所卖的商品和别家的商品是有所不同的。其二，广告公司做越多的广告去说明他们的商品与他们竞争对手的商品是不同的，那么，在媒体和文化中就会出现越多的商业化的"杂音"。结果，广告公司就被迫去提高它们的广告播出量以达到克服这种"杂音"，把广告直接传递到公众那里去的目的。如果说在广告业有任何类似铁律的法则的话，那就是：重复播放广告就有效；而且一个品牌的广告曝光次数越多就越好。

我们认为这是了解"金钱与媒体联合竞选企业"和政治广告中所包含的许多内容所需的一个好方法。由于政治广告所起的作用已经越来越大，所以已经出现了一个由能从战略和战术上充分使用和利用广告作用的专家组成的行业。这些专家先做研究来判定什么样的吸引力会对某些特定的观众更有效，然后就制作这样的广告来达到这样的效果。这些专家常会把选民划分成能够被更好利用的很小的群体对象。

　　总之，人们从开始就应该抱有这样的想法，即政治广告所播放的内容将具有为某个啤酒或饮料所做的商业广告所具有的全部价值。广告所反映的信息内容也许确实不准确，或更有可能是脱离语境的半真半假的话，但这不应该让人感到惊讶，而且这也不是那些制作广告的人所迫切关心的事。有项研究显示，几乎所有的政治广告都"会制造出一种对人的情感的吸引力"，特别是对热情和恐惧这两种情感的吸引力。朱利安·坎特（Julian Kanter）曾评论说：在政治性的电视广告中，"最重要的信息是那些包含在视觉意象里的信息。这种视觉意象可被用来创造一些给人以高度真实感的印象"。通过这样的视觉技巧手段，竞选活动的广告就可以躲避给人阅读的文本文字所要面对的审查。广告中的某些内容也许与一些现实中真实的问题没有关系，比如当这些候选人一旦上任就要处理的真实问题，以及他们可能采取的做法。这些都无关紧要，而关键的一点就是要依靠任何可能的手段去赢得选举。

　　没有人对这一点的理解比李·艾特沃特（Lee Atwater）更深刻了，艾特沃特是1988年乔治·布什成功竞选总统时其竞选活动的政治策划者。他解释说：两党之间的斗争总是围绕着如何争取赢得那些"平民的选票"这一目的而进行的。这就是要赢得那些独立选票。他承认所有这些都是通过政治市场的营销手段来完成的，而与两党实际上要怎样管理国家几乎没有任何关系。到20世纪90年代为止，所有的研究都表明，大多数候选人都与他们在竞选活动中所使用的市场营销手段策略以及所做的广告内容几乎完全没有任何关系，在有了职业竞选顾问后，这些都成了竞选顾问们主要研究的问题，而且这些人工作的目的就是为了帮助候选人赢得选举。

而且，商业广告的两个自相矛盾的悖论在这里也适用。首先，那些履历中没有太多能将自己与其他竞争对手区别开的明显特征的候选人必须花费更多钱在宣传广告上，其目的是为了使受众建立起该候选人与对手有着重要差别的认知。其次，当某个候选人的竞争对手在广告上花费巨大时，那么，这就会给这个候选人造成很大的压力，让他想要在广告上与其对手花费相当，或比对手花钱更多。这里有一条普遍适用的铁律，即如果其他条件都相对一样的话，那么，那个为电视广告筹措的资金最多的候选人将会赢得竞选。

也许没有哪个竞选活动能比巴拉克·奥巴马 2007—2008 年的总统竞选活动更能证明商业广告所具有的巨大威力了。2006 年，奥巴马在《无畏的希望》一书中写道："我起到了一个空白屏幕的作用，在这个屏幕上，持有迥然不同政见的人发表他们各自的观点和看法。"媒体研究学者莱昂纳德·斯泰因霍恩（Leonard Steinhorn）写道："当他赢得了总统选举时，巴拉克·奥巴马这一商标品牌已经成了一个全世界的奇迹。他已经成为一个偶像，一个似乎体现了我们大部分的个人愿望和希望的人物，一个带有英雄般的传奇色彩并具有超越了任何一个凡人所具有的权力和能力的人物。"奥巴马的竞选策划团队创造了如此非同寻常的广告活动和宣传口号——"我们可以相信的改变"，而他们也因此在 2008 年被《广告时代》杂志授予"年度最佳销售商"这一奖项。

回想一下，就国家管理和政策方面而言，奥巴马竞选活动的广告宣传用语如果不能算是空洞或虚伪的话，起码也是模糊不清的，尽管这一点现在已被视作很正常的事了。因为公众普遍认为，其他所有竞选人都是这样做的，为什么就该用不同的标准衡量奥巴马呢？

奥巴马竞选活动的成功还凸显出商业广告完全适用于政治广告的一面，而且很有效。特拉维斯·里杜特（Travis Ridout）和迈克尔·弗朗茨（Michael Franz）这两位致力于这一议题研究的资深研究者在2011年写道："我们可以确定地说，广告是很有说服力的，特别是如果你比你的对手做了更多的广告的话。我们已经发现，由电视播放的政治广告影响了人们的投票选择，而且对于那些最不了解政治的人的影响最大。"

凯特·肯斯基（Kate Kenskie）等人所写的获奖图书《奥巴马的胜利》对2008年的美国总统竞选活动进行了最全面的综合研究，他们在书中证实说，奥巴马把钱花在政治性电视广告上的能力在那些摇摆州，乃至全美国，都远远超过了麦凯恩，这一点是非常重要的。麦凯恩的一名媒体策划人指出："每当我们在某个州领先或稍微有了一点立足点时，奥巴马就会在这个州投入一批新的电视广告，然后就会把整个事情给毁了。"《奥巴马的胜利》一书的作者并没有声称奥巴马的竞选广告就一定为他赢得了竞选，但起码竞选广告很有可能在那些传统上倾向于共和党的州起到了决定性的作用。

更重要的是，有研究还发现政治性电视广告在竞选参众两院议员的选举活动中甚至更加有效，更不用说其他那些规模较小的选举了。达雷尔·韦斯特（Darrell M. West）在2010年写给《国会季刊》（Congressional Quarterly）的一份报告中写道："在总统竞选活动中，选民可能会受到新闻报道、辩论或经济因素的影响，这些因素制约了广告的影响力，并可能会使选民作出其他的选择。而在国会议员的选举中，一些这样的制约因素是缺失的，这就使得广告的力量变得更加重要了。如果某些候选人有钱在竞选议员的活动中做广告宣传自己，这就能成为这些候选人竞选成功的一个巨大优势。"

当然并不是所有的广告都是有效的，这正是一个让广告业的主管们为之困扰了一个世纪的难题。

政治广告也是如此。马克·麦金农（Mark Mckinnon）为乔治·布什2000年和2004年的竞选活动做过广告，他说："花费在总统竞选活动电视广告上的钱有一半很有可能完全是一种浪费，最好应该把这些钱花在网络或其他活动上。"但事实却是，用在政治性电视广告上的花费并非是可有可无的，这样的花费对于那些要在当代美国政坛上生存下去的人来说是非常必要的，更不用说要在政治上取得成功了，这就如同一个像可口可乐、康胜啤酒或耐克鞋这样的商业广告客户要在一个寡头垄断的行业里生存下去一样。

在20世纪90年代全美范围内的竞选活动中，有少数几个主要的候选人以不愿意接受大笔的竞选捐款为荣，这就意味着他们根本不能像他们的竞争对手那样播放大量的电视宣传广告。这方面最突出的例子是埃德·加维（Ed Garvey）参加1998年威斯康星州州长的竞选，以及拉斯·范戈尔德（Russ Feingold）1998年连任威斯康星州参议员的竞选。这两次竞选活动的结果是，加维在选举中以较大的选票差距惨败；而范戈尔德差一点没能赢得竞选，可是事实上无论怎么看他都是应该能够很轻松地获胜的。这些例子向我们传递了一个非常清楚的信息，那就是这种不接受竞选捐款的做法极大地增大了竞选失败的可能性。从那以后，没有哪个主要政党的候选人再敢使用这种被戏称为"单方面裁军"的方式去模仿他们的做法了。

## 二 负面政治广告

政治广告在一个非常重要的方面与商业广告是非常不同的，这就是负面广告，这种广告的目的是为了攻击和诋毁竞争对手。在一个商业市场里，这样的广告几乎没有任何价值。商业广告的目的就是保护和提升广告客户的产品销售量，最终达到增加盈利的目的。仅仅让竞争对手的销售额减少并不能获得任何奖励，事实上这样做也许刚好起到了相反的作用，会让消费者完全远离这一产品。

而政治广告则不是这样。这种负面广告即使不能为投放广告的候选人增加新的支持者，也能在打击对手方面非常有效，甚至可能会取得极大的成功。如果这样的广告能赢得一些原本倾向于对手的选民，或使他们不太可能去投票给对手，或使他们根本就弃权投票，这就是成功了。毕竟你做广告的目的就是为了得到最多的选票，如果你能使投给你对手的选票降低，这和提高你自己选票的总数是一样的效果。而且，负面广告还有一个极妙的副作用，那就是它能强迫你的对手回应那些对他的指控，无论这些指控是多么荒谬。这种广告可以明显放大由某个竞选政客编造的故事所引起的一场政治行动的影响力。例如，某个候选人会让他的竞选经理开始散布一个谣言，说他的竞争对手是一个猥亵儿童者，而经理说："可是他不是一个猥亵儿童者呀？"这个候选人回答说："他当然不是，但是我想要听听他是怎样否认这项指控的。"

正是因为这些原因，负面广告一直在政治性电视广告中占据着相当大的比例，而且这一比例现在还在提升。一项研究得出结论说，在 2000 年至 2008 年，负面广告在所有政治性电视广告中所占的百分比由 50% 提高到了 60%，2010 年所占的比例和数量是"前所未有的"，而且到了 2012 年将会再有一个更大幅度的提升，这仅仅是出于一个简单的原因，即那些在"联合公民"诉讼案之后利用匿名资金建立起来的新的独立团体把他们的资金都主要用于那些攻击性的负面广告，而这些独立团体并不受候选人、政党，甚至资金来源的约束。

如果政治广告是有效的话，那么负面的政治广告就更加有效了。不过显而易见的是，采用这样的广告需要具有战术和战略思考能力，因为总会存在带有冒险的因素导致适得其反的后果。可是即使是这样，一项关于 2008 年的初选活动的研究还是显示，在投票后的民意调查中，被广泛认为是不公平的负面政治广告仍然是有效的。这种广告能在人们的"内心深处"播下怀疑的种子，而这种怀疑的种子能够决定一个人怎样去投票。我们现在还不清楚负面广告对一场竞选活动能造成怎样的损害，但这些广告通常都是由那些在民调中大幅差落后或类似的不得不"孤注一掷"的候选人所制作的。

当这样的负面广告经过精心策划并得到大量的金钱支撑时，它们就能使人们在竞选活动中的议论焦点完全集中在广告所宣传的内容上而不是其他事情上。当回顾美国历史上那些改变了竞选活动走向的政治广告时，人们就会发现这些广告通常都是负面的，而且多半是编造的。在这方面最著名的例子发生在 1988 年，当时的马萨诸塞州州长、民主党候选人迈克尔·杜卡基斯（Michael Dukakis）与在任的副总统乔治·布什之间为争夺 1988 年总统的位置开始了竞选活动。那一年夏末，杜卡基斯领先于布什 17 个百分点，而且赢得了妇女和传统的民主党选民的特别好感。当时在李·艾特沃特以及包括罗杰·艾尔斯（Roger Ailes）在内的竞选团队的支持下，共和党采取了"试销"攻击性广告的策略，他们把宣传重点放在了"里根的民主党人"那里，也就是传统的白人工人阶级民主党人。他们发现，如果在广告上讨论的话题远离经济问题，以及像社会保障和联邦医疗保险这类政府所关心的问题，这些人就可能被撬走。当艾特沃特等人看到这些传统的白人工人阶级民主党人对杜卡基斯州长所处理的一个黑人罪犯的案件所表现出来的负面情绪时，他们发现这件事大有文章可做。当时杜卡基斯州长给了这个名叫威利·霍顿（Willie Horton）的黑人强奸犯一个周末的囚犯假期，可霍顿却擅自离开了休假地，又跑去强奸了一个白人妇女。艾特沃特当时曾炫耀说："当这次竞选活动结束时，威利·霍顿将成为一个家喻户晓的名字。"威利·霍顿的确成了一个家喻户晓的名字。对于威利·霍顿的电视广告对杜卡基斯竞选的打击到底有多大还不清楚，但是大家普遍认为这一事件起了一个非常重要的作用。

发生在最近的例子是2004年参议员约翰·克里与当时在任的总统乔治·布什之间的竞选总统的争夺战。当时民调显示克里领先于布什，因为克里有在越南战场上获得荣誉士兵的记录，所以他在他的越战经历上做足了文章，而且他的"兄弟连"——他专门用于称呼他的退役老兵们的称号，也来为他的竞选助阵。这与布什的情况形成了反差，布什在越战时期曾有在战场上临阵脱逃的记录，这一点被认为是对克里十分有利的。可随后，一个神秘的名叫"说出真相的快艇老兵"的独立团体播放了一系列的电视广告，声称事实上克里在越战时也是一个背叛了他的"兄弟们"的懦夫。这些广告其实都是编造的，而且也被参议员约翰·麦卡恩等人所否定了，但是这一话题却成了当时竞选活动中持续了数周的热门话题。克里的竞选就这样被这些指控所挫伤，最终在 11 月失去了有利局势。

那些赞成负面政治广告的人也承认这样的广告有其丑恶阴暗的一面，但是，他们却认为解决这个问题的方法就是以毒攻毒。弗朗茨等人认为："广告为回应对手的攻击提供了一种看得见而且相对有效的回击方式。对于每一个歪曲事实的 30 秒广告，都可以用一个澄清事实的 30 秒广告予以回击。这样，每一项指控都能够以一种有效且高效的方式提出并予以回应。"他们责备约翰·克里没有立即对"快艇"的攻击广告予以回应，这情景就像其他人批评杜卡基斯在 1988 年没有回应威利·霍顿的指控一样。

弗朗茨等人也承认回应这些攻击性广告所需要的资金数额已经到了令人生畏的地步。这个现象使得那些最有钱的候选人用伪造的和不相关的负面指控来攻击对手，并迫使他们的对手花费大笔金钱做广告来回应这些攻击，不然就会让这些指控看上去像是事实。有心理研究指出，采取进攻而不是防守的方式有很大优势，也就是要先用指控压住竞争对手，采取进攻方式的候选人最明智的做法就是抢先开枪，然后迫使对手不得不回应这些负面指控。布鲁斯·阿克曼（Bruce Ackerman）写道："甚至原则性很强的政客也会在巨大的竞争压力下屈服于一种人为操控的非理性的政治权术。毕竟，如果你的对手要用一些内容非常敏感或容易引起公愤的电视短片来猛烈攻击你，那么这时你坚持原则不会对你有任何好处，因为你可能会失去选举，所以最好的防卫就是也用一个电视短片予以回击。"在我们看来，这一现象对于一个想要正常运转的民主选举制来说远不只是一个小缺点，而会导致荒唐的、灾难性的后果。这近乎可怕地等同于欣然接受了核战争军事演习里的"同归于尽论"。这就是美国的选举政治。

但是，令人悲哀的是，这还远不是负面政治广告最糟糕的一面。这种负面电视广告最突出的问题还在于它加剧了"去政治化"的倾向。它扩大了公民对政治淡漠的倾向，这是一个在不平等的社会里反复出现的问题，也是在一个两党制根基稳固的社会中变得日益恶化的问题。负面广告最明确的目的就是要使那些有可能把选票投给他们最可能支持的候选人的选民转变方向。如果不是最终也会自食其果的话，那么，"去政治化"的情感是人们对一个充斥着负面政治广告用语的政治环境所作出的一种理性的反应。在这一点上，斯蒂芬·安索雷布哈尔（Stephen Ansolabehere）等人所做的经验研究证明，负面广告所产生的最主要的后果就是它会使公民人心涣散，而且如果不是使他们完全逃离公共生活，起码也会逃离政治选举活动。现在正在出现一种公众淡漠和逃离政治的政治崩溃的趋势。甚至连那些为政治广告辩护的学者也承认这一事实，他们说：已有的研究已证实，"人们大量收看负面政治广告有可能加剧他们玩世不恭的心态，特别是对于那些无党派人士来说就更是如此了"。

## 三　商业广播电视

现在让我们再引入"金钱与媒体联合竞选企业"和有关政治广告最主要的直接受益者——商业广播电视产业这一话题。正像我们上面提到的一样，人们都知道，在美国，如果没有一个商业化的电视系统，那么政治广告是不可能形成气候的，而这种商业化的电视系统不但受惠于而且还刺激了候选人去付费为自己做竞选宣传广告。在 20 世纪六七十年代，候选人所做的电视广告只构成了全部电视广告收入份额中很小的一部分；到了 90 年代早期，这一数字仅升至 2%；但在 10 年后，这一数字就增加到了5%—8%；而到了 2012 年，这一数字就变成了 20%。正像新泽西州的参议员比尔·布莱德利（Bill Bradley）所说的那样："竞选活动对广播公司来说就像是收账代理商，你仅仅是把钱从捐助者那里转给了电视台。"

简言之，政治广告已经成为商业广播电视产业的一个重要组成部分，同时也是其利润的根基。这是一个理想的商业模式，因为它几乎完全不需要任何销售团队去费力推销商品，因为钱是事先就付好的。一个投资服务公司在 2011 年曾写道："选民们将会受到比以往任何时候都更多的竞选广告的冲击。"穆迪投资服务公司在 2011 年一份特殊的报告中曾宣传传媒股票是一种很合算且值得购买的股票，这份报告是这样写的："没有任何人喜欢观看美国的电视广播公司播放的那类充满了政治争吵和辩论的竞选广告节目。可是这类节目中的政治争吵和辩论越激烈，电视广播公司就期望能从中得到越多的钱。"正如穆迪公司的卡尔·萨拉斯（Carl Salas）说的那样："事实上，2012 年美国所有的电视广播公司都将从投资政治广告中获利。"

艾瑞克·格林伯格（Eric Greenberg）对于这一状况的评论可能是最恰当的。作为一位在这一行干了 20 年的行业资深人士，他对于商业广告的这种运营模式直率地评论道："政治广告与选举和电视的关系就如同圣诞节与零售商的关系一样。"他曾预言，由于政治广告的市场是如此的"巨大"，所以在各电视台之间将很有可能再出现一次新的合并与收购浪潮。

这将更进一步地驱使传媒行业出现一个合并重组的趋势，而这一趋势在 20 世纪 80 年代就已经变得十分紧迫了。在过去的 30 年间，除了由政治广告所带来的电视广告收益所占的百分比得到了极大的提高外，由于传媒行业出现大规模合并重组的浪潮，那些获得大量政治广告收益的传媒公司的数量在大幅减少。

传媒业的合并是非常重要的，因为这些合并后的传媒公司在华盛顿能形成非常有影响力的游说团体，可以去保护他们自身的利益，而且他们合并重组的公司规模越大，他们在政治上的影响力也就越大。在全美广播电视协会的带领下，这些巨大的传媒公司已经下决心，不让任何事情阻挠政治性电视广告这一金色“水龙头”的开启。而到了20世纪90年代中期，政府与各界人士共同努力要求商业广播电视公司给所有参加竞选的候选人提供免费播放时间，其目的是为了降低大量金钱对选举制度上所起的腐化作用。为了确保候选人能得到这样的免费播放时间，政府不但制定了法律，而且民间也组织形成了一些公益团体，这一努力得到了大众的广泛支持。

给候选人留出免费的播放时间是一个合理的要求，因为这些商业电视广播公司已免费得到了那些稀少的广播频道的垄断性的许可证和权利，以此作为服务公众利益的回报。在立法和进行法律裁定时，议会和最高法院都明确地规定，为公众报道竞选活动是所有电视广播公司为公众提供的服务中一个明确的组成部分。美国联邦通信委员会甚至还正式地宣布，他们希望地方电视广播公司在做竞选活动报道时，既要报道州级的也要报道地方的竞选活动。直到1991年，那些参加州级和地方竞选活动的候选人都肯定有了这样被电视宣传报道的权利，甚至已经发展到了只有通过电视报道的竞选活动才被认为是重要的竞选活动的程度。在20世纪八九十年代，随着政治广告和竞选活动的花费迅速增加，商业电视台对竞选活动的报道无论在数量还是质量上都似乎存在严重不足。

到了 1997 年，当总统比尔·克林顿带着新组成的戈尔委员会公开出现在电视台的免费宣传播放时间里时，公众对这一问题的关注度达到了顶点。戈尔委员会是 1997 年由美国联邦通信委员会推荐并由白宫批准成立的组织，其成立的目的就是为了确保商业电视广播公司要承担对公益性服务所尽的义务，而按照 1996 年美国电信法的规定，作为交换条件，这些公司免费得到了利润丰厚的数字广播频谱，一些相关人士估计这一利润数字能达到700 亿美元之多。

当时，美国联邦通信委员会主席威廉·柯拉德（William Kennard）坚决支持给候选人免费电视播放时间这一提议，他希望戈尔委员会坚持按照克林顿总统的愿望行事。但是由于委员会的成员里有几个来自商业电视广播公司的委员，所以委员会所作的决定被证明几乎没有任何价值。柯拉德说："到了最后，整个电视广播产业根本就不愿意接受任何让他们播放更多涉及公众利益的节目的要求。"专栏作家杰夫·科恩（Jeff Cohen）当时写道："当克林顿总统让各家电视广播公司为参加竞选的候选人留出一些免费的播放时间时，全美广播电视协会的人愤怒地作出反应，这种愤怒情绪就如同人们所预期的从美国步枪协会听到总统建议不但要禁用攻击性武器而且还有禁用猎枪、手枪和玩具枪时所作出的反应一样。"柯拉德明白了这一问题的关键后说："戈尔委员会的报告是在国会已经把数字广播频谱给了这些电视广播公司之后才出台的，所以它就失去了它应有的影响力。"

议会也没有使这种状况变得更好。事实上，当柯拉德提出要给候选人免费电视广播时间这一想法时，一些重要的国会议员明确表示柯拉德应该放弃这件事，否则就会面临美国联邦通信委员会的预算严重削减的危险。

没有一个靠近权力杠杆的监管机构或政客胆敢消耗他们的政治资本去推进柯拉德想要做的事，对于这一问题的讨论自 2000 年之后就几乎被放弃了。那些传媒公司的巨头们会在很多现实问题上游说国会议员，但是一旦当谈到保护无限制的政治性电视广告和竞选活动的花费时，他们与他们在这方面所做出的改革努力的关系就如同杰夫·科恩说的那样，可以将其比作美国步枪协会与控枪运动的关系。实际上，正是这些传媒公司的巨头们控制着华盛顿的国会。

仅靠说服议员从而影响决策的能力，远远不能导致这样的腐败现象的出现。也许是巧合的因素，对于商业电视广播公司来说，政治广告的出现恰恰就像是天赐之物，所以他们开始减少甚至停止他们以前那种对政治竞选活动的报道。有关候选人辩论的节目现在很少播出了，除了三场总统竞选的辩论和一场副总统竞选的辩论外，商业电视台举办的竞选人辩论节目越来越少了。

让我们看一下 2010 年威斯康星州的参议员竞选活动吧。当时在任的参议员拉斯·范戈尔德提出要在全州的电视论坛上与他的百万富翁竞争对手进行公开辩论，可是这位从没有过从事公共事务经历的名叫罗恩·约翰逊的共和党竞选人却拒绝了这一请求，而取而代之的是，他让他个人的宣传广告以及反对范戈尔德的广告替他说话。甚至当约翰逊真正参加了三场传统的候选人辩论会后，其内容本可由全州的电视台播放，但一些电视台却避开在黄金时段播放这些辩论会。而同样是这些电视台，却在昼夜不断地播放约翰逊的个人宣传广告。

更糟糕的是，在商业电视上播出的有关政治竞选活动的新闻报道的数量在过去 30 年间陡然下降。普通的商业电视台在一场政治竞选活动中所播放的政治性宣传广告远远多于它对这场竞选活动的新闻报道。2000 年在新泽西州举行的一场竞争激烈的美国参议员的初选活动中，有大约 2100 万美元被花在了电视广告上，可是那些接受了这一大笔广告费用的电视台却平均每天只花费了 13 秒钟来进行有关竞选活动的新闻报道。一项研究表明，2004 年在那些参议员竞选活动非常激烈的州，电视台用于播放有关竞选活动的宣传广告片的时间是其播放竞选活动的新闻报道时间的 4 倍。传播学家迈克尔·舒德逊（Michael Schudson）在 1995 年写道："大多数社区的地方电视上的新闻报道都毫不遮掩地成为娱乐性节目而不是新闻节目，这些电视台仅花费极少的时间报道地方竞选候选人的情况和相关的事情。"

无论什么样的竞选活动，也不管涉及的竞选活动是否重要，这一状况几乎存在于所有的竞选活动中。研究员芭芭拉·奥斯本（Barbara Osborn）研究了 1997 年洛杉矶市政选举最后几周的地方电视台的新闻报道节目，她发现电视台晚间 11 点的新闻报道节目几乎完全没有竞选活动方面的报道；而且每报道 1 分钟的有关选举的新闻，就会播出 3 分多钟的竞选广告。

现在的状况是，电视台对竞选活动的新闻报道已经很少了，剩下的差不多都是政治性的宣传广告。我们这样说的意思并不是说，电视新闻记者和专家在对其电视台所播出的广告进行严格的事实核查并暴露这些广告中存在的缺陷方面，比电视台的新闻部检查其商业广告商所声称要宣传的内容并曝光他们的欺诈行为方面做得更多。刚好相反，电视新闻越来越多地宣传广告的好处，特别是对那些有争议的广告，而且还会对这些广告作为政治新闻的基础正在产生多大的政治影响进行评估。他们认为这是一种既便宜又轻松的报道政治活动的方式，同时也再次证明商业广告是最重要的，而且还提醒那些参加竞选的候选人，他们只有通过电视台的广告销售部门才能得到新闻报道的途径。因此，现在要如何战略性地使用广告去推动或改变新闻报道的形式和内容已成为金钱与媒体联合竞选企业竞选战略中的一部分。

通过讨论，我们引出了两个问题。第一，为什么在人们花费越来越多的时间在互联网上的时代，电视能得到播放政治广告的优势？肯尼斯·戈德斯坦（Kenneth Goldstein）解释说："在互联网上，你只是要对那些本来就与你持有相同观点的人作宣传；而在电视上，你要设法向那些政治上比较被动或是犹豫不决的观众作宣传。"《广告周刊》里有篇评论这样写道："当涉及政治广告这一问题时，数字网络仍然仅仅是次要的陪衬，目前它在政治广告上的技术水平要落后于其商业广告技术水平整整 5 年。"但是在未来的某个时间里，电视观众的人数几乎肯定会大幅度下降，这样，那些投资在电视上的金钱将会流向其他领域。

第二，几乎每一项讨论治理政治广告问题的研究都承认我们在本文中所强调的政治广告所具有的大多数缺点，事实上，我们也的确从这些研究中得出了我们的许多批评性观点。但是，这些学者中的许多人都对政治广告在美国民主中所起的作用持乐观态度。他们在为政治广告辩护时总是假设，将会出现一个让人可信的政治新闻业，如果你愿意的话，可以将其称为可行的第四等级（新闻界的别称——译者注），这一行业即使在给公民提供政治信息方面不具有优势，起码也能对政治广告起到一个有效的制衡作用。而本文则展示了电视新闻业是如何几乎完全抛弃了对政治广告应起到的某种制衡或惩戒作用的过程。

美国的竞选制度现在正沉陷于大量的金钱、愚蠢和腐败中，而且这一问题恰恰出现在这个国家有越来越多的问题需要解决的时候，而所有解决这些问题的方法都需要有利于美国绝大多数人的利益，也即 99% 的人的利益，而这 99% 的人在当前的政治体制中除了被操纵、摆布和利用之外却没有起到任何其他作用。要解决这一问题将会是一场具有决定性意义的政治斗争，这场斗争将一直持续下去，直到这一问题最终得到彻底解决。

载于《国外理论动态》2014 年第 6 期

# 多元文化主义的困境[*]

［西］ 亚历山大·科埃略·德拉罗萨 著

郭 莲 译[**]

［**内容摘要**］ 本文对《多元文化间的对话：困境、矛盾和冲突》和《"种族"股份有限公司》两部著作进行了评述，认为前者从本质上平等的现代理想角度探研了多元文化主义的矛盾，并指出了这一矛盾与由"他者"构成的民族多样性完全不同；而后者则将民族性视为是那些"民族的他者"创造出来的结果，这些"民族的他者"是带有政治、经济和社会目标的自主性主体。而这种建立在文化商品化基础上的"民族自我塑造"模式已经使许多族群开始重新建构他们自己民族的分类体系。在重新建构民族性的过程中，大多数族群并没有将他们的文化商品化，而只是将其传统知识和风俗习惯更加民族化。

［**关键词**］ 多元文化主义；族群认同；民族性；文化商品化

---

\* 本文原载美刊《社会分析》（*Social Analysis*）2014 年第 1 期（第 58 卷），译文有删节。

\*\* 亚历山大·科埃略·德拉罗萨（Alexandre Coello de la Rosa）：西班牙庞培法布拉大学教授；郭莲：中共中央党校文史部教授。

文化已成为科学、社会及政治争论中的语义遁词，当今对于这一概念的争论就如同有关其模糊性的争论一样无处不在。巴西律师及地理学家米尔顿·桑托斯（Milton Santos）所描绘的经济全球化是与后民族社会逐步增加的文化同质化联系在一起的，同时这种文化同质化也伴随着大量以文化、民族和种族化为中心的本土认同问题的出现。居住在美洲、大洋洲及南太平洋地区的土著居民要求尊重他们的政治和种族政治权利，他们建立了一个综合网站，以"传道者"命名，系统地介绍他们的传统和种族特性。跨国移民现象引起了目的地国家的恐慌，这些国家的居民担心近期到来的移民将会通过引进"不同的"文化而侵蚀（或正在侵蚀）他们原有的文化认同和社会凝聚力。在这种文化交融混合的过程中，一些分析家发现了一种可治疗基于身份认同的原教旨主义的解药，这种解药有点像文化主义盛行时期的那种"友好的面孔"（friendly face）所起的作用。

论述文化多元主义的文献卷帙浩繁，内容涉及推动一个社会中不同文化族群之间互动与交流的意识形态和政策。在《多元文化间的对话：困境、矛盾与冲突》一书中，作者兰迪·格雷加德（Randi Gressgård）认为，多元文化主义是指差异性在同一个国家—政治空间中对立共存的现象。我们一方面要调和多元文化所带来的尊严与平等的冲突，另一方面又要调和其所带来的认同与差异的矛盾，这使得我们不得不怀疑，我们能否将那些有关下层种族群体要求在社会—政治上得到承认的理论争论付诸实践，人们通常把这些种族群体称为"少数民族"，即使他们在人口统计学上已经成为多数。格雷加德引用查尔斯·泰勒（Charles Taylor）的观点指出，现代性将人类在法律面前的自由、尊严及平等界定为是人类的普世权利，但也许正是出于这一原因，这同时也意味着人类各民族之间所存在的差异以及他们各自偏离现代性的做法也必须受到尊重。因此,人类各个群体和个体所具有的文化特殊性必须受到法律的保护。

有关"人类是平等的,但却是不同的"的争论并不是最近才出现的。在广泛使用西班牙语的拉丁美洲,那些支持民族独立的地区早在19世纪第一个10年就对公民身份和种族差异问题展开了争论。玻利维亚政府那时就宣称,只要再过几年来看,玻利维亚就没有印第安人而仅有国民存在了,政府同时还重新确认了本土公民与非本土公民在法律上的区别。在大多数"平等但却不同"的民族国家里,统治国家的精英们在制订国家建设的计划时都试图忽略非白种人与非麦斯蒂索人(mestizos)的存在,而这些人也一直都在拒绝接受这种不公平的待遇,这成为当今几乎所有拉丁美洲国家种族复兴和种族起源运动的历史根源,甚至在阿根廷这一长期被认为是欧洲后裔最多的国家也是如此。在当今的西方民主国家中,那些被认为或自认为是"国民"的人仍在为保护他们自己及其国家不受少数民族(其中大多数都是外国人)的影响而设置障碍。在他们看来,那些移民所要求的公民权是基于现代性所具有的同样的自由原则基础之上的,但这些原则只是使统治精英(白种人)的权力合法化。

从这个角度看,多元文化主义似乎给那些为消除阶级、种族、性别和文化上的不平等而战并希望享受与统治集团同等权利的所谓少数民族提供了一个机会,不过,这种想法似乎太幼稚了。根据自然权利理论在伦理和司法上的意义,所有人在本质上都是平等的,所以必须享有同样的司法政治权利,但是,这一理论既不是普遍通用的,也不是自然的法则,而且也未必与多元文化主义的政策相兼容。米歇尔·福柯(Michel Foucault)和托马斯·拉科尔（Thomas W. Laqueur）等作者提醒我们，在 19 世纪那些自由主义革命所产生的平等主义理想中始终贯穿着一种信念，即政治团体中的不平等现象反映出人类始终存在着一种基本和"天然的"不平等观念。这就使得一些现象变得合理化了，比如黑人、印第安人群体被殖民化，妇女在政治和社会上被边缘化，这些少数人群体无法，也不能与那些正式的公民（生活在大都市里的男性白种人）享有同等的权利。有人认为不同种族具有优劣之分，这一提法最初是为了加强占统治地位的资产阶级社会秩序而"发明"的，随后又由文化原教旨主义提出。这种提法似乎自然且理性地证明，人与人之间在精神和政治上存在的不平等现象是合理的。例如，妇女受到不平等待遇被证明是因为她们性别上的劣势造成的。在 19 世纪种族歧视的案例中，人们认为性别不平等是十分自然的，这与人们具有的一种根深蒂固的血统论逻辑有关，这种逻辑现在不但与现代性联系在一起，而且又被科学种族主义的话语所加强。然而，这些不平等并非基于某些显然独一无二的独特因素，而是基于各个群体和个体不同的基本社会与政治诉求。

在欧共体内部，有关多元文化主义的话语认为，来自欧共体以外国家的移民（特别是来自于伊斯兰国家的移民）大都携带着与支配性的西方模式不兼容的文化。虽然这种话语在理论上承认现代性所具有的所谓普世权利可适用于所有人群，但它同时又自相矛盾地强化着"我们"与"他们"（他者）这两个对立分裂的概念。多元文化主义者提出了一种"相对主义"的话语，似乎承认和保护了那些具有文化特殊性的"他者"，但是这一社会分类体系却把这些"他者"转到了"我们的"文化认同的对立面。与将移民视为与环境背景和历史现实相关的现象（反理性主义）

相反，自由民主主义者"发明"了"他者"这一术语来描述这些移民，并赋予了他们一种基本属性，一种与历史无关的属性。所以，当这些移民适应西方公共生活的能力被质疑时，人们就会认为他们的行为确实是"由文化决定的"，从而对这些移民产生了各种偏见。

然而，这种替代多元文化主义的理论也未能给种族问题提供更好的解决方法。文化相对主义理论反对以种族为中心的多元文化主义理论，它要求对"濒临灭绝的"的少数民族予以保护。这种理论上的冲突不仅根本无法消除种族差异，反而是通过被格雷加德称为"有计划的多元化"（planned pluralism）的方法再度强化了种族差异。挪威实行的整合少数民族政策就是一个恰当的例子。在挪威，衡量政府是否实现了自由民主这一宏伟誓言的方法，就是通过测量它们将少数民族——及其"不纯洁性"——整合到其支配性的文化秩序中的能力来决定的。从这层意义上看，承认这些少数民族是"平等但却不同"的，意味着一种不可避免地对这些民族进行同化和/或从属化的过程。要将这些少数民族的文化特性整合到一种规范的模式中，就意味着要通过国家整合和/或排除的政治手段来完成，要使这些非欧共体的移民转变成为"不同的他者"。格雷加德援引亚历山德拉·阿隆德（Aleksandra Alund）的理论指出，多元化和文化多样性之所以被规范化和理性地加以掌控，其目的就在于要把那些需要保护的非常不同的文化差异进行标准化，这样就能把"多元文化的对话"变成"一个独白"。所以，我们有理由怀疑，在现实中到处都存在着阶级、种族及性别不平等现象的情况下，不去寻求"有计划的多元化"的对话是否可能？

格雷加德认为，"承认的政治"（politics of recognition）假定

了以西方为主体的建构，并把这一建构的普遍性作为将"不同的他者"同化到一种支配性的文化秩序中的必要前提条件。无论是客观描述还是主观认为这些"他者"是野蛮人，或是粗野的和前现代的，都在很大程度上反映出欧洲殖民主义统治的历史。正如福柯所言，正是我们的分类方法使得我们可以再现人的主体性。格雷加德引用玛丽·道格拉斯（Mary Douglas）的话强调指出，有关纯洁性和不纯洁性的概念尤其如此。根据格雷加德的观点，文化秩序（纯洁性）与文化无序（不纯洁性、混杂）之间的动态变化是与阈限（liminality）相关。阈限的空间在米尔恰·伊利亚德（Mircea Eliade）定义的"神圣"与"亵渎"之间标出了界限，而后者就如同是一种威胁要毁掉既有文化秩序的混乱状态。跨国移民给自由民主国家敲醒了警钟，这些国家的公民担心新来的移民可能会侵蚀和破坏他们国家的文化认同和社会凝聚力，这就如同这些带有不同风俗习惯的移民所引起的任何国家民族文化上的变化都意味着自我认同和民族自豪感的损失。格雷加德坚持认为"少数民族肯定没有构成一种病态的不纯洁性"，反而是那些自由民主国家拒绝与这些少数民族分享他们国家公民已有的特权，也包括引入变化的特权。对于这一点，存在着两种理想的反应模式。英国的多元文化主义支持这种变化，而法国的普遍主义则公开呼吁将"外来共同体的"移民融入他们的共和国中去。换言之，这些欧洲国家的政府更愿意通过一个文化教化——即文化化——的过程去整合、改变和同化这些移民，也就是把这些移民所具有的特性融入一种新的象征性秩序当中。

与起源神话不同，历史的宏伟叙事（自由主义和共和主义）呈现出的是一个（乌托邦式的）未来世界，在这个世界里，每个人都将逐渐进入普遍平等的理想状态中。自由主义（约翰·洛克和亚当·斯密）认为，人类具有所谓的普遍特性，并将其描述和解释划分为"人的"（human）和"人道的"（humane）两个词。在18世纪，没有人质疑"野蛮人"是否有灵魂，但是人们却怀疑这些野蛮人是否能够理性地适应文明社会的标准。因此，如果这些"他者"事先没有融入西方文明的文化参数当中，西方社会就不可能承认和接受他们。但是，这并不意味着这些"他者"在融入过程中就应该享有与其他公民一样的权利，正如挪威的"特殊教育教室"项目所展现的那样。在挪威，确定创立这种特殊教育教室的标准是单一文化和单一语言。在教育学术语中一直不存在一个大家公认的易于跨文化实施的教育方案。因此，少数民族被区别性地界定为"传统的"和"低等的"，就像"特殊教育"这一名称本身所暗示的一样。而在遥远的巴西，要做到在教育问题上具有跨文化的视角，就必须让所有土著居民——包括那些拥有广博知识的酋长和长者——都参与进去。

正如曼纽尔·贡萨尔维斯·巴尔博萨（Manuel Goncalves Barbosa）所认为的那样，对公民社会的教育角色进行一次充分和深刻的重构至关重要。在这个地球村里，教育政治学是建立在所谓能够促进整合的普世价值基础上的，但是，这些价值实际上却都是歧视所有这些少数民族群体——实际上是全球多数人群体——的，因为他们不符合由既有的欧洲模式所制定的标准。格雷加德认为，这种"种族中心主义的谬论"是另一种多元文化主义矛盾所产生的结果，这种矛盾是建立在本质上平等的现代理想之上的，而这一理想不符合"他者"的民族多样性。为了理解法国模式（即所谓的公民文化同质化）与现实存在的各种不同模式（比如拉丁美洲新成立的共和国，抑或法国帝国自身）之间的这种基本矛盾，我们必须找到作为一个"现代意识形态"产品的多元文化主义理论的来源。在这个意义上，路易·杜蒙（Louis Dumont）有关西方意识形态以个体为中心的著述对于理解现代意识形态逻辑的局限性是不可或缺的。杜蒙指出："我们属于某一文化的一部分这一思想并不取决于我们对现有数据的分析，而是取决于我们怎样解释这些数据，以及我们学会更加全面地思考问题的方法。"在将这种自我的"整体论"与古印度及西方社会的"个人主义"进行对比之后，杜蒙更加全面地看待现代性问题，并重新阐明了客位（etic）——或局外人（outsider）——人类学的意识形态结构。格雷加德同意杜蒙的观点，也试图对多元文化主义做出同样的解释，她认为，"当整体论与平等主义原则混淆时，即当非现代性的思想价值在现代政治意识形态中获得了意义时"，有关现代性的问题就出现了。

对于这一点，格雷加德提出，在一个以差异为美德而不是强调同一性的社会模式中，个人主观的异质性才可能实现。她的这一观点是基于康德的"反思性判断"概念之上的，这一概念试图通过在主观性与自由这两个概念之间建立起联系来界定一个普世的道德标准。真正的问题是：一方面要保障权利的平等，另一方面又要允许"我们西方人"与"那些移民"之间存在差异，而我们要对这两者的冲突提出理论上的解决方法；这一方法就是：我们无须讨论部落文化问题，而是要通过展开公开的、持续的和具有建设性的对话来达到更高层次的宽容。

相比之下，全世界的土著人民多年来一直都在通过激烈的政治行动重申他们的身份认同问题，他们在面对非土著人时，常常强调其民族文化独特性的重要性。所谓本土化运动的国际化为少数民族群体提供了一个可辩论的平台，这一平台使得研究美洲、亚洲、非洲和大洋洲的民族起源、标志和纽带关系问题具有了更加显著的现实意义。联合国大会于 2007 年 9 月 13 日通过的《土著人民权利宣言》推进了"土著人民"族群认同的复兴。

在《"种族"股份有限公司》一书中，约翰·科马洛夫（John L. Comaroff）和琼·科马洛夫（Jean Comaroff）重新界定了种族与文化之间的关系，他们对这一关系的界定完全不同于人们通常认为的那种原始本体论的关系，他们通过研究一些族群是怎样通过"诉诸大众消费"而将文化商品化，从而界定了这两者之间的关系。在这个意义上，一些少数民族国家和族群对于族群认同的要求是通过使用一整套特定的、可以反映出他们民族独特性的商标或版权等识别性标志来表现其"差异"的。与将某种预设的文化模式赋予那些携带这些文化模式的个体不同，科马洛夫夫妇没有采取传统和整体宏观的方式来界定"种族的"这一术语，而是将种族性视为一种永远处于"自我建构"中的文化产品。种族性并不仅仅是一种在冲突的情况下能够自动激活的政治手段，它同时也是一套"不稳定的符号标志系统，凭借这套系统可以构建和疏通人与人之间的关系，同时能明显感觉到具有文化相似性的群体意识的存在"。换言之，种族性是不同民族或国家用于定界其自我身份和对外展现自己的机制。

在科马洛夫夫妇看来，文化的商品化是一种普遍现象，它已被植入到新自由主义的模式中，奇怪的是，这种模式却允许上述族群加强和重构他们自己的民族分类体系，比如："祖鲁人"（the Zulu）和"桑人"（the San）。简单地通过创造主题公园，比如沙卡兰祖鲁文化村，来企业化地管理其文化遗产，使得这些民族的形象与特定的民族性联系在一起，而且也可以为其自身的利益营销这些形象。这些文化产业通过利用开发"传统"来满足民族旅游业的发展，而且这些文化产业并没有使这些民族所谓的

"民族真实性"减弱，反倒使他们从一个不同的层面重新确认了其民族性，这个层面不仅是一个经济层面，同时也是一个政治层面，它使得这些具有不同文化的国家中的各个族群可以根据其自身条件和目标生存下去。这些文化产业没有求助于多元文化主义及其道岸貌然的进步主义，而是求助于合法性的语言。"种族"这一术语不仅成为可以买卖的商品，而且也成为一个在确定权利归属的司法用语。

但是，由于基于供求法则的资本主义企业把文化转变成商品，所以科学界开始担心这种转变将会对文化的生存问题产生怎样的影响。所谓美国印第安人的"赌场资本主义"彻底暴露了一些种族群体是如何转变为一个居住地或一种文化的企业主，以及他们的领导人又是如何变成了行政管理委员会的成员，这些管理委员会管理着能反映其民族风俗的物质资本和/或象征性资本。由于在有关州界内的联邦土地所有权问题上一直存在着法律真空，因而美国的一些印第安部落得以在其居留地建立赌场，而且许多部落还获得了非同寻常的经济权力。例如，居住在佛罗里达州的塞米诺尔族人在 2006 年就花费 965 万美元买下了滚石连锁餐厅。即使美国联邦政府可以通过具有管理这些部落的"全国印第安人博彩委员会"对这些部落经营的企业进行管理和监督，但是这些赌场企业仍在不断扩增，这使得人们对这些经营赌场的部落应该享有哪些政治权利和文化独立性的问题产生了争论。有许多人认为，与其用经济资源帮助那些印第安部落生存，何不用赌场的方式帮助他们，因为这样可以将各个印第安群体整合融入资本主义体系中。人们也在争论其他与种族资本主义相关的话题，例如，判断哪些人属于某一族群的标准问题（血缘、系谱、所有权），或者一个族群应该怎样恰当地通过融入种族资本主义体系中而获得新生的问题。通过恢复（或"重新发现"）一些部落的族群认同问题而不是其他方式，产生了一个后验（posteriori）的结果，即在一个动态的社会空间里，一些特殊并具有区别性特征的元素被确认为是这些族群的"传统"。

但是，具有"印第安人"特性到底意味着什么？"传统民族"或"原住民"指的又是什么？面对土著人的"本土幻想"，拉达克里希安（R. Radhakrishan）质疑道："为什么如果我不具有'真实的印第安人特性'，我就不能是一个印第安人？"真实性不过是我们为自己建立的一个居住地，或者说是我们为了满足主流社会的要求而居住的聚居区。巴西是这个地球上民族最多的国家之一，文化在那里已成为一种自我肯定的手段，这使得少数民族无须依靠企业公司的"仁慈恩惠"就能获得政治权利。在巴西东北部的塞尔希培（Sergipe），长期存在着一个与世隔绝的农村共同体，这一共同体已经分裂成两个族群：肖高印第安人（Xocó Indians）和摩卡博人（Mocambo）。1991 年，肖高人被认定为"印第安人"，因此受到国家印第安人基金会的保护。在大约 10 年之后的 2000 年，摩卡博人居住地被正式认定为一个自治区域，因此也获得了一块得到保障的居住地。在这两个例子中，要求得到土地的居住权是这些族群的诉求以及重新进入公共视野的根本所在。

在巴西伯南布哥州的塞拉杜乌玛（Serra do Umã），"toré"（一种古老的印第安知识）被认为是具有印第安人特质的决定性标志，它可以把土著人与"文明人"区分开来。在那里，任何积极参加"toré"活动的人都被认为是土著人，而不参加的人则被认为不是土著人。作为这一地区众多土著族群之一的阿提库姆人在 20 世纪早期就已抛弃了他们自己的民族特质，开始使用葡萄牙语，并与非土著定居者通婚。但是，到了 20 世纪 40 年代中期，这里的农民又试图让国家承认他们的居住地是土著居住地，这样他们就可以免除市政税收，并可以免遭庄园主或农场主的入侵。后来，一个印第安人保护机构的官员告诉他们，他们必须举行一个"toré"的仪式，以证明他们的"民族意识"，之后才能获得土地权。结果，在他们举行了这一仪式后，就得到了他们"传统的"属地，这一属地包括土地、环境和生物多样性。

因此，不仅一些人类学家，而且一些土著群体，也拒绝接受把民族性视为一种先天存在的特性的观点，这样他们就可以通过后天社会实践的方式来进行身份建构。另外，尽管一些民族正在重新认识他们获取和吸收外来文化因素的传统模式，但并不是所有的民族都将其传统知识或习俗商品化了。在西方世界试图"吃光"他们的文化之前，巴西的一些少数民族，如马蒂斯人，就试图通过他们的风俗仪式来"安抚平定"或"驯化改良"白种人。总之，要了解居住在像巴西这样多民族国家里的少数民族自我认知的变化过程，就必须采用历史的视角看待民族问题，而在这些国家的民族身份认同模式中，为了排除或限制任何企图宣布主权独立的危险，也需要把民族问题考虑在内。

科马洛夫夫妇在书中提到了两个富有启发意义的例子，这是两个有关族群认同问题是怎样转变成法律文本以及可能导致的后果的例子。第一个是有关居住在博茨瓦纳卡拉哈里沙漠以采集和狩猎为生的桑人的例子。这个族群最初被称为布须曼人，他们通过对蝴蝶亚仙人掌进行产业开发而重建了他们的族群认同。在这种仙人掌中，一种带有药用价值的克索巴（xhoba）最为出名，这是一种既可用于提神也可用于减肥的保健品。美国著名的脱口秀主持人奥普拉·温弗瑞（Oprah Winfrey）在 2006 年的一次节目中声称南非可能掌握了战胜肥胖的答案之后，各医药公司就竞相将克索巴商业化，并首次将其（以 P57 命名）推入市场。然而，桑人认为他们应该对这一产品拥有"文化版权"，所以提出了索赔要求。2001 年，在"南部非洲本土少数民族事务委员会"的监护下，桑人也成立了一个委员会，专门负责管理其产品的知识产权并公平分享所得利益。随后，通过两年的法律争端，桑人最终签署了一份协议，保障他们可以从克索巴商品化的产品中分得6%的利润。这个族群通过建立民族产业而拥有了更加强大的集体凝聚力，这些过去分散居住且几乎濒临灭绝的布须曼人从此成为了骄傲的"桑人"。他们再也不是生活在卡拉哈里沙漠聚居区里的贫穷布须曼人了，现在展示在旅游者面前的是一个带有强烈传统民族认同感的族群。

第二个例子同样来自南部非洲，但却是个完全不同的例子，因为这个例子中的所谓班佛肯王国是一个居住在南非西北省、讲茨瓦纳语的族群，这个族群的认同问题早在 20 世纪 60 年代其国王爱德华·莱波内·莫洛特莱吉一世（Edward Lebone Molotlegi I）统治时期就已经确定了，当时，这位国王已经从班佛肯矿产中获得了巨大利益。班佛肯王国拥有在其土地上发现的丰富的铂金储量 25% 的开采权，而国王莫洛特莱吉作为这个国家的代表获得了管理这些利润的权力，但是他并没有遵照传统的再分配方法，而只是让他自己及其身边最亲近的人富了起来。因此，这个族群所要面对的不是建构族群认同的问题，而是怎样适应引进的现代化以及由现代化所产生的政治和社会压力的问题。结果，这个族群的人采取的解决方法是"创造"一个传统的（尽管是现代的）君主制，而这一方法受到了人类学家的质疑。正如卡拉维亚·赛斯（Calavia Saez）指出的那样，当欧洲人根据"一个民族的风俗越长久就越真实可信"的逻辑发明了一种传统时，我们就将其称为"复兴"，可是当非洲人和印第安人这样做时，我们却指责他们"弄虚作假"。无论如何，"现代的"班佛肯族群最终变成了班佛肯有限公司，一个"充满了穷人的富国"。这一点提醒我们，不能低估民族性所带来的社会、政治和经济问题。

总之，民族国家的建设显然应该与民族的企业化和文化的商品化分离开来。成千上万甚至数百万土著人通过消费被授予版权的民族象征符号标志而得到了情感上的认同，他们所拥有的文化被认为是所谓的主流文化，并带有"公证注册"的民族特性标志。近期加泰罗尼亚地区一些民族主义者提出的诉求就是一个明显的文化主流化的例子——这些人试图神化某些族群的仪式、语言和习俗，但却损害了那些被认为是不那么具有民族性的其他人的利益。科马洛夫夫妇指出，这些民族归属的情感是在新自由主义政治的内部形成的，而这种新模式将公司企业形象视为所有人类群体的理想模式，而几乎或完全不关心社会成本的问题。马努埃拉·卡内伊罗·达·库尼亚（Manuela Carneiro da Cunha）举例指出，想要回到民族认同问题被物化的状态，就需要我们思考下列问题：谁拥有"文化"？这些民族认同的物化是如何与具有同其他民族分享社会空间特点的民族多元论相关联的？以及谁拥有那种"文化"？特别是，有关非洲"民族未来走向"的论述是否能确保整合不同的文化差异？抑或刚好相反，会通过新的排斥机制重现这些差异？

综上所述，本文所评述的两部著作内容相互交织。格雷加德的《多元文化间的对话：困境、矛盾和冲突》从一个本质上平等的现代理想角度探讨了多元文化主义的矛盾，这一矛盾不同于由"他者"构成的民族多样性；而科马洛夫夫妇的《"种族"股份有限公司》则将民族性视为是由那些"民族的他者"（ethnic others）创造出来的结果，这些"民族的他者"是带有政治、经济和社会目标的自主性主体。这样的"民族自我塑造"是建立在文化商品化的基础上的，依照作者的观点，这是一种普遍的模式。它是一种新自由主义模式的组成部分，这种模式已经使得许多族群强化并重新建构了其民族的分类体系。但是，在重新建构民族性的过程中，我们不应该忘记大多数族群并没有将其"文化"商品化，而只是将其传统知识和风俗习惯更加民族化了。虽然一些土著民族已拥有了这样的"商品化文化"，但是他们仍在为重新寻找一条可以在这个世界上生存下去并重新解读这个世界和他们自己的文化的道路而奋斗。例如，许多巴西的土著民族仍在为争取土地所有权而斗争，与此同时，他们也在为重新确认他们的传统模式并吸收外来文化因素而努力，这些外来文化因素不久将会变成他们自己文化的一部分。

载于《国外理论动态》2015 年第 5 期

# 多元文化主义：西方社会有关
# 多元文化的争论概述[*]

恩佐·科伦波　著

郭　莲　译[**]

　　[**内容摘要**] 本文探讨了有关多元文化主义的争论在西方社会是怎样形成和演变的。文章第一部分阐述了"多元文化主义"这一术语在用于指代社会内部不同类型的文化差异时所表达的不同含义，批判性地探讨了有关多元文化问题的三种理论观点：把多元文化主义当作一个规范性问题、一种（反）意识形态以及当代社会的一个特征。文章指出，21世纪初以来的各种批评一直在呼吁放弃多元文化主义，认为多元文化主义已然失败，抨击其造成了社会的分裂、生活的平行化和恐怖主义组织的产生。为了检视这些批评是否正确，本文分析了有关多元文化主义研究的一些重要倾向，并得出结论认为，目前对"日常多元文化主义"的研

---

　　* 本文原载《现代社会学评论》（*Current Sociology Review*）2015年第63卷第6期，译文有删节。

　　** 恩佐·科伦波（Enzo Colombo）：意大利米兰大学社会和政治学系；郭莲：中共中央党校文史部。

究不能仅仅局限于对一个公平的多元文化社会的构成基础的常规探讨，而应重点研究文化差异是怎样产生的，是如何通过协商来解决的，以及社会关系和身份认同在这一过程中是怎样形成和被再塑的。

[**关键词**] 文化差异；多元文化主义；日常多元文化主义；融合/排斥；承认

# 一　引言

"多元文化主义"在过去几十年中已成为一个流行术语，但是，正如其他一些流行词汇一样，"多元文化主义"一词现在已经具有了完全不同的含义。事实上，有关多元文化的争论涉及各种不同的议题，例如，（移民）融合政策和福利国家体制，在法律和政治上对文化多样性的包容，对移民和国家边界问题的治理，对文化和宗教差异的承认和尊重，在日常生活中对"差异"的接受，在意识形态上对身份认同、文化和"美好社会"等概念的表述，等等。同时，这些争论还涉及不同的学科，如哲学、社会学、人类学、社会心理学、政治学、教育学、文化和后殖民主义研究等，每个学科都拥有其独特的问题意识、研究视角和研究工具。这一切都说明，我们采用多种形式使用这一术语是为了强调其多义性，同时，因为这一术语主要用于研究西方社会，所以又会不可避免地存在一定的偏见。

本文的目的是要将上述争论放在一个大致的"图谱"中进行必要的梳理归类，而且我希望这是一个有用的"图谱"。本文第二部分探讨了"差异"一词在有关多元文化社会的争论中所代表的不同含义；第三部分指出了有关多元文化的争论演变发展的主要途径，并批判性地探讨了多元文化观点中的一些难点问题；第四部分阐述了当前多元文化主义的所谓负面效应（multicultural-ism backlash）；最后一部分强调指出了当前多元文化主义研究的主要趋势。

# 二　多元文化主义：一个多义的术语

一般而言，多元文化主义是指一种社会状态，在这种社会状态中，一些持有不同习惯、风俗、传统、语言和宗教信仰的人在同一个社会空间中相邻而居，并希望保持他们各自不同的差异，也希望这些差异得到公众的承认。多元文化主义这一术语通常包含了对文化多样性的肯定性评价，并从制度上承诺可以保留这些文化多样性。多元文化主义与"身份/认同政治""差异政治"和"承认政治"等概念紧密相关，这些概念都认为，适当地承认文化多样性是重估受歧视群体的身份、改变导致某些群体边缘化的主流表述和交往方式所必须迈出的一步。事实上，多元文化主义所强调的不同群体间的差异可能完全不同于这些群体所要求得到的承认。

首先，多元文化主义可以指土著的和次国家的民族群体要求得到承认的理论。就土著人来说，有关多元文化的争论提出了赋予少数群体权利的问题，这些群体一直受到外国（欧洲白人）占领者的征服、剥削和歧视。土著居民无论是在身体上还是在象征意义上都遭受到系统的持续性暴力，并且无论是在经济和政治地位上还是在社会生活中目前都处于边缘地位，他们平等地参与社会的能力受到了负面描述和偏见的限制。因此，这些争论主要集中在是否应该提供一些特殊政策，以消除土著居民长期受到的不公平和不平等待遇。这些政策既包括土地权、自治权、对习惯法的承认以及使土著群体在民族国家体制中具有充分的政治代表性，也包括支持反歧视运动，并在象征意义上承认这些土著群体在拥有共同历史的国家中所起的作用。就次国家的民族群体（包括加拿大的魁北克人、西班牙的巴斯克人和嘉泰隆人、法国的科西嘉人、比利时的弗兰德人和瓦隆人、英国的苏格兰人和威尔士人、波尔扎诺自治省的德国人和芬兰的瑞典人）而言，有关多元文化的争论主要集中在一些相关政策上，例如，允许联邦或准联邦区域自治，授予其自治决定权，以及确保这些群体的语言能在地区和国家使用的政府和官方语言中得到体现。

其次，有关文化差异的争论所涉及的第二个问题与社会中受歧视的群体有关。在这一争论中，最具代表性的问题是如何应对种族和性别问题。其中两个最恰当的例子分别是：对社会中被贴上"种族标签"的少数民族进行整合还是歧视的问题，以及妇女的地位问题。这两个例子代表了社会中两个最难解决的问题，它们涉及自由民主制从形式上的平等主义向给予所有公民真正意义上的平等的转变过程中遇到的困难。尽管形式上的歧视在社会中已然消除，但是被贴上"种族标签"的群体和妇女群体在经济、学术和政治体制的最高层仍然缺少代表性，这些群体通常失业率较高，并遭受到各种形式的象征性暴力，这些暴力将他们置于被曲解和被边缘化的社会地位。他们经常被描述为低等、无知、非理性的群体，并被认为不适合得到权力和领导职位。这方面的多元文化之争主要集中于反歧视行动的政策——这些政策有利于弱势群体克服负面的社会形象——的必要性问题。反歧视行动既包括在高等教育、公司董事会、大学最高层以及议会等场所为弱势群体成员保留一些额外配额的政策，也包括在选举中给予这些群体特别优惠待遇的政策。在这场争论中，扬（Iris Marion Young）提出了一种特殊的差异政治，认为需要对分配社会地位和物质商品的标准进行更加彻底的修订。她指责原有的同化和包容政策偏袒白人男性，却被视为具有中立和公正的导向。一些学者认为应该采取反歧视措施，以确保被边缘化的群体有机会在平等的基础上进入社会平台。这也许需要政府制定一些不同的条例，并专门为受压迫群体设立独立的机构，使他们参与到提高觉悟和争取权利的斗争中去。

种族歧视和性别歧视是两种不同的歧视，因此需要用分配和承认两种不同的方法来应对，当然，还有其他形式的差异也会受到象征性的歧视。弗雷泽（Nancy Fraser）认为，所谓的"被轻视的性别"（despised sexualities）群体就属于这些歧视中的一种，这些群体所遭受的压迫主要来自文化贬低，而非政治经济安排，他们遭受的不公平待遇是由偏见和曲解造成的。有关多元文化的争论强调文化维度的重要性，对所谓的"常态"进行了解构，认为它代表了"自然的"和"普世的"现实，事实上是主流群体制定的规则被强行实施后导致的结果，而只有改变解释、交流和表达等现有的文化模式，受歧视群体才能得到恰当的承认。

北美有关多元文化的争论主要围绕着土著居民和文化意义上的少数族群展开；而在欧洲，这一争论则是围绕着后移民时代城市中的混居群体及其所引发的政策问题展开的，探讨的是移民的文化差异。在这方面，涉及多元文化的问题是指，为了使移民及其后代在无须完全认同多数群体的前提下成为社会一分子的权利得到承认，需要改变过去那种同化主义和殖民主义的移民融合模式。多元文化政策主要包括：用国家的少数民族机构提供的资金来支持文化活动和保护民族传统；资助双语或母语教育；取消着装限制；承认一些特殊的法律和政治多元化形式。从本质上来看，针对移民群体的多元文化主义明显不同于针对土著民族、各国内部受歧视群体以及文化意义上的少数群体的多元文化主义。各种多元文化主义虽然是通过不同的措施加以实施的，但涉及的议题却相互关联：

- 促进更加广泛的民主包容，确保所有社会成员有真正平等的机会，能真正平等地参与，少数群体只需融入而无须同化到多数群体中；

- 改变之前那种攻击性的、非民主的支配—排斥关系，承认占支配地位的群体成员——他们通过将自己的观点表述为"自然的"和"普世的"而强制推行他们自己的规则和理念——对少数群体实施的暴力和剥削；

- 加入有关如何建立一个更加公平和平等的社会的"游戏规则"的争论中，并拥有发言权；

- 确保充分地承认和尊重文化差异，与那些以负面的方式描述少数民族群体并导致其成员受到蔑视的成见和偏见做斗争；

- 承认人的权利是有差异的，承认人有不同的宗教信仰、不同的性别认同和偏好、多样化的身份和多重国籍，不会因此受到歧视和排斥；

- 不仅关注个人权利，而且关注"文化""文化群体"和"文化权利"。

## 三　理论取向

多元文化主义不仅要解决社会内部的各种差异，而且还试图采用不同的、但又相互交织的理论视角来看待这些问题，这些理论视角提出并强调了在现代社会中接受这种多样性所涉及的一些特殊问题。在这一部分，我将介绍有关多元文化问题的三种研究取向，并对这些取向进行批判性的评述。

### （一）作为一个规范性问题的多元文化主义

在20世纪90年代，有关多元文化的大多数争论都是由政治哲学家所垄断，他们试图努力发展出一套系统连贯的正义理论，用以探讨群体权利和承认文化差异等问题。作为一种政治理论，多元文化主义对普世主义的自由主义哲学理论提出了挑战，后者将人类视为有自由意志的理性主体，认为个人自由只能通过相同的个体权利才能获得。多元文化主义从哲学和政治两个方面强调了承认差异的重要性，其中，哲学方面的重要性是指个人认同、自我实现和社会参与，而政治方面的重要性则是指在公共空间让边缘化群体发声，克服过去的不公正和剥削。

与强调统一性和同一性的自由主义理论不同，社群主义强调的是差异和群体成员身份所具有的价值。它认为，仅仅承认个人权利是不够的，因为这种理论预先假设了一种不合逻辑的理念，即认为个体是外在于或脱离社会关系的，而不是生存于社会关系之中的。霍耐特（Axel Honneth）和泰勒（Charles Taylor）认为，对个体和群体差异的适当承认可以为个体能力得到充分发展、进而公平和民主地参与社会生活创造基础。人们只有通过与其他人进行对话，感觉到自己属于一个特定的共同体，才能确立独立和自信的身份认同。泰勒还认为，独立的个体依靠并从属于赋予该个体以某种意义的特定的社会和文化群体，而当这一共同体的特殊性被忽视或无视时，或被同化到某一占支配地位的多数群体中时，或不被承认时，这个个体或这个群体就会遭受到真正的伤害和曲解。

自由主义的普世主义和文化中立论也存在着争论。不同的文化象征着不同的意义系统和对美好生活的不同憧憬，没有任何一种文化可以声称它能正确地回答人类生存的所有问题。霍林格（David A. Hollinger）、帕里克（Bhikhu Parekh）和罗蒂（Richard Rorty）都认为，没有任何一种文化是完美的，也没有任何一种文化有权将自己的意愿强加给其他文化。桑（Sarah Song）认为，不同的文化认同应具有同等价值，因此，赋予所有公民同样的自由和机会的传统自由主义原则应被给予少数文化群体以特殊权利的社会体制所取代。

巴里（Brian Barry）、亨廷顿（Samuel P. Huntington）和施莱辛格（Arthur M. Schlesinger）等自由主义的捍卫者都认为，自由民主制需要一个共同的文化基础和一种强烈的民众参与感才能发挥其功能。他们指出，差异政治与团结政治截然不同，因为，承认群体权利会引发社会分裂，导致"平行的生活"（parallel lives），降低民众对民族国家的忠诚度，限制个人自由，并逐渐损害再分配原则。

金里卡（Will Kymlicka）在解决个人权利与集体权利之间的严重冲突方面做出了有意义的尝试。他赞成选择自由、个人自主和平等这些自由主义价值观，同时强调文化以及公民的文化身份的重要性。他认为公民的文化身份是一个非常重要的问题，不能简单地把它排除在自由主义理论之外，因为文化为其成员提供了有意义的生活方式，并限定了个体在这些生活方式中进行选择的范围，同时，文化还为发展个人的自信和自尊提供了必要的环境。因此，一个公平的社会应该承认少数群体文化的重要性，并允许其成员保护他们自己的文化不受到多数群体的行为和规则的影响。但是，并非所有文化保护方面的需求都能被自由主义理论所接受。金里卡区分了"外部保护"和"内部限制"：前者是少数群体文化为了保护其独特的生存和认同而提出的要求，主要通过限制社会多数群体的决定的影响来实施；后者是少数群体文化为了维持内部现状，防止群体分裂和内部分歧扩大而提出的要求，主要通过限制内部成员基本的公民自由和政治自由来实施。当"外部保护"的要求完全与自由主义原则相吻合时，就应该被接受，因为它们有助于提高个人的自由度和社会的公正性，而与此同时，"内部限制"的要求就必须被拒绝。

哈贝马斯（Jürgen Habermas）认为，对集体认同的保护未必与个体自由的平等权利相冲突。当有人根据民主化进程既要保护私人自主性又要保护公共权力的原则，用"程序主义的"（proceduralist）权利概念取代对多元文化主义政策"内容"的关注时，哈贝马斯看到了把两种表面上看似不能协调的原则联系在一起的可能性。他认为，必须将确保公民享有隐私和个人自主性的平等权利与能够激发他们自主参与公共生活紧密联系在一起。公众与其担心政府会采取什么样的政策，不如去关注如何创造"条件"以建立一个自由的公共讨论平台，使所有公民都可以从他们各自独特的文化视角出发，在探讨具有共同约束力的规则时拥有发言权。一个公平的多元文化社会并非依赖特定、真实且定义清晰的一整套司法规范和政策来运行，而是"宪政爱国主义"（constitutional patriotism）所产生的结果，是公众一致同意这些规则，即要求得到承认进而采取措施影响所有社会成员。本哈比（Seyla Benhabib）在有关多元文化的争论中提出了"协商民主集中制"（the centrality of deliberative democracy）的观点。她认为社群主义的观点受到广泛批评的理由之一就是试图通过设置清晰的界限来使文化具体化，并认为文化具有固定、稳定的特征。她指出，倘若以下三个条件能够得到满足，那么自由主义原则以及对文化和宗教传统的接受问题或许就容易得到解决。这三个条件是指要求得到文化承认的社会和群体必须赋予其成员如下权利："平等互惠"（赋予少数群体成员的权利不能因为其身份状态而少于其他多数群体），"自愿的自我归属"（不应根据某一个体的出身而将其自动归属某个特定的文化、宗教或语言群体），"自由地进退"（个体必须拥有不受任何限制地选择他想要归属某个群体以及转投另一个群体的自由）。

### （二）作为一种（反）意识形态的多元文化主义

对普世主义的激烈批判对有关多元文化的争论作出了最初的和重要的理论贡献。韦维尔卡（Michel Wieviorka）认为，自 20 世纪 60 年代起，尤其是 70 年代，去殖民化运动和后殖民主义理论一直在公开抨击当权者倡导的"普世主义"价值观，这些价值观实际上是为了掩盖他们的统治和剥削行径。女权主义理论、激进的社会理论和后现代主义理论都在这场争论中发挥了重要作用。德里达（Jacques Derrida）和拉坦希（Ali Rattansi）认为，尽管采用了不同的方法，但上述理论都公开反对"普世主义"，认为其优先考虑的是社会环境以及社会历史的变异性和偶然性。这些理论观点激发了一场针对所谓"固定标准"（canon）的公开论战，同时也对白人男性占统治地位的理论体系进行了彻底解构。纳拉杨（Uma Narayan）和哈丁（Sandra Harding）对父权社会进行了激烈批判，肖哈特（Ella Shohat）和斯塔姆（Robert Stam）则对欧洲中心主义进行了猛烈抨击。

批判普世主义还需对身份认同的固定化和身份归属的排斥性

进行批判。这些理论支持建构主义的观点，反对本质主义的立场，因为本质主义将身份和差异视为个体和群体的存在基础中最深层的和真正核心的问题。安塞勒（Jean-Loup Amselle）、汉内兹（Ulf Hannerz）和扬（Robert Young）都将身份和差异视为不同的可能性之间不断影响、对比、调整、转化和冲突的产物。贝克（Ulrich Beck）认为当前的经济和文化全球化与移民现象一起逐渐削弱了这样一种观点，即个体和群体具有单一性和永久性的身份特征，民族国家可以被视为"普世价值"的同义词。

吉尔罗伊（Paul Gilroy）认为，种族差异应该被视为权力和暴力产生的结果，同时也是帝国主义和殖民主义等级制度和权力集团之间的冲突造成的。西方社会——而且不仅是西方社会——现在是且一直都是"多元文化的"。他指出，当前的政治多元文化主义及其批评者们强调种族和宗教差异，将这些差异描述成一种"自然赐予物"，从而忽略了造成这种差异的权力和暴力因素。

自由主义的多元文化主义捍卫自由、自主和宽容等伦理价值的普世性，社群主义则强调群体的归属，而批判性的多元文化主义所探讨的问题包括：向被剥夺了权力的群体赋权，与占统治地位的群体抗争，挑战后者的"固有标准"以及改变其体制和话语。尤瓦尔－戴维斯（Nira Yuval-Davis）认为，批判性的多元文化主义强调"群体内"的差异，而不重视"群体间"的差异。麦克拉伦（Peter McLaren）认为，这一理论并非"承认差异"，即简单地承认本应被"包容"的那些被具体化和模式化的"他者"的存在；而是将评判的矛头直指对白人男性霸权的社会与政治建构，以及如何分配这种霸权，其分析的重点是解构占统治地位的群体，而非承认和包容被统治的群体。哈格（Ghassan Hage）认为，在有关多元文化的争论中，真正重要的既非承认身份认同，亦非认可集体权利，而是要揭露白人男性占统治地位的根本原因。霍尔（Stuart Hall）认为，多元文化主义对此问题的研究是要揭开种族主义的面纱，并对一些被忽视且想当然的假设予以反驳，这些假设限定了赋予权利、权力和特权的背景，并且试图重新调整统治群体与被统治群体之间不平等的权力和剥削关系。

古纽（Sneja Gunew）认为，从严格的历史视角来看，多元文化主义并非"纯粹的""界限分明的"不同文化群体之间碰撞所产生的结果，相反，它试图重新界定各种政治认同中的权力关系。后殖民主义的经验证明，"少数群体"要求承认差异的特殊主义与"多数群体"具有公民理性的"普世主义"很难进行二元区分。霍尔认为，显而易见的是，在任何群体内部都存在着而且一直存在着众多相互关联的差异，因此，多元文化主义对所谓的"本真性""同质性"和"原住民的团结"等问题提出了挑战。这一理论并不验证不同文化所具有的不同特性，而是强调对任何文化和身份认同都需进行社会建构这一特点。多元文化主义还认为，文化和身份认同更有可能是历史和权力斗争的结果，而非由生物学或命运所决定。

### （三）作为一种当代全球社会特征的多元文化主义

多元文化主义就其描述性来说指的是当代社会所独有的一些特征。它不仅重视不同的文化差异产生和再现的过程，而且还研究这些过程所引起的问题和紧张关系，包括为解决这些问题和紧张关系所提出的政治和制度程序的建议。

如何应对文化差异并非新问题，我们过去常把现在所谓的多元文化社会定义为"多民族的""多种族的"或"多元的"社会。不过，多元文化主义强调的是多元文化社会中一些特殊的方面，并提出了一些特殊性问题。现在的问题是，多元文化主义并非仅仅指出了复杂的当代社会具有文化多样性的特征这样一个简单的事实，而且还指出了自 20 世纪下半叶以来西方社会中文化多样性的意义已经发生了根本性的改变。金里卡认为，多元文化主义要阐明的不仅仅是"差异"在"数量"上提升所带来的结果，或是一个"人口统计学上的事实"，而是要表达人们从文化、法律和政治角度出发为探索出一条适应文化差异的新路径并以此取代旧的社会（性别、民族和种族）等级模式所做出的努力。因此，如果不将文化差异放在一个恰当的背景下，是很难理解多元文化主义的。塞普里尼（Andréa Semprini）指出，文化、经济和政治因素——或是它们的混合因素——一直被视为是二战后文化差异观念发生显著变化的原因。梅卢西（Alberto Melucci）、图雷纳（Alain Touraine）和韦维尔卡都认为，文化因素指的是"新社会运动"所起的作用。雷克斯（John Rex）进一步指出，这些新社会运动是反对同化和熔炉等意识形态的斗争。鲍曼（Gerd Baumann）和金里卡认为，多元文化主义是一种包括了民族和种族差异的、更为宏大的人权革命的一部分。康斯坦特（Fred Constant）和古德哈特（David Goodhart）认为，经济因素包括市场意识形态的成功和福特主义生存模式所造成的危机。贝克和哈贝马斯认为，政治因素包括冷战的结束和民族国家成立后所遭遇的危机。布洛姆拉德（Irene Bloemraad）等人则指出，这些危机与全球化进程的加剧，移民流动的特点以及民族国家为掌控边界所做出的努力密切相关。

社会学的视角强调身份认同和差异的社会构建，反对本质主义和具体化。其目的是为了表明，将国家的、民族的和宗教的文化视为业已确立的对象——长期的历史发展进程早已界定了其特征且至今仍未改变——充满着矛盾和隐患。鲍曼和安妮·菲利普斯（Anne Phillips）认为，就此来说，文化已不再是一种可以影响甚至塑造所有成员的行为和思想的决定性手段。倘若不从社会学的视角赋予文化差异一个清晰的概念，那么多元文化主义最终就会孕育出一些新的歧视形式，虽然这些形式表面看来像是尊重和承认。如果急于将某一特定群体的身份认同具体化，常常会阻碍对既有的群体差异的认知，同时还会强化该群体内部一些特殊精英的地位，从而使过去的等级制再次出现。

然而，我们不能轻易抛弃本质主义的文化观，因为文化是争取权利和待遇、得到承认以及寻求群体利益的政治工具。鲍曼认为，对文化差异进行有效的社会利用需要一种双重能力，即根据不同的情况及个人和集体的目标制造和克服差异的能力。文化差异需要某种程度的可靠性和稳定性才能发挥其有效性，但是，如果不能对文化差异进行调整以适应特殊的环境，就有失去其有效性的危险。这种双重能力不仅有赖于个体的意愿或情感，而且还受到超出了个体参与者的理性能力和策略的权力结构的约束和制约。

多元文化主义提出了一个将差异与身份认同、具体化与不断再造结合在一起的棘手问题，也就是霍尔所说的，"把一些无法比较的政治词汇——自由、平等与差异，'好'与'正确'——汇集在同一个平台上"。亚历山大（Jeffrey C. Alexander）和科维斯托（Peter Kivisto）都认为，认真接受并解决这些棘手问题可能会产生一个能够扩大民主参与的更加复杂、分化和多样的公共空间。而韦伯纳（Pnina Werbner）和韦维尔卡则认为，在一个新的正义理论的基础上，有关多元文化的争论中的一些看似矛盾的诉求可以在实践中得到协商和调解，而无须用抽象的理论去处理。

从这个意义上说，上述分析的重点是多元文化主义在国家政策和地方关系两个层面的意义和实践。这些分析研究关注的是文化差异如何成为争取权利和包容的政治工具，抑或排斥的借口。多元文化主义被视为不断取得的政治成就，同时也是可以用来捍卫（文化、人类）权利或维持社会团结的实践资源。

## 四 多元文化的负面效应

1977年，格雷泽（Nathan Glazer）在他出版的《我们现在都是多元文化主义者》一书中指出，承认和尊重文化差异已经成为西方社会的一个永久性特征。这一观点也许太过乐观，因为没过多少年，大约在世纪之交，就出现了众多主张必须放弃多元文化主义的话语，认为多元文化主义已然失败，并造成了社会的分裂、生活的平行化以及恐怖组织的产生。多元文化主义的负面效应也因随后发生的一系列悲剧性事件以及伴随而来的激烈争论而变得越发强烈。虽然这些事件和争论各不相同，但都深刻地影响了公众舆论。首先，这段时间里发生的一系列城市骚乱均被视为移民或其子女与当地青年之间发生的冲突。在新闻和政治话语中，这些骚乱被描述为移民无法或不愿被同化所引发的，是宽松的多元文化政策鼓励移民去过不一样的生活，所以造成了他们与其他群体的疏离感。其次，这段时间还发生了一系列恐怖袭击事件。由于这些悲剧事件的主要参与者大都是带有移民背景的年轻的欧洲公民，因而在大多数西方国家引起了是否需要对（伊斯兰）宗教原教旨主义进行反击的激烈争论。

作为一种结果，人们开始广泛探讨是否有必要不再把多元文化主义视为所有西方国家的标准理念和政策。就此，我认为有必要详细探讨四种不同的批评观点。

### （一）保守主义的、右翼的批评

保守主义的批评者指责多元文化主义过于支持少数群体的身份认同和文化，从而削弱了原有的本土文化。他们通常将文化冲突描述为"一场零和战争"（a zero-sum war），认为多元文化政策只会有利于狭隘的、反现代的、反民主的少数群体，而且还会将多数群体斥责为种族中心主义和种族主义。不加批判地接受（而非反对）不同于多数群体的习惯、风俗、价值观和语言，正在削弱人们对西方社会制度及其信仰的认同。正如这些批评者所说，多元主义文化给予了好斗的少数群体更多的支持，却忽略了自由民主的西方文化所具有的特殊的、独一无二的历史价值，导致它走向消亡。多数群体必须对自己的文化感到自豪，并通过充分利用国家归属感和内部凝聚力来加强这种自豪感。少数群体在得到承认和尊重之前应遵守多数群体的规则和价值观，并表现出入乡随俗的意愿。

伊斯兰教常常是这种批评特指的目标。穆斯林被认为是尤其不愿融入西方社会并接受西方价值观，他们信奉原教旨主义，总是设法强制实施他们自己的法律，推行他们自己的生活方式。放弃多元文化政策，重新调整政策的宽松度，被视为解决好战的、分离主义的和整体主义的穆斯林身份认同与重视言论自由、政教分离以及妇女和同性恋权利的自由主义价值观之间冲突的必要方法。

"我们必须捍卫我们的身份"这一观点一直受到抨击，因为它将身份认同和文化视为同质的和固定不变的，从而忽略了其内部的差异和冲突。被具体化的文化被视为不可比较的，而且会不可避免地导致冲突。在这种情况下，一种新型种族主义应运而生，这种种族主义将关注点从生物意义上的"种族"转向了"文化、族性和宗教意义上的种族"，伊斯兰恐惧症是其最突出的表现形式。

### （二）多元文化主义不利于妇女

那种认为多元文化主义与妇女权利之间存在对立的观点尽管回避了有关身份认同的争论，但仍是探讨妇女运动时的一个核心问题。奥金（Susan M. Okin）指出，多元文化主义认为所有文化都有权得到平等的尊重和关注，这一观点与保护妇女权利之间可能会产生冲突。多元文化主义的目标是要保护多种文化的社会，可是许多社会都不接受所有人应该拥有平等的权利这一原则，而是赞成严格对待社会中的某些群体。这尤其表现在对待妇女的问题上，基于所谓的文化、传统或宗教等理由，妇女常常受到不公平的待遇：不同的营养和保健，更容易受到暴力的袭击，也更容易在面临教育机会时被拒之门外，等等。

移民群体往往比多数群体更加崇尚男权制，如果允许他们继续维护这种习俗，就会损害妇女的自由，侵蚀妇女运动取得的成果。通过确立群体的权利而使少数群体的文化得以保存，虽然能使男性受益，但却无法尽可能符合妇女的利益。奥金认为："倘若某一少数群体的文化濒临灭绝，那么出身于这种文化的妇女也许会有更好的生活（因为其成员就可以融入性别歧视较少的文化之中），或者最好鼓励妇女去改变自身的文化，从而加强妇女的平等——至少也要达到与多数群体的文化所拥有的价值观保持一致的程度。"

对于奥金的上述观点，有回应指出，在被认为男权崇拜并不严重的西方自由社会与少数群体的文化之间画出一条过于清晰和简单的分界线是有问题的。如霍尼格（Bonnie Honig）所说，西方自由制度的男权崇拜并非总是少于其他制度，只是形式不同而已。认识到可以用不同的方式看待其他文化中的性别角色，能让西方妇女深刻地意识到自由的生活方式有利也有弊。这种本质主义文化观之所以存在问题，是因为它掩盖了各群体内部的差异。安希厄斯（Floya Anthias）认为，抨击文化惯例与指责所谓的文化群体是两回事，并且文化惯例对"局内人"和"局外人"具有不同的意义。如艾尔 - 希布里（Azizah Al-Hibri）所说，人们完全忽略了其他文化中的妇女有可能会以另一种方式看待自由。而这会造成将主流白人妇女的观点视为一种"普世"观点的危险。

### （三）多元文化主义不利于国家团结

对多元文化主义最主要的批评之一是指责其削弱了社会凝聚力。古德哈特和马里克（Kenan Malik）认为，允许少数群体保持他们自己的文化和身份的政策助长了国家分裂，促进了种族、民族和文化的碎片化。布鲁贝克（Rogers Brubaker）和乔普克（Christian Joppke）认为，多元文化主义政策的明显失败，特别是移民融合政策的失败，为多元文化主义的负面效应提供了佐证。这些政策非但没有促进融合、推动平等、支持并承认少数群体的文化差异，反而造成了其成员的冷漠态度和平行生活，导致这种社会凝聚力反过来削弱、侵蚀了社会生活的基础。巴里认为，自由主义的支持者强调拥有共同归属感的重要性，其目的是让弱势群体感受到参与公共事务、加入公共生活和展现团结的氛围。如果缺乏某种程度的民族主义和对共同体的归属感，不能使用同一种语言，民主就会处于危险之中。乔普克和托马斯（Paul Thomas）都认为，倘若我们想要让任何一个自由民主的国家真正认识到它需要努力转向一个充满矛盾的目标，即一方面鼓励社会成员的团结，一方面又承认个体的特殊性，那么就必须强调自由主义原则，并用社会凝聚力来取代多元文化主义。为了促进少数群体的有效融合，国家必须指出什么是大家共同拥有的东西，并分享那些特殊且不同的东西。米勒（David Miller）认为，坚持让少数群体分享多数群体的生活方式、语言和制度等基本准则，会促进融合和平等的社会参与。有效的融合需要少数群体真正愿意接受和认可西方社会的核心价值观，因而国家政策应该提倡自由和民主的价值观，而不是鼓励少数群体保留他们自己的传统。古德曼（Sara Goodman）和乔普克认为，社会凝聚（或公民融合）政策应该取代多元文化主义政策，因为成功地融入主流社会不仅有赖于经济和政治上的融合，而且有赖于对那些象征着国家归属感的个人品质的信奉，这些品质包括：对国家历史的了解，对语言的熟练掌握，对自由主义的和整个社会的价值观的明确认可。

融合不能仅由多数群体推动，移民也必须表现出他们渴望被融合的愿望，同时还要同意放弃他们自己的文化中不适合多数群体的各个方面。古德哈特认为，移民政策的制定应该更具选择性，新移民不应立即获得社会福利，公民身份的象征性应该得到强化；所有这些都有助于支持福利国家的再分配方案，并带来更加有效的社会平等。

这方面的批评被认为是在向一种强制的、种族中心主义的同化论倒退。社会凝聚力强调的是道德和社会秩序，反映了把社会融合视为一种社会控制的传统观点。它将共同体的归属感降低为机械的团结、同质性和统一性。平等和社会正义已被归属、包容、治理、减少冲突和共同责任感所取代。此外，还出现了另一种重要的转变：种族和宗教差异（及其被国家所承认）因缺少整合和社会凝聚力而备受指责，而事实上，这些差异主要是由结构性的不平等和贫困造成的。

### （四）改革论者的批评

断言多元文化主义没有解决好社会经济不平等问题，是改革论者在批评多元文化主义时关注的焦点。在他们看来，多元文化主义过分强调文化，从而掩盖了少数群体遭受歧视和排斥的真正的经济原因。在保护文化差异这种表面的善意之下，掩藏着少数群体遭受严重不平等待遇的现实。多元文化主义政策想要承认和保留的所谓差异，其实是指教育、就业、入狱率和住房条件上存在的负面差距。弗雷泽认为，消除社会歧视可能需要更多的再分配，而不仅仅是承认，起码应将两者结合在一起。

融合不仅需要社会凝聚力，而且还需要反对歧视和救助贫困的政策。受歧视者不会因为他们的文化受到保护——这常常意味着隔离和漠视——而变得更有能力，他们还需要物质帮助。他们要求参与和融入，而非被孤立；他们决定移民到国外，就证明了他们希望放弃自己的传统，去接受定居国家的生活方式。要求这些移民去学习和使用当地的语言并适应其生活方式，并非为了强行实施多数群体制定的规则，而是为了让移民更有效地融入新文化所必须迈出的一步。

我们需要一项既能保护少数群体不受歧视又能使社会充满凝聚力的更加务实的政策。普特南（Robert D. Putnam）认为，国家必须推动制定能够鼓励"桥接型"（bridging）社会资本——把不同的共同体用网络联系在一起——的政策，而不是仅仅促进

"结合型"（bonding）——把"内部"的各个共同体聚合在一起——的政策。前者支持学习进行交往并被共同体接受所必需的语言和行为技能，后者只是帮助保留少数群体的语言和传统。就此来看，支持保留少数群体文化的多元文化主义政策是有害的，因为太多的文化差异会损害"嫁接型"社会资本，妨碍移民的公共参与和政治参与。

由于倡导一种新的同化形式，改革论者的批评受到抨击，在这种新形式中，主流文化被具体化，而作为被接受和参与这种主流文化的一个先决条件，少数群体被要求认可和适应这种具体化的文化。通过把归属感与社会凝聚力联系在一起，归属感成为社会凝聚力的先决条件，融合也就变成了一种新的约束和控制手段，它可以挑选那些被认为是"好的"和"有用的"移民，同时运用法律手段来排除那些被认为是"差异太大的"以及不愿或无法融入的移民。

# 五　当前多元文化社会研究的趋势

## （一）对多元文化政策的评价

当前，有关多元文化主义负面效应的大多数实证研究都集中于评估多元文化政策的重要性和有效性，验证各种多元文化主义指标与不同的研究结果之间是否存在关联性。

首先，相关研究认为，目前西方社会中存在着一种放弃多元文化政策的现象，但并非是这些政策的失败所引起的。这种趋势关注的是对移民日益增长的敌视以及对失业问题和经济状况的担忧。移民——特别是那些非法移民和"冒牌的"寻求庇护者——被指责为福利寄生虫，不愿融入主流社会，并且更容易犯罪。这些现象造成了敌对氛围和对移民的憎恨情绪，并导致了限制移民及移民权利的政策的法律化。莱辛斯卡（Magdalena Lesińska）和沃尔什（James Walsh）认为，政治领袖们利用这一趋势趁机获得了公众的同意和认可，将多元文化主义描述为一种失败的政策，并开始倡导一种更不宽容的同化主义策略。

其次，相关研究质疑多元文化主义负面效应的真正重要性，认为对多元文化主义的批评之所以效果显著，是因为这些批评用简单、歪曲的方式描述了多元文化主义。当前的一些批评将矛头对准"激进的多元文化主义"，即从制度政策上承认公共领域中的差异，为少数群体成员制定了语言和社会福利保障的特别条款，尽管这些条款很少得到实施。而有效的多元文化主义政策更接近格里洛（Ralph Grillo）所说的"温和的多元文化主义"，其目的是为了避免在就业、住房、教育、健康和福利等方面歧视少数群体。科特韦格（Anna Korteweg）和特利安达菲利杜（Anna Triandafyllidou）认为，这种多元文化的融合形式是西方社会的合理选择。

2013年，班廷（Keith Banting）和金里卡运用多元文化主义政策指数，对所谓的全面放弃这些政策有利于公民整合的多元文化主义进行了精确的评估。该政策指数显示了21个西方民主国家在1980年、2000年和2010年实施或限制多元文化政策的情况，并在每个时间点上对每个国家施行8项不同政策的程度给予了评分，这些政策包括：在法律上或议会中正式批准多元文化政策；在教育领域实施多元文化政策；授权大众传媒可以报道少数群体的比例及报道的敏感性等方面的政策；取消着装限制、星期日停业法规等方面的政策；允许双重国籍的政策；为少数群体组织提供支持其文化活动的经费的政策；资助双语或母语教育的政策；对支持弱势少数群体的行动提供资助的政策。

这一历时性的国际比较研究显示，虽然包括荷兰在内的少数国家在 2000 年削减了已有的多元文化政策，但是这种变化只是一个特例。事实上，在 20 世纪末，大多数实施了多元文化政策的国家在 21 世纪的第一个 10 年中都保留了这些政策所支持的项目，甚至相当数量的国家还增加了新的项目。基于这些数据，班廷和金里卡认为，没有证据表明多元文化政策发生了倒退，也没有出现从多元文化政策向公民融合政策转变。公民融合通常是现有的多元文化项目的首选，这就使得解决差异问题可以采取一种调和的方式。班廷和金里卡得出结论认为，多元文化政策对于有效和公平地促进少数群体的融合仍然具有非常重要的作用。

对多元文化政策更尖锐的批评来自库普曼斯（Ruud Koopmans）的分析。他以多元文化政策指数和移民公民权利指标为基础，比较了不同国家多元文化政策的差异，认为多元文化政策对社会—经济融合几乎毫无作用，但对政治融合具有一定的正面影响，对社会文化融合则产生了负面影响。尤其是当多元文化政策与慷慨的福利国家结合在一起时，导致了移民过于依赖社会福利救济，从而在社会和经济上被边缘化，而这又减少了他们获得语言技能、加强种族之间接触的动力。

西特林（Jack Citrin）等在 2014 年研究了 16 个欧洲民主国家的多元文化政策指数与公众对移民的态度和政治支持率的相关性，这 16 个国家在过去 10 年中都接收了大量移民。他们的研究发现，在这些广泛实施多元文化政策的国家中，公众对移民的敌视态度与政治支持率之间成负相关关系。他们指出，多元文化主义拉大了支持和反对移民的各团体之间的政治支持率的差距，并给那些极右翼党派提供了机会，使它们可以利用疏远政治的人群中存在的反移民情绪。

普特南认为，公众对文化差异的支持会引发邻里之间产生不信任感，并减少对公共生活的参与。这一假设的研究中得出了各种不同的结论。一些研究发现，多样性对社会凝聚力、国家认同和移民融合有负面影响；而另一些研究或者否定这种观点，或者认为多元文化政策在经济更平等的社会中能够提高社会信任，缩小社会差距，减少对少数群体的偏见。

班廷和金里卡全面地分析了多元文化政策对福利国家的影响。他们的研究显示，公众承认和支持少数群体保留其文化特色有助于强化而非削弱福利国家。他们得出结论认为，没有任何证据表明多元文化政策破坏了信任、团结或对再分配政策的支持。也有研究显示，多元文化政策能够促进移民的集体行动和政治参与，支持社会—政治包容，推动公民融合。

艾瑞里（Gal Ariely）和赖茨（Jeffrey Reitz）等人认为，在评估多元文化政策的影响方面得到的不同研究结果，意味着我们有必要更加谨慎地使用——以及更加精确地掌控——诸如社会凝聚力、归属感、身份认同和融合等多层面的动态概念。这些不同的研究成果还推动了对多元文化主义的进一步分析研究，并为探讨各国内部和各国之间的少数群体文化政策和话语的演变留下了充分的空间。这些互有冲突的研究结果并非仅仅是从整体上对多元文化政策进行评估，而是要进一步分析具体的多元文化政策在不同的背景下会对特定的结果产生何种影响。

**（二）对多元文化态度和认同的分析**

首先，这方面的研究主要关注多元文化主义产生的社会—心理影响，尤其关注不同种族间的态度与互动以及多元文化教育和多元文化身份。在这些研究中，多元文化主义主要被视为个人态度、群体认同的问题，而非国家政策。

许多相关研究探讨的主题都与多数群体和少数群体对多元文化主义的态度以及影响这些态度的变量相关。总体而言，这类分析研究主要强调的是多数群体与少数群体在对待多元文化主义的态度方面存在差异。刘爽（Shuang Liu）、韦尔库坦（Maykel Verkuyten）和泰吉斯（Jochem Thijs）认为，少数群体成员通常更愿意保留他们自己的文化，比多数群体更加赞同多元文化主义，这种态度既可以被视为一种提高他们社会地位的策略，也可以被当作他们对感受到的歧视作出的一种反应。扎格夫卡（Hanna Zagefka）等人研究发现，相比之下，多数群体成员通常更愿意少数群体被同化。韦尔库坦和布鲁格（Peary Brug）认为，多数群体成员越是认同他们自己的群体，就越是会设法保护其群体利益和地位不受到损害和动摇。那些年长的和受教育程度较低的人，以及对宗教持有工具性态度的假信徒，通常都不太赞同文化多样性。

这些差异主要被解释为群体威胁论。帕克斯顿（Pamela Paxton）和穆格汗（Anthony Mughan）认为，来自少数群体和从属群体的（现实的或想象的）威胁经常被视为多数群体对外部群体持有负面态度的最具代表性的指征。

贝里（John B. Berry）等人详细阐述了用以研究"文化适应"（即人们愿意以何种方式生活在需要文化接触的环境中）的一种颇具影响力的类型学，并运用这一理论来评估多元社会中个人的适应能力（包括行为能力以及心理和感情的健康）和有关文化间关系的政策。

对于少数种族/文化群体成员希望如何居住在需要文化接触

的环境中，贝里的文化适应模型描述了四种偏好。这四种偏好构成了两个独立的维度：愿意保留自己的遗产、文化和身份（"文化保留"的维度）；愿意与其他种族文化群体接触，并愿意参与主流社会的活动（"接触"的维度）。这两个维度导致了四种适应偏好：融合、同化、分离和边缘化。当涉及主流社会所采取的策略时，这四种偏好又可被分别界定为：多元文化主义、熔炉、隔离和排斥。

采用这一模型的众多研究者一致认为，多元文化主义策略会使人产生幸福感。也就是说，人们既对保持他们自己的本原文化感兴趣，同时也愿意与其他群体进行日常互动。在这种情况下，心理适应（生活满足感和自尊心增强；疏离、焦虑和沮丧情绪减弱）与社会—文化适应（学术和职业成就提升，公民参与和政治参与加强；违法犯罪和危险的性行为等问题减少）结合在一起，产生了一种强大的、正面的和有效的联系。贝里认为，多元文化主义政策和项目增强了所有民族保留自己的文化和充分参与主流社会的生活的权利意识，并推动了所有群体（既包括主流群体也包括非主流群体）的成员加入相互交流和变化的过程中，这为提升不同文化之间积极正面的关系打下了文化和心理基础。

其次，这方面的研究还关注多元文化背景下身份认同的发展，主要集中于多元文化的经历如何以及在何种程度上促进了身份认同——这些身份认同具有开放性和适应性，同时了解自身文化在社会建构和发展背景方面的特征——的发展。总之，有关多元文化认同的研究认为，生活在多元文化环境中的人更有可能发展出灵活多样的认同，他们不太可能是种族中心主义者，而是更愿意进行有效的跨文化交流。

### （三）对日常多元文化实践的分析

当前，对"日常多元文化主义"（everyday multiculturalism）的研究兴趣与日俱增。在这种情况下，多元文化主义既不被视为对社会政策的挑战，也不被视为态度问题（即心理态度和个体的适应性），而是主要被视为一种社会实践，即在不同的文化背景下人们日常生活中的互动行为。

塞米（Giovanni Semi）等人认为，日常多元文化主义既是一种分析研究，又是一种实践活动。前者指的是一种分析视角，其目的在于捕捉人们在日常交往的互动中产生、再现、改变和挑战文化差异的方式；这种分析还强调宏观和微观条件的重要性，以便为对文化差异和身份认同进行一种特殊的社会建构创造可能性和可行性。"差异"被视为一种"实践"、一种持续的表现和一种政治工具，也被视为当地人对差异和归属的具体表征所做的改变，这些被具体化的表征是通过相关的工具和行为资源（政治话语和大众传媒）在全球范围内建立起来的。作为一个实践范畴，日常多元文化主义强调在有限的空间内以及"平凡的"日常生活环境中去了解如何"面对"和"处理"差异问题，这已经成为一项平凡的、普通的，但却是必备的技能。

对日常多元文化主义的分析通常采用定性的研究方法，即民族志观察、深度访谈、小组讨论和视觉社会学（visual sociology），目的是强调分类、归属和身份认同在日常的交流互动中是何时、怎样以及以何种方法被构建和解构的。

鲍曼的研究显示了生活在多元文化背景下的人们是如何在文化上获得话语和实践双重能力的：人们认为文化既是必要的、基本的、具体化的"既有之物"，又是过程性的、持续发展的、日新月异的概念建构。考察在多元文化的背景下人们如何在实践中应对"差异"问题，应尽可能把不同的人归入某些固定不变的类别（例如，多元文化主义者、被同化者、被孤立者、整合主义者），同时还应关注这些人在日常关系中是如何建构、反抗、改变和调和这些社会类别的。伯恩斯坦（Mary Bernstein）和布洛克兰德（Talja Blockland）分别指出，人们在特殊的背景下应对文化差异问题的方式既能反映出结构性的约束，也能反映出个人意志的作用。研究日常多元文化主义的一个重要方面，就是要承认当代多元文化社会不仅仅是"平等的多样性"的聚合，而且还是对权力关系的反映。因此，巴克（Les Back）、哈里斯（Anita Harris）、拉斯泽尔（Nora Räthzel）和沃特森（Sophie Watson）等都认为，对日常多元文化主义的研究也是对公民身份的表达与诉求的研究，以及对"为承认而斗争"的研究。

一些研究认为，通过交往和融合的过程，文化差异有可能在日常接触中得以消除。这些研究都强调了这样一个事实，即一些日常的生活环境为人们创造了一种与其他人相互联系的感觉，这种感觉又会产生宽容、推动融合。这些研究还对多元文化政策提出了批评，认为其目的是为了把少数群体成员的身份认同缩小或固化，归属到一种狭隘的类别里，从而阻碍少数群体获得其所应具有的融入、改变和寻找新定位的基本能力。

哈里斯指出，年轻人尤其显示出在战略和战术上应对差异问题的能力，并且他们认为，归属感、身份认同和公民身份在当代多元社会中具有混杂多变的特点是理所当然的。耶戈诺格鲁（Meyda Yeğenoğlu）认为，拥有适应双重文化的能力已成为一种必备的技能，因为在一个全球化的社会中，自主和自我实现不仅意味着要有流动权、多重归属以及混杂多变的身份认同，而且还要利用所谓本质主义的和具体化的身份认同，为承认共同的文化渊源、共同的历史以及在主流群体主导一切的情况下保护特殊的语言和习俗而斗争。

在具体化、反抗、调和和挑战的交替转化中，融合概念也在发生变化：它不再仅仅意味着在平等的基础上被当地社群或整个国家所接受，而且还意味着被允许参与到全球流动之中，而非被排除在外；如果有必要，少数群体还会要求获得自由展示自身差异并得到公众承认的权利。平等和差异成为要求参与和避免排斥的工具。真正的危险不是承认固有且深刻的身份认同和差异问题，而是融入社会环境之中还是被排斥在社会环境之外的问题，这些社会环境可以提供物质的、象征性的、情感的和互动的相关机会。

也有研究更为谨防地反对那种夸大文化冲突的倾向，强调冲突的重要性，并关注权利和社会空间等方面的不平等。这些研究批评多元文化主义政策，认为这些政策只是为了增加不同文化间的交往，但却没有考虑到社会和政治上存在的不平等和歧视问题。

对日常实践的考察不能将分析仅仅局限于对一个公平的多元文化社会的构成基础的常规探讨，而应重点研究文化差异是怎样产生的，是如何通过协商来解决的，以及社会关系和身份认同在这一过程中是怎样形成和被再塑的。

载于《国外理论动态》2017 年第 4 期

# 卡尔·马克思与当代媒介和文化研究<sup>*</sup>

克里斯蒂安·富克斯　著

郭　莲　何远瞻　译<sup>**</sup>

[**内容提要**]　本文讨论了马克思在当代媒介、传播和文化研究中所起的作用。文章对三位作者的三部当代文化研究著作进行了分析。研究显示，作者们对于目前的文化研究应该更多地考虑经济因素这一点有着共识，而分歧在于应该采用何种方法进行文化研究，以及马克思的著述在文化研究中应该发挥什么作用。马克思的劳动价值论对于批判性地分析媒介、传播和文化有着特别重要的意义。但是，劳动仍然是文化和媒介研究中的一个盲点，尽管这种情况正在逐渐改善。本文认为，在文化和媒介研究中背离马克思是一个严重的错误，应该及时纠正。在当前出现全球性危机以及理论批判复兴的背景下，文化和媒介研究只有与马克思相结合，才能充满论题性和政治关切，进而具有现实性和批判性。

---

＊　本文原载《文化无国界》（Culture Unbound）2014 年第 6 卷，译文有删节。

＊＊　克里斯蒂安·富克斯（Christian Fuchs）：英国威斯敏斯特大学；郭莲：中共中央党校文史部；何远瞻：美国通用汽车公司。

[**关键词**] 卡尔·马克思；马克思主义理论；文化；媒介；资本主义

# 一 卡尔·马克思与文化研究

马克思的著作对早期文化研究起着重要作用。例如，威廉斯（Raymond Williams）在他最早的著作之一《文化与社会：1780—1950》中指出，他"对马克思主义的理论很感兴趣，因为社会主义与共产主义在当今至关重要"。威廉斯倡导并致力于研究"马克思的文化理论"，因为该理论认识到文化的"多样性和复杂性"，并考虑到其"变革的延续性"，允许有"偶然性和有限的自主性"，但须以"经济结构的事实以及相应的社会关系作为指导线索，而文化则交织其中，如此才能理解文化"。17年后，威廉斯宣称他深信马克思主义思想，可以"毫不迟疑地"将自己界定为一个历史唯物主义者，如果这个称谓意味着"要摧毁并取代资本主义社会"并建立"社会主义社会"的话。他写道，把马克思主义扩展到囊括整个文化的范围"是一项运动，我发现我自己就在从事这个运动，而且乐此不疲"。

汤普森（Edward Thompson）赞同一种重视人的经历和文化的马克思主义。他捍卫这种在政治上反对斯大林主义、在理论上站在左翼的立场上反对阿尔都塞结构主义和右翼反动派——比如科拉科夫斯基（Leszek Kolakowski）等反对马克思的思想家——的马克思主义。汤普森认为，此种形式的马克思主义思想首先表现在马克思"关于异化、商品拜物教和物化等概念的著述中；其次还表现在他关于人及历史的观点中，这些思想渐渐地形成了他自己的特点"。在汤普森的政治和理论见解中，其政治着眼点是社会主义的人道主义，"这种人道主义再次将真正具体的男人和女人置于社会主义理论和理想的核心，取代了'党''马克思—列宁—斯大林主义''两大阵营''工人阶级先锋队'等一些高调的抽象概念。这是一种社会主义立场，因为它重申了共产主义的革命观点，坚信这种革命的潜能不仅属于全人类或无产阶级专政，而且属于真正具体的男人和女人"。

20世纪90年代，一场辩论在文化研究与批判的政治经济学之间展开，这场交锋在加汉姆（Nicholas Garnham）和格罗斯伯格（Lawrence Grossberg）的争论中达到了高潮。加汉姆总结了学界对文化研究的批评，即文化研究"认为其从属地位及其文化实践——这是文化研究优先考虑的问题——是基于资本主义生产方式的"，但却拒绝进一步分析这一主张会导致什么后果。这场争论表明，自威廉斯和汤普森出版他们的专著以来，文化研究中某些基本的东西已经发生了改变，即严重地背离了马克思、马克思主义以及基于阶级和资本主义的文化分析。

在当代学术界回归马克思之前，马克思已销声匿迹。在1990年的"文化研究的今天与未来"学术研讨会上，霍尔（Stuart Hall）的主旨演讲标题据说原为"文化研究中的马克思主义元素"，但大会议程最终将其改为"文化研究及其理论遗产"，这也是该篇演讲发表时的标题。霍尔描述了其文化研究与马克思之间的复杂关系。他说，从未有过这样一个时刻，"文化研究与马克思主义在理论上可以完美地相互契合"，因为马克思的研究存在着"重大缺陷"，他"没有讨论……文化、意识形态、语言以及符号体系"。霍尔指出，某种"还原论和经济主义"以及"欧洲中心论"应该是"马克思主义内在的东西"。因此，他认为，"英国文化研究与马克思主义的相遇首先必须被理解为触及一个问题"。20世纪90年代和21世纪第一个10年是马克思在人文社科领域普遍消失的时期。

霍尔构建了英国文化研究的同质化并推而广之，这在以前从未有过。然而，他又总是被自己与马克思的碰撞所困扰。在接触到阿尔都塞的结构主义之时，他感到更多地被马克思的著述吸引。而其他一些文化研究的代表人物，如汤普森和威廉斯等人，则更多地被人道主义的马克思主义所吸引。当霍尔接受了阿尔都塞的理论观点时，汤普森则从马克思主义和人道主义的立场出发，运用其理论和文学技巧对阿尔都塞进行了辛辣的批判，捍卫马克思和马克思主义，反对科拉科夫斯基，后者曾是一位人道主义的马克思主义者，但也出版过一本反对马克思和马克思主义的书。因此，在文化研究的不同流派中，对马克思主义认同并与其结合的程度是完全不同的。霍尔对文化研究和马克思主义进行了（与其认识论相反的）相当简明的、非情境化的、还原论式的解读，是对其自身经验和世界观的普遍概括。

莫斯可（Vincent Mosco）指出，霍加特（Richard Hoggart）、威廉斯、汤普森、威利斯（Paul Willis）和霍尔等人"强烈感到有义务紧扣阶级分析"，但后来文化研究"建立政治规划和政治目标的意识"变得不再清晰。斯巴克斯（Colin Sparks）把霍尔式的文化研究与马克思主义之间的关系描述为"走向马克思主义和背离马克思主义"。他认为，霍尔在20世纪80年代"逐渐背离了对马克思主义的自我认同"，这是因为他受到了拉克劳（Ernesto Laclau）研究方法的影响。由此导致的"文化研究与马克思主义之间的分离"对于斯巴克斯来说是"一种倒退"。而文化研究与马克思主义的"联姻"仍将是一项"重要的和富有成效的工作"。在与巴特勒（Judith Butler）和齐泽克（Slavoj Žižek）

之间进行的一场三人对话中，拉克劳认为，把"阶级"转变为"种族、性别、宗教等"一系列相关概念的一个环节，并把阶级特意作为这一链条的最后一个要素，是为了强调它的次要性——拉克劳称之为"解构阶级"，而这些不过是后现代研究方法中一个普通的文字游戏。在我看来，齐泽克正是在此背景下正确地指出，在认同"斗争多样性不可缺少"的前提下，后现代主义、文化研究和后马克思主义接受了资本主义为"唯一的都市游戏"，并拒绝了"任何试图推翻现存资本主义自由制度的现实尝试"。斯巴克斯则认为，文化研究中这种拉克劳式的转变赋予了种族、阶级和性别这"三位一体"的概念中的每一个要素以同等重要的地位。按照拉克劳自己的说法，他的研究工作就是要有意忽略和淡化阶级的重要性，以便强调其他的权力形式。

鉴于马克思在文化研究中所处的矛盾地位，就产生了一个问题，即从事文化研究的学者们如何看待马克思及其关于资本主义和阶级的分析在当今和将来所起的作用？我将在下面展开对这一问题的分析。

## 二 当代文化研究与马克思主义政治经济学

最近，有三部关于文化研究的著作探讨了文化研究与马克思和马克思主义理论的关系。这三部新著的着眼点都是反思文化研究的未来，这在它们的书名上已经有所显示，即格罗斯伯格的专著《将来时中的文化研究》（*Cultural Studies in the Future Tense*, 2010），哈特利（John Hartley）的专著《文化和媒介研究的数字化前景》（*Digital Futures for Cultural and Media Studies*, 2012），史密斯（Paul Smith）主编的论文集《文化研究的重建》（*The Re-*

*newal of Cultural Studies*，2011）。格罗斯伯格的书名说明了该书着眼于未来的文化研究；哈特利更进一步，他的书名包括了对文化研究之未来的具体阐述，如书名所示，他希望该领域重点关注对数字媒介的分析；史密斯的书名也是聚焦文化研究的未来，但同格罗斯伯格和哈特利相比，他更明确地指出，文化研究存在着误区，因此需要再造。

笔者以"文化研究"为关键词，以2010—2013年为时间段，对不列颠图书馆目录进行了书名搜索（搜索日期为2013年2月2日），得到了47个结果，这些书名中既包含了"文化研究"一词，也属于文化研究学术领域。大多数著作都是有关文化研究史的文献汇编，只有少数几本是对文化研究当前状态和未来前景的评介。我从中选出的这三部著作正好是以批判性地评介文化研究的现状以及推动建构文化研究的未来为目标，因此适合展开进一步的分析。

这三部著作有一个共同点，即它们都看到了当代文化研究中存在的问题以及未来的任务。对格罗斯伯格来说，这个问题就是"有太多的研究工作以文化研究为名，它们过于松散"。对哈特利而言，这个问题是媒介和文化研究应立足并依附于媒介的传播模式，这种模式注意到："日常文化实践……在各个领域都被更为隐秘的力量推动着，这种力量似乎正在为各种政治或企业的目标去剥削追求享乐的消费者。"而对于史密斯而言，这个问题则是：一方面，文化研究总是有"一种追求某种政治效能的愿望"；另一方面，这种愿望因其制度化的诉求而"转化为类似于幻肢（phantom limb）的东西"。所以，这三部著作的共同点就是它们都感受到文化研究的危机，并认为需要在这一研究领域做出某些改变。当代社会所面临的这种深刻危机也伴随着学术层面文化研究的深刻危机，至少这是读完这些著作后给人留下的印象，而且这些著作的作者都可以被视为当代文化研究领域最具影响力的人物。

这三部著作都指出了未来文化研究的任务。格罗斯伯格认为，其任务就是"从文化研究自身的知识史和政治史出发去建构其视野"，而他的著作"试图为文化研究工作的现状和未来设置一项议程"，并"开创一种能够对当代世界及其斗争做出回应的文化研究"。对哈特利来说，其任务是对文化研究进行改造，以便更加重视数字媒介和"传播"这种对话模式。史密斯在他主编的论文集中则提出，其任务是要"推动对文化研究的属性做出新界定"，并回答这样一个问题："目前文化研究能够以及应该做些什么？"这些任务的不同之处表现为三位作者想要如何变革文化研究，共同之处则在于他们都想在当前文化研究面临危机的情况下对其重建有所贡献。

**（一）格罗斯伯格：《将来时中的文化研究》**

格罗斯伯格指出，文化研究拒绝"将现实的复杂性简化为任何单一的存在层面或范畴"，它重视复杂性，这"无疑是反还原论的"、强调具体情境的、反对普遍主义和完美主义的。"彻底的情境主义（radical contextualism）是文化研究的核心。"这种情境性（contextuality）表现在对霍尔的接合（articulation）概念的使用中，即"从旧的关联和无关联中创造、摧毁和重塑新的关联和情境的变革性实践或工作"。这一概念强调"在整体中发现异质性、差异和断裂"。社会权力拥有"多轴心和多维度，不能相互简化"。"情境之间总是相互关联，产生一系列复杂的多维关系和链接。""对复杂性、偶然性、可争议性和多重性的认同是文化研究的一个标志性特点。"

格罗斯伯格看到了经济学对于当代文化研究的重要作用。他认为，文化研究应该"了解和探讨经济学问题，但并非退回到还原论和本质论的形式中"，这实际上暗示了之前的文化研究对经济学问题的忽略和漠视。他回顾了文化研究与马克思主义媒介政治经济学之间的争论后指出，文化研究反对"经济和阶级的还原论"，拒绝"相信经济可以界定社会现实各方面的底线"。在此情境下，史密斯从文化研究本身的立场出发指出，某些文化研究学者认为马克思主义是一种"还原论"和"经济决定论"，这种认识是一种用来"回避经济问题"的修辞，其结果会导致"对研究对象的无政府主义或虚无主义态度"，最终走入"死胡同和危机"，阻碍其"实现最高的知识和政治抱负"。

格罗斯伯格兼顾经济学与文化研究的研究取向始于对马克思劳动价值论的探讨。他支持"一种彻底的价值情境论（a radically contextual theory of value），因而要求对马克思的劳动价值论进行彻底的情境解读"。其目的在于将价值概念从劳动概念中分离出来，进而在表达、渴求、衡量某种独特性以及何为美好和理想等更为广泛的意义上重新诠释价值概念。他提出一种以对"价值的多样性、扩散性和偶然性"的假定为基础的"广义价值论"，认为价值涉及所有剩余类型的生产，所以"真正价值总是大于或超过实际价值"。他指出，当代危机将由多重"同类危机"构成，无法测量或评价它们之间的差异，这会导致宗教、政治、经济、知识和金融方面的原教旨主义，这种原教旨主义要求"消灭他者"。金融危机将会"被庞大的金融（'有毒'）资产的存在所引发，无法被类比，也就是说，其价值是无法计算的"，而这只不过是许多同时存在的同类危机中的一种。

现代社会的核心（伦理）价值就是经济价值。格罗斯伯格倡导的"彻底的情境主义"并未探讨积累和货币的经济学逻辑在当代社会中所发挥的这种特殊作用，而是发展了一种特殊的相对主义，它掩藏在诸如情境性、多维性、异质性和差异性等主题之下。现代社会无疑是复杂的，它是由许许多多相互关联和相互依存的领域所构成的，但是需要运用一种概念工具去分析这些领域之间的权力关系。在社会的某一状态、阶段或"接合"中，各种领域以及行为者都具有相同的权力的情形是不可能出现的。有迹象表明，在资本主义社会中，经济领域总是占主导地位的（尽管不是决定性的）领域。"彻底的情境主义"会导致二元相对主义，这种二元相对主义无法充分分析权力关系和权力分布（及其引发的权力抗争），而是将权力视为存在于多个领域中的独立力量。对这种权力地位的拒斥并不意味着反抗资本主义及其主导地位的斗争是不可能的，而是说在现代社会中，所有的斗争都不可避免地存在着一个特别重要的经济维度。权力的多元化固然很重要，但在由斗争决定的多元维度中，这些领域是彼此相关的。彻底的情境主义会导致将权力视为一个个独立的"集装箱"，而非强调权力关系。

格罗斯伯格鼓吹一切社会领域都具有同等重要性，从而导致了多元价值的观念，这一观念将马克思的理论淡化为"价值通论"，把所有强调经济的特殊重要性和决定性作用——马克思主义政治经济学在媒介和文化研究中一直特别强调这一点——的努力归结为"经济和阶级还原论"、经济主义、资本中心论、本质主义等。格罗斯伯格呼吁相互尊重，但又继续对马克思主义政治经济学持有陈旧的偏见，这一点强烈地表现在他同加汉姆的争论上，他的结论是，他"决不调和"文化研究与文化和媒介政治经济学之间的关系，因为"我们从未联姻，所以也无须分离"。

格罗斯伯格呼吁对文化研究中的经济问题给予更多的关注。他本人就身体力行地从事经济学研究，包括研究马克思的劳动价值论。他介绍并批评了该理论，认为价值概念需要扩展，以避免导致经济还原论。与此同时，他还根据马克思的辩证法，将经济设想为一个矛盾体。于是，他提出了一个伪马克思主义的论点（矛盾的重要性），以此反对马克思及其劳动价值论，并代之以文化经济学的相对主义方法。米勒（Toby Miller）据此指出，格罗斯伯格讥讽马克思的政治经济学方法，其实他应该"重新思考他的反马克思主义立场"，因为那是一个"错误的目标"。

### （二）哈特利：《文化和媒介研究的数字化前景》

哈特利新近出版的《文化和媒介研究的数字化前景》一书阐述了另一种重要的研究方法，进一步提出了把文化研究与经济学结合起来的观点。哈特利描述了"传播"这种对话模型的兴起，其中"人人都是生产者"，他还讨论了这种模型对媒介和文化研究的意义。他认为，网络平台的兴起支撑着社交网络以及用户生成内容的生产和传播，而新闻业、公共领域、大学、大众传媒、公民权、档案文件及其他机构已经变得更加民主化，因为"人们在生产和消费方面有了更多的话语权"。"消费者企业""社交网络市场"和"微型生产力"的出现将进一步推进这些发展。

哈特利赞同格罗斯伯格关于文化研究正处于危机中的判断。他认为文化研究将会失去前进的动力和开拓的精神，在"无限扩展的微观"分析中迷失方向，这种分析没有将"足够的注意力放在宏观层面"。同格罗斯伯格一样，哈特利确信文化研究"没有与经济学展开持续的对话"，而是"在动荡的经济学变革中置身事外"。

哈特利承认，马克思主义政治经济学对文化经济学给予了关注，但其方法"过于具有挑战性，因为我们事先已经知道什么是错误的"，并且他认为，这种方法是假定了"整个体系是由单一的原因决定的"。

哈特利将经济学引入文化研究的观点被称为"文化科学 2.0"（Cultural Science 2.0），他希望借助演化经济学（evolutionary economics）来达至这一目标。这一观点强调，当代文化产业的价值体现在社交网络中公民和用户的共同创造中。哈特利形而上学地使用了诸如进化系统、复杂性以及自组织理论等术语，却未能将这些理论概念系统地应用于互联网。哈特利还不自觉地认同下述事实，即哈耶克（Friedrich A. Hayek）和卢曼（Niklas Luhmann）等思想家为使新自由主义在意识形态上合法化而使用了自组织和复杂性等语汇。

哈特利认为，文化分析一方面已被威廉斯/霍尔传统中"批判性的"方法所定型，另一方面又受到由"菲斯克（John Fiske）/哈特利"传统所代表的浪漫主义取向的影响，后者"广泛宣传参与式媒介的解放主义潜能"。哈特利站在批判的和浪漫主义的立场的对立面，这在逻辑上表明，他认为自己的方法是非批判性的。他鼓吹保留浪漫主义传统，将文化研究"从一种'批判性的'具体方法转变成为一种方法论目标的'演化'"。按照哈特利的观点，重视批判性研究应该被重视演化所代替。他宣扬一种可以被称为非批判性演化的文化研究。

最重要的是，哈特利认为互联网是一种自组织网络，其中"每个人都通过网络与他人相互关联"，这种网络系统由一种新型民主和对话传播资源构成。但是，他没能考虑到相反的情况，即并非所有的人都能进入到这个"民主的自组织网络"中：在2012年8月，只有32.7%的世界人口和13.5%的非洲人口上网。他也没有考虑到，一些公司（特别是大公司）、社会政治名流和精英等等在脸书（Facebook）、推特（Twitter）及视频网站（YouTube）等类网络中要比普通人拥有更多的浏览量、点击率、朋友圈和链接，这反映出这个社会事实上存在着权力不平等现象。

哈特利在2012年提到，社交网络市场中也许存在着由精英主导的中心，但该分析并没有系统地涉及社会中的权力不平等现象。哈特利似乎只是假定这种市场无论如何都是一个民主领域，因为许多人都可使用各种传播工具，只要他们足够幸运和努力工作，就可以成为社会精英的一部分，至少可以在短时间内如此。此种逻辑存在于新自由主义理论的核心概念中，这一核心概念强调效绩和个人主义，并强调个体需为成功、失败与衰落承担责任。

对于在社交媒介时代被抛弃和被遗忘的人，哈特利没有任何同情。2010年，年仅17岁的富士康工人田玉因无法忍受工厂的工作条件而跳楼自杀，最终导致腰部以下完全瘫痪。哈特利在他关于当代数字化媒介的讨论中没有提及这类故事，相反，他甚至指出，在社会经济高度不平等以及失业急剧年轻化的时代，"一种新的经济民主"已经出现；他还将此类情况表述为一种商业经济宣言。因此，他代表的是脸书和谷歌等网络大亨的利益。

**（三）史密斯：《文化研究的重建》**

《文化研究的重建》是史密斯2011年编辑出版的一部论文

集，其中收集了 27 篇论文。多数论文的作者都同意格罗斯伯格和哈特利的这一观点，即文化研究需要认真考量经济学因素，而这一点在过去常常被忽视。但是，该论文集同格罗斯伯格和哈特利的著作相比有一个重大区别，也就是与马克思和政治经济学批判的关系问题。史密斯认为，"在英国文化研究的阐述中，对马克思主义思想的怀疑与日俱增"，文化研究"极其不愿被视为马克思主义"，如此一来，势必导致"文化研究日益脱离实践"。史密斯还认为，文化研究如同"幻肢"，与政治已经没有什么关系。在该论文集的导言中，史密斯提出了当代文化研究应当何为的问题。他与该文集中的许多其他作者的回答都是："进一步重视政治经济学问题是文化研究复兴的必要条件。"

在该文集中，几乎所有作者都认同这样一个观点，即文化研究忽略了劳动和经济因素，对此必须引起重视。例如，罗斯（Andrew Ross）指出："无论这是不是一种还原论的表述，有一点是清楚的，即在以往的文化研究中，劳动、工作和职场中的政治因素一直被忽视。"库尔德里（Nick Couldry）也支持这一论点，他认为："经过 30 年新自由主义的宣传以及基于不平等、排斥异己和市场原教旨主义的全球化进程，罗斯提出的劳动的前景问题已然成为一个核心问题。人们在一定的经济和社会条件下工作（或寻求工作），还可能投票选举，当然还要消费，如不能回答人们是如何体验这些经济和社会活动的等更为广泛的问题，将难以在政治学和社会学的意义上想象和理解任何一项有意义的文化研究'课题'。"莫斯可指出："劳动在传播和文化研究课题中依然是一个盲点，因此要想重建文化研究，必须将劳动这一话题放在重要的议事日程或研究课题上来。"

文集中的许多作者都认为，文化研究应该将自己重新定位为以马克思主义理论为基础的马克思主义文化研究，这是一种关于劳动、阶级和政治经济学批判的分析研究。正如古利亚斯（Max Gulias）所指出的，文化研究需要马克思主义的方法论，以此"修正马克思主义的劳动理论"，但是，更多的"非马克思主义的文化研究"继续沉湎于消费者—受众所构建的符号体系，轻视资本主义社会中的人类劳动。马丁（Randy Martin）认为，金融化是重建文化研究并使其植根于马克思主义的一个关键性课题。布林（Marcus Breen）指出，在新自由主义和资本主义危机的时代，对于文化研究来说，"重申政治经济学的优先地位的时机已经到来，这就要重新阐明文化与经济之间的关系，而不是想当然地以为某种不确定因素会魔法般地赋予文化研究以可信度"。

从上述三部著作中，人们可以得到一个印象，即资本主义危机伴随着文化研究的危机，这是一个矛盾的现象。与此同时，在文化研究领域存在着重建马克思主义的迹象。这些现象表明，时机已然成熟，我们需要认真对待马克思，阅读马克思，用马克思去思考媒介、传播和文化，向大学生介绍马克思和马克思主义，尤其要在关于媒介、传播和文化的大学课程、基础研究以及各种科研项目的申请和资助中使马克思和马克思主义研究制度化。我们不应只向学生介绍马克思和恩格斯的片言只语，而是应该和他们一起阅读原著，如《资本论》《1844年经济学哲学手稿》《政治经济学批判大纲》《德意志意识形态》《共产党宣言》《英国工人阶级状况》《哲学的贫困》《神圣家族》《法兰西阶级斗争》《路易·波拿巴的雾月18日》《法兰西内战》《自然辩证法》以及发表在《莱茵报》上的众多文章。马克思常常被视为一个局外人，并因此被排斥在媒介、传播和文化研究之外，现在是时候将马克思纳入我们视野的中心了，而这需要各种社会资源、机构和各界人士的共同努力，从而为改变学术界而斗争。

史密斯的文集表明，除了格罗斯伯格关于阶级/劳动的相对主义研究取向以及哈特利的乐观主义取向之外，在文化研究中还存在着一种对马克思及其阶级和劳动概念的真正兴趣。米勒在谈及文化研究时指出，尽管劳动"是人类的中心"，但"在我们的研究领域基本不存在"。他还认为，在文化产业里已出现了一个知识阶层，他们拥有"较高的教育程度以及运用各种文化技术的才能"，并且正面临着"弹性的生产条件和'自由'的意识形态"。米勒因而提出了下列方程式：文化 + 劳动 = 无保障无产者（precariat）。罗斯同样强调了这类无保障劳动者在文化产业中所起的作用。他认为，对许多人而言，创造性是"以沉重的牺牲为代价的，即需要长期追求满意的结果，回报审美认知的价格折扣，自动化带来的自我剥削以及弹性工作的代价，等等"。罗斯指出，信息技术行业的员工经常把他们的工作环境描绘成"高科技血汗工厂"。这种将劳动与阶级融入文化研究的现象突出了媒介和传播政治经济学的关切，这些关切与媒介、文化和传播语境中的阶级、剥削、价值和劳动等问题相关，而马克思的著作已经强烈地激发起对这些问题的研究兴趣。

正如贝伯（Robert Babe）所说，文化研究的问题在于其"后结构主义的转向所引发的与经济学的分离"。对这些问题的重新整合首先要"抛弃后结构主义的文化研究"，并认真地与马克思及马克思主义相结合。而结合马克思去理解媒介和文化就需要结合劳动和价值概念。

# 三　媒介、传播与马克思的劳动价值论

　　媒介生产的内容和技术并非无中生有，而是人类劳动的客观反映。一般来说，这些媒介生产者及其工作条件是媒介用户看不见的。但是，媒介内容的生产者之间也有不同，公众在大多数时间能够看到新闻记者的名字和面孔，却看不到电影摄影师、剪辑师、设计师以及报纸杂志的其他工作人员的工作。另一个重要的区别是由用户生成的在线内容，其生产条件对其本人来说是已知的，也可以向他人传播。尽管如此，媒介内容和技术的生产是一个复杂的过程，涉及许多不同类型的工作，这些工作在某种程度上并不能被直接看到，而是隐藏在各种事物和人工制品中。

　　为什么说劳动、资本主义和阶级是重要的议题？最近发生的资本主义全球性危机表明，阶级关系、无保障的劳动和失业是当代资本主义的重要组成部分。在过去的 10 年中，贫富差别、工资水平与利润的差距、在职员工的工作时间与失业大军的人数之间的反差在许多国家都在大幅增长。2012 年，在 27 个欧盟国家中，25 岁以下青年的失业率是 22.9%，其中在希腊和西班牙则高达 50% 左右。与此同时，那些全日制工作的员工的每周平均工作时间则大大超过了 40 小时。一个受过大学教育并掌握了较高知识技能的人未必能保证就业，比如在 2012 年第三季度，欧盟成员国中有 19% 的 25 岁以下受过大学教育的公民没有就业，在希腊这一比例是 53.2%，在西班牙则是 39.5%。资本主义的这种危机与加剧的阶级不平等现象相关。从 1995 年到 2011 年，工资份额，即工资在国民生产总值中所占的比例，从 1975 年的 74.3% 降至 2014 年的 66.3%。这是一个工资相对下降的指标，它导致了利润的增长。经济问题对于媒介、传播、文化以及数字媒介研究而言是一个不可忽视的重要背景。

加汉姆在1991年的研究中指出，"令人感到羞愧的是，无人知晓这些文化生产者的个人背景"，人们关注的只是媒介大亨及其公司的分析数据。10年后，加汉姆认为这一问题依然存在："媒介生产者的问题在最近的媒介与文化研究中依然被忽视——在社会理论中确实普遍如此。"又过了10年，莫斯可指出："劳动依然是传播和文化研究中的盲点，因此，在重建文化研究的议事日程或研究规划中，应重视劳动问题。"当代媒介和传播研究中存在的一个特殊问题是过于强调创新和文化经济中资本的一方，而忽视劳动的一方。不过，近年来的情形有所改善，传播中的劳动问题成为大量批判性研究的主题。为努力克服媒介和传播研究中缺失劳动的问题，许多学者都做了重要工作。

如果说劳动、阶级和资本主义等概念对研究媒介、文化和传播至关重要，那么就需要一种能指导这些分析研究的理论方法。在此情况下，马克思的劳动价值论就是最适合的研究方法。为什么不是其他理论呢？在基督教哲学看来，异化劳动和阶级关系的存在是上帝赋予的。而在古典政治经济学中，辛苦与贫困是由上帝赋予的观念已被摒弃，阶级关系被理解为社会关系。这种关系是社会发展的必要前提，扬弃这种关系的潜能并非来自历史上生产力的发展。古典政治经济学并未阐明当代资本主义生产模式的状态是永恒不变的，而只是认为资本主义社会中以分工、私有制和阶级关系为特征的劳动形式才是永恒不变和天经地义的。与此相反，马克思恰恰批评了这些观点。因此，他的研究方法就是一种政治经济学批判，而非仅仅是对其有所贡献。马克思是把劳动概念的历史性视为理解政治经济学的关键的第一人。在探讨何为工作和劳动时，马克思作了迄今为止最为详尽的分析。因此，在经济学百科全书和辞典中，诸如劳动、劳动力、劳动过程或劳动理论等词条通常主要都是同马克思和马克思主义理论联系在一起的。

马克思的劳动价值论假定劳动和劳动时间是资本主义的关键要素。抽象的人类劳动是价值实体，是所有商品的共同特征。一件商品的价值是生产该商品所需时间的平均值，劳动时间是价值尺度。价值包括实体和尺度两个方面，并以此同人的劳动和劳动时间相联系。马克思认为，价值是所有商品都共有的"社会实体"，是交换关系中的"共同东西"，"可见，使用价值或财物具有价值，只是因为有抽象人类劳动对象化或物化在里面"。商品的价值是"由生产的成本来决定的，换言之，是由生产商品所需的时间来决定的"。价值的大小是"用它所包含的'形成价值的实体'即劳动的量来计量。劳动本身的量是用劳动的持续时间来计量，而劳动时间又是用一定的时间单位如小时、日等作尺度"。准确地说，社会必要劳动即为价值实体："社会必要劳动时间是在现有的社会正常的生产条件下，在社会平均的劳动熟练程度和劳动强度下制造某种使用价值所需要的劳动时间……可见，只是社会必要劳动量，或生产使用价值的社会必要劳动时间，决定该使用价值的价值量。""由劳动时间决定的商品价值，只是商品的平均价值。""我们如果把商品看作是价值，我们是只把它们看作体现了的、凝固了的或所谓结晶了的社会劳动，或者如果你愿意，可称其为结晶了的社会劳动。"社会必要劳动决定了商品的平均价值，即"市场价值，一方面，应看作一个部门所生产的商品的平均价值"。

每件商品都有其价值（生产时间），在市场和产业中，这是指平均生产时间。但是，在某一产业的市场中，各资本企业生产相似产品所需的平均劳动时间在相互竞争。社会必要劳动时间是在整个经济系统下以平均生产技能和平均生产率水平去生产一件商品所需的平均劳动时间。个人资本拥有自己的生产能力，其劳动力也会有自己特殊的生产技能水准，所以生产一件商品的平均价值同在整个行业中以平均水准来生产该商品所需的社会必要劳动量可以是不同的。

价值规律与生产速度和生产水平相关：制造一件商品所使用的生产力水平越高，其价值越低。正如马克思在《资本论》中所言，"总之，劳动生产力越高，生产一种物品所需要的劳动时间就越少，凝结在该物品中的劳动量就越小，该物品的价值就越小。相反地，劳动生产力越低，生产一种物品的必要劳动时间就越多，该物品的价值就越大。可见，商品的价值量与实现在商品中的劳动的量成正比地变动，与这一劳动的生产力成反比地变动"。

工人阶级为了生存被迫进入阶级关系中，并去创造利润，从而使资本获取剩余价值。剥削剩余价值是马克思理论中的主要概念，他以此证明资本主义是一个阶级社会。正如奈格里（Antonio Negri）所言，"剩余价值的理论是剥削理论的直接结果"，由此还可以推导出阶级理论以及对无阶级社会的政治诉求。

马克思认为，资本并非一般意义的货币，而是靠积累增值的货币，是"生出货币的货币"。他指出，劳动力的价值是生产生活必需品所要耗费的平均时间（必要劳动时间），在资本主义社会中即是工人为其工资所付出的劳动时间。剩余劳动时间就是超过必要劳动时间的所有无酬劳动时间，它被资本家无偿占有，然后转化成为利润。剩余价值"实质上都是无酬劳动时间的化身。

资本自行增值的秘密归结为资本对别人的一定数量的无酬劳动的支配权"。"在剩余劳动期间，劳动力的利用为资本家创造出无须他付出代价的价值。他无偿地获得了劳动力的这种利用。""其次，资本发展成为一种强制关系，迫使工人阶级超出自身生活需求的狭隘范围而从事更多的劳动。作为他人辛勤劳动的制造者，作为剩余劳动的榨取者和劳动力的剥削者，资本在精力、贪婪和效率方面，远远超过了以往一切以直接强制劳动为基础的生产制度。"

对马克思而言，资本主义是建立在资本家对工人无偿劳动的长期窃取之上的，这就是为什么他形容资本如同吸血鬼和狼人一般。"资本是死劳动，它像吸血鬼一样，只有吮吸活劳动才有生命，吮吸的活劳动越多，它的生命就越旺盛。"剩余价值的生产是"资本主义生产的特定的内容和目的"，是"资本主义生产的具有代表性的特征"，是"这个生产方式的绝对规律"，也是"资本主义生产过程的决定目的、驱动利益和最终结果"。

劳动时间对资本主义来说至关重要，因为劳动力是作为一种商品在使用，因此每时每刻都是金钱，这就是为什么资本有着如此强烈的兴趣去迫使工人尽可能长时间地工作，但却获得尽可能少的工资，并尽可能地加大工人的工作强度，以便从他们的无偿劳动中获取尽可能多的利润。

在马克思的劳动价值论中，价值是生产某件商品所需的劳动时间量，但每件商品所需的个别劳动时间是难以测量的，因此平均劳动时间——即在某一时间段里（如一年）生产某种商品所需的平均时间——是经济学中有重要意义的概念，可从一个公司、一个集团公司、一个国家或国际上整个行业的商品生产中计算出来。资本力图降低商品的价值，以提高利润。商品价值的降低意味着生产的加速，即等值于一定数量货币的相同劳动时间可瞬间生产更多数量的同样商品，尽管劳动费用并没有增加，但单位时间却可以累积更多的利润。

威廉斯在他那部被低估的著作《马克思主义与文学》中质疑道，马克思一直将文化视为"从属的、第二性的和'上层建筑的'——一个'仅仅'包括了观念、信仰、艺术和习俗的领域，这一领域是由基本的物质历史所决定的"。他探讨了马克思主义理论中用于探究经济与文化关系的各种概念，如决定、反映、再生产、中介、同构等等。这些研究方法以不同程度的因果决定论或互为因果论来假定经济与文化之间的关系，但同时都假定"'文化'是从物质社会生活中分离出来的"，威廉斯将这种假定视为"理想主义"。这些研究方法的问题在于它们并非"充分的唯物主义"。

威廉斯指出："马克思反对把思维'领域'与活动'领域'分离开来。"生产应当同"消费、分配、交换"以及社会关系区别开来。生产力应当是"现实生活的生产和再生产的一切和任何手段"，包括社会知识和合作的生产。政治和文化应属物质生产领域，如统治阶级生产城堡、宫殿、教堂、监狱、济贫院、学校、战争机器及受控制的出版业等等。因此，存在着"生产社会和政治秩序的物质形态"，上层建筑的概念只是一种借口。

这里使我感兴趣的并非劳动是生产性的还是非生产性的，而是究竟是什么构成了经济和文化。如果这两个领域是分离的，那么制造钢琴就是劳动，因而是经济的一部分，而演奏钢琴则不是劳动，所以只属于文化。但是，马克思无疑同意演奏钢琴是在生产使用价值，它满足了人类的耳朵，因而也是一种形式的劳动。因此，音乐的生产一定也像钢琴的生产一样，是一种经济活动。威廉斯强调说，文化唯物主义即意味着要看到艺术、思想、美学以及意识形态中的物质性特征，当涉及钢琴制作和钢琴演奏的问题时，发现和描述"这些活动之间的关系"是非常重要的。

威廉斯提出了文化唯物主义的重要设想，即"文化工作和活动不是……上层建筑"，因为人们要使用物质性的资源来休闲、娱乐和享受艺术。威廉斯假设文化工作是物质的和经济的，同时假定这种物质的和观念的活动潜藏在文化现象之下，将这两种假定联系起来，就意味着文化是一个将所有物质和观念的生产过程联系起来的整体。简言之，这意味着钢琴生产者、作曲家和钢琴演奏者对威廉斯来说都是文化工作者。

威廉斯断言，文化唯物主义需要洞察文化存在所必须的"基本要素复杂的同一性"，例如思想、制度、结构、分配、技术、受众、传播和诠释方式，以及世界观等等。他认为，一种符号体系要涉及产生它的各种社会关系、形成它的各种制度以及它作为文化技术的功用等等。为避免"人的思想、想象和观念从'人'的物质生活中分离出来的现实危险"，在讨论文化现象时，我们需要像马克思那样注重"人类活动的整体性"，"必须从一开始就注重把文化实践活动看作社会和物质现象"。"'脑力劳动'生产力本身就有着无法回避的物质史，因此也有其社会史。"

威廉斯在晚期著作中强调，信息经济的出现（其中信息、传播和受众是作为商品出售的）尤其要求重新考量经济与文化的分离，要求将文化视为物质的。"信息过程……已成为为经济组织定性的部分。""因此，整个现代劳动过程的一个重要部分必须根据在理论上很难从传统'文化'活动中分离出来的术语来加以定义。……所以，更多的劳动者参与到这些系统的直接运行和活动中，而这些系统中充满了新的社会及社会阶级的复杂性。"

正如信息是信息社会中经济生产的一个重要方面，文化概念也不能仅仅局限于大众文化、娱乐、艺术品以及商品消费中的意义生产，而应扩展到经济生产和价值创造的领域。因此，文化劳动这一概念极其重要。

将音乐文化的例子应用于数字媒介，我们可以发现其相似性，例如，既有生产硬件也有生产软件的数字媒介工作者，还有为创造传播内容、传播方式和社会关系而以生产的形式在硬件上操作软件的数字媒介用户。那些把数字劳动简化为数字内容制作的人，正如那些把文化劳动简化为意义和思想生产的人一样，是用一种理想化的模式把两种本应相互依存的基本元素分割开来。那些使得数字媒介得以共存的各种元素需要一个共同的分类范畴："数字劳动的国际分工。"

有学者认为，"知识社会"或"认知资本主义"以及"社交媒体"的兴起，使得劳动价值论对当代资本主义来说已经过时和不再适用。维尔诺（Paolo Virno）指出，价值规律已被"资本主义发展本身所破坏和抛弃"。哈特（Minchael Hardt）和奈格里认为，"作为价值基本度量单位的劳动时间单位如今已毫无意义"。威塞隆（Carlo Vercellone）则指出，"认知资本主义"引发了"价值规律危机"以及"动摇了政治经济学基本范畴（如劳动、资本、价值等）之本质的度量危机"，知识在生产活动中的日益重要性，即马克思所谓的一般智力（the General Intellect），导致了这样一种情形，即劳动，特别是知识性劳动，"不能再以直接从事生产的劳动时间来衡量"，"以时间单位来衡量"的抽象劳动也不再是"可用于把握劳动并同时有利于社会生产力增长的工具"，创造性和知识在今天构成了"价值的主要来源"。

许多自治主义的马克思主义者认为价值规律如今已不再适用，这一假设并不成立，因为价值规律是资本主义存在的基础，而这一假设是建立在对马克思《政治经济学批判大纲》其中一节的错误理解之上的。在该节中，马克思指出："一旦直接形式的劳动不再是财富的巨大源泉，劳动时间就不再是，而且必然不再是财富的尺度，因而交换价值也不再是使用价值的尺度。"对此的错误理解就是以为马克思只是描述了资本主义内部的转型。而事实上，马克思在该节中清楚地指出，他是在讨论"工人群众自己应当占有自己的剩余劳动"这一状况。只要资本主义仍然存在，价值就是生产的准则，尽管商品的价值会随着历史的发展而消失，但那将加剧资本主义的危机倾向。克利弗（Harry Cleaver）曾指出，马克思的那段话是在阶级斗争将"摧毁资本主义体制而代之以新体制"的背景下提出的。

在《政治经济学批判大纲》中，马克思继续指出："当他们已经这样做的时候（即工人群众占有了自己的剩余劳动）——这样一来，可以自由支配的时间就不再是对立的存在物了——那时，一方面，社会的个人的需要将成为必要劳动时间的尺度，另一方面，社会生产力的发展将如此迅速，以致尽管生产将以所有的人富裕为目的，所有的人可以自由分配的时间还是会增加。"马克思谈到了一个"以交换价值为基础的生产便会崩溃"的社会——共产主义社会。

在公共的"社交媒介"中，脸书网以及其他公司在不断地在监控人们的兴趣、使用爱好、浏览习惯、个人资料数据、用户生产的内容以及各种社会关系等。这些都是关于用户的私人、情感、社会、经济、政治和文化方面的数据。用户在脸书上花费的时间越多，关于他的数据就产生得越多，这将作为一种商品提供给广告客户。剥削就发生在这种商品化及生产的过程中，而在这种生产和剥削过程完成之后，这些数据商品就出售给了广告客户。用户之所以使用社交媒介，是因为他们在某种程度上企图获取布迪厄（Pierre Bourdieu）所谓的社会资本（社交关系的积累），文化资本（资历、学历和知识的积累）和声誉资本（名声的积累）。为创造社会资本、文化资本和声誉资本，用户在商业社交媒介平台上所花费的时间贯穿于产消合一者的商品化行为转化为经济资本的过程中。商业社交媒介中的劳动时间就是布迪厄提出的社会资本、文化资本和声誉资本向马克思的价值和经济资本转化的过程。

生产内容、情感、爱好、社会关系和社交网络等等的劳动是以时间和空间来组织的，脸书的使用时间即是生产劳动的时间。脸书、谷歌和其他类似公司的社交媒介用户的上网时间就构成了工作时间（在这些时间内，数据商品被生产出来），也是潜在地实现利润的时间。

至此，我们的讨论表明，劳动价值论被频繁地作为意识形态批判的靶标，这种批判认为马克思的理论已经过时。因此，价值概念已被一般化和多元化（如格罗斯伯格所言），价值植根于情感或社交网络（如哈特利所言），但它并非由劳动构成，也不是用劳动时间来衡量的。虽然上述研究取向的意义不同，但都得出了一个共同的结论：彻底批判资本主义和资本主义媒介的迫切性或者不再受到重视，或者完全被无视。

并非所有自治主义的马克思主义者都认可价值规律如今已走到了尽头这一假设。罗特（Karl Roth）强调了如今全球无酬和低酬劳动大军的庞大数量，包括家庭生殖劳动者、不稳定和非正式的劳动者、奴隶工人、监狱劳工、临时工、季节工、流动工人以及不稳定的个体生产者等等。他和范德林登（Marcel van der Linden）认为，这些人构成了全球性劳动者（全球工人阶级），属于"多元化的阶层和社会群体"。戴尔－韦瑟福德（Nick Dyer-Witheford）指出，全球劳动者是：（1）建立在资本全球化的基础上；（2）建立在复杂的劳动分工的基础上；（3）建立在低酬和无酬劳动（移民工人、家庭劳动者等）的基础上；（4）被嵌入全球传播网络中；（5）面临不稳定的工作状态；（6）在全球范围内发挥影响。罗特和范德林登认为，从事无偿劳动的奴隶工人也产生价值，尽管其劳动力价格并非支付给雇主的价格，而只是奴隶主的私有财产。他们援引奴隶工人的例子指出，剥削和价值生产并不预设工资关系。他们提出了一个动态的劳动价值论，假定所有通过与资本发生关系从事货币利润生产的人都是剥削阶级的一部分，在此过程中，资本控制和占有生产者本人（奴隶工人）、生产者的劳动力（雇佣工人）、生产资料和生活资料（外包合同工）、劳动产品（无酬和低酬劳工）或再生产领域（生殖劳动），如此等等。

资本的本质是使利润最大化，为此，它会采取各种必要的手段。因为，如果资本家因高投资成本、激烈的竞争和生产力下降等因素而不能积累资本，就面临破产的危险。如前所述，工资关系是阶级斗争的一个关键因素。资本企图尽可能地降低工资总量，以实现利润最大化。因此，如果可能的话，资本会尽量使劳动力的报酬低于其价值，即低于基本生存所需的社会必要费用。正如克利弗和比岱（Jacques Bidet）所强调的，价值转化为劳动力价格以及这两者之间的差值就是阶级斗争的结果。劳动立法和有组织的劳工运动将为争取得到高于劳动力价值的工资而斗争。

但是，倘若劳工力量被削弱（比如，因法西斯式的残酷镇压），资本又会利用任何机会去降低工资，以便尽可能地提高利润。新自由主义是一种治理术，通过降低工资总量来增加利润，它是依靠下列方法做到这一点的：削减国家的福利支出，减少医疗保健和教育经费，将这些服务私有化，创造不稳定的（临时的、无保障的和无偿的等等）工资关系，削弱劳工组织的力量，相对或绝对地减少、甚至不增加工人工资，将生产外包给低工资或无偿的劳动力，迫使失业者无偿劳动或为极低的工资而工作，等等。这是一种旨在帮助资本尽可能地降低劳动力价格的政治形式，如有可能，甚至使其价格低于人类生存的最低值。尽可能多地创造各种不稳定的和无偿的工作形式，是资本为降低劳动力成本而进行阶级斗争的表现，其结果就是劳动力价值与价格的分离。这种分离随着商品价值与价格的分离：经济的金融化产生了股票及其衍生品，它们在股市中有着虚拟的价格，这些价格建立在对将来高利润和股息的预期之上，而同实际的劳动价值和商品价格相脱离。当代资本主义是一种分离经济，其中价值、利润和价格往往彼此脱节，因此蕴含着高度的危机倾向。

数字媒介领域的学者、企业家、管理者、专家和政治家们常常把脸书、推特和视频网站等“社交媒介”的兴起视为民主经济和参与式经济的兴起来赞美。在这些平台上，用户可以操控传播手段和知识产品，消费者可以主动和创造性地塑造经济。从一种动态的劳动价值论来看，企业型社交媒介就是对无偿劳动的剥削，即用户在其平台上花费的所有时间都被记录下来并加以分析，而后据此创造出数据商品（包含了用户的个人资料和使用数据）出售给广告商，这些广告商根据这些数据，针对特定的用户群制作定向广告。这里，用户劳动力的价格等于零，他们的劳动是无偿的，这就使得资本降低劳动力的价格以获得最大化利润成为可能。

全球性劳动者的多样性并非由各类各自分离的工作和生产关系所组成，而是由相互依存的各种生产关系构成了一个总体。因此，戴尔－韦瑟福德认为出现了一个全球价值主体，它组成了一个以全球工厂形式构成的跨国公司价值链。他强调指出，知识性工作和全球性劳动者的出现并不意味着价值规律的终结，而是意味着剥削的扩大，标志着价值规律从代表"传统的剥削场所"的车间变成了"世界工厂"。在脸书和谷歌等网络平台上，对用户劳动的剥削就是资本主义新阶段的标志，在那里，存在着一个无处不在的工厂，它是一个剥削劳动力的空间。社交媒介和手机网络使受众商品无所不在，而且使工厂也不仅仅局限于个人的起居室和工作场所，对工厂和职场的监控存在于这两种空间之中和之间。今天，整个星球就是一个资本主义工厂。对互联网用户（产消合一者）的剥削不是孤立的，而是计算机网络这一庞大的价值链的一部分。在这一价值链中，非洲的奴隶开采原材料，发展中国家（以及一些欧洲国家）的无偿劳动者组装硬件，发展中国家的无偿劳动者和西方国家的高薪工程师开发软件，工作不稳定（如客服中心）的服务人员提供支持，等等。

戴尔－韦瑟福德认为，全球性价值主体因此"受由世界市场逻辑所形成和制约的价值规律的影响"，但它也具有颠覆价值规律的潜能，其手段是拒绝工作（如抗议、罢工、占领，甚至发生在富士康那种最极端的自杀形式，等等）、拒绝消费（停止使用某些产品，而代之以某些非商品性产品）以及创造评估和生产的替代形式，这种形式超越了货币价值，本质上是非营利和非商业化的（例如，非专有软件/操作系统、非商品化的社交网站、自我管理的替代型信息通信技术公司，等等）。博林（Göran Bolin）据此强调指出，经济价值并非唯一可以塑造媒介的道德价值。库尔德利认为，新自由主义减少了经济学逻辑替代道德价值表达的可能性。换言之，资本主义的价值是降低人的地位的价值，它让人成为附属在机器上的一个不能出声而只能受剥削的齿轮，尽管他们自认为他们一直在发声，但他们的声音和力量却毫无实际效用。我们的目标是消解这种经济学价值，使这种（经济）价值不再成为主导地位的（道德）价值。

价值规律并没有失去其作用，只要剥削存在，它依然在世上无处不在地充分发挥作用。它只是被扩展到各种形式的低酬和无酬劳动中，企业媒介的产消一体化就是其中的一个例子。由于生产力在技术上的不断提升，商品价值势必出现历史性的下降。同时，在资本主义社会，价值是资本、商品和利润的唯一来源。价值的矛盾导致了价值、利润和价格的分离，引发了现实的或潜在的危机，这就表明了危机是资本主义所固有的。这又反过来使得我们用一种以公有制为基础的现实体制来取代资本主义成为可能，在这种体制中，不仅价值，而且创造性、社会关系、自由支配的时间和娱乐，都成为价值的源泉。这种社会就被称为共产主义社会，它是对资本主义的否定之否定。

# 四 结论

特纳（Graeme Turner）指出，文化研究作为一个政治研究领域已经失去了动力，转变成为"仅仅是自我服务"的一种"学术表演"。本文认为，造成这种情形的原因之一是文化研究与马克思的著述之间的复杂关系。威廉斯和汤普森等文化研究的早期代表人物深受人道主义的马克思主义的影响，并对其做出了贡献，而霍尔有时受结构主义的马克思主义影响，有时又背离马克思主义。在过去的 30 年中，文化研究有严重背离马克思的倾向。对上述三部当代文化研究著作的分析表明，文化研究需要更多地同当代经济学联姻，学者们对此有着广泛的共识。

文化研究应该如何同经济学联姻？这种联姻又如何同马克思的著述联系在一起？在这些问题上存在着争议。哈特利认为，在文化研究中，要用演化经济学来代替批判的、马克思主义的研究取向。格罗斯伯格以马克思反对马克思，旨在对基于一般价值理论的价值概念和危机理论提出一种彻底情境主义的解释。史密斯等人则提出了重建真正的马克思主义文化研究的观点，我赞同史密斯的观点，并且认为在今天，马克思是连接文化研究与政治经济学批判必不可少的中介。当今，我们不仅需要认真对待经济如何同文化和媒介相互作用的问题，而且还需要了解我们可以从阅读、讨论和阐释多种马克思原著的过程中学到什么。我赞同旨在克服对马克思的各种偏见的制度性变革，并主张在媒介和文化研究中认真对待马克思的著作和理论遗产。今天，整整一代学生和年轻学者是在后福利主义条件下成长起来的，他们了解现实社会中不稳定的劳动和生活。同时，我们还处于一个充满全球性不平等的世界中，要想认识和改变这个世界，就需要思考阶级、危机、批判和资本主义等概念。对于生活在此背景下并有兴趣批判性地研究传播的作用的人来说，关注在研究这些现象的理论和实践方面发挥了极大影响的思想家的思想是绝对必要的。在当前出现全球性危机以及理论批判再度复兴的背景下，文化和媒介研究只有与马克思相结合，才能充满论题性和政治关切，进而具有现实性和批判性。这种结合不仅需要有志于此的学者和学生的努力，还需要高等院校、资助机构、报纸杂志、会议、学术协会以及整个研究领域的体制改革。学术界已经经历了行政改革和新自由主义变革，马克思主义不仅是这些变革的结果，更为随之而来的各种问题提供了关键的解决途径。

载于《国外理论动态》2017 年第 6 期